NITCHU CHOJU KIGYO NO KEIEI HIKAKU
Copyright © 2021 Wang Xiaoping
Chinese translation rights in simplified characters arranged with
CHUOKEIZAI-SHA, INC. through Japan UNI Agency, Inc., Tokyo

中日长寿企业经营比较

日中長寿企業の経営比較

Comparative Studies of Business Management between Japanese and Chinese Longevity Firms

王效平 主编

彭立君 译

李新春 顾问

社会科学文献出版社
SOCIAL SCIENCES ACADEMIC PRESS (CHINA)

感谢以下课题、机构资助

- 国家自然科学基金重点国际（地区）合作研究项目"家族企业国际化与创新：基于制度－文化的比较研究"，项目批准号：71810107002
- 日中老铺企业经营管理比较研究2017－2018（北九大）
- 北九州市立大学中华商务研究中心/Center for Chinese Business Studies, The University of Kitakyushu

本书是北九州市立大学中华商务研究中心与中山大学中国家族企业研究中心合作调研成果的一部分，为日本中央经济社2021年1月末出版的日文原著的翻译版。

北九州市立大学中华商务研究中心

于2014年8月作为北九州市立大学工商管理研究生院的附属机构而设立，致力于对中华圈与日本的经贸交流以及亚洲地区中华商务、华商企业的综合性调查研究，举办学术研讨会和系列商务管理专业讲座。积极与大中华圈、东盟的主要工商管理教育机构和智库签订学术交流协定，构建交流网络，推动MBA学员的海外访学交流计划以促进区域全球化人才的培养教育事业。设立以来由王效平教授担任中心主任至今。

中山大学中国家族企业研究中心

成立于1999年，一直积极推进有关中国家族企业制度和文化、治理机制、事业传承、创新和持续发展的调查研究，与中华全国工商业联合会等合作出版《中国家族企业发展报告》，以及"家族企业创业成长30年丛书"等颇受关注的成果。同时还致力于中华家族企业的管理理论与实践、家族企业制度国际比较研究，积极参与对家族企业管理实践的支援。李新春教授担任该中心主任。

序 一

笔者早年在中国香港、美国及加拿大接受高等教育，修读经济学和企业管理，学成后，除了一段较短的时间在新加坡南洋大学（南大于1980年与新加坡大学合并成为今日之新加坡国立大学）任教外，其余时间均在香港高校从事教学、研究与大学行政管理工作。本人的主要研究兴趣为中国内地的中外合资企业战略与管理，对香港与东南亚华人企业的管理研究亦稍有涉猎。20世纪七八十年代，西方国家及港台地区兴起一股研究日本企业管理制度的热潮，一定程度上也引起了笔者的兴趣。笔者对日本企业管理制度的理解仅限于阅读傅高义（E. Vogel）的《日本第一》（*Japan as Number One*）、威廉大内（William Ouchi）的《Z理论》（*Z Theory*）及帕斯卡尔和阿索斯（R. T. Pascale & A. G. Athos）的《日本的管理艺术》（*The Art of Japanese Management*）等美籍（西方）学者的流行著作，谈不上研究。2016年6月，笔者有了一个难得的机会参加香港管理专业协会工商管理研究社举办的日本考察交流团，在一周的时间内考察了多家日本企业，其中包括月桂冠清酒公司、京瓷公司、Earth Chemical公司（1970年加入Otsuka集团，原公司的所在地为赤穗）、Betty Smith公司（创办人为Yasuhiro Oshima）等。此次参观考察，加深了笔者对日本企业制度的感性认识和理解。在阅读王效平教授等学者的巨著《中日长寿企业经营比较》后，发现月桂冠被选为该课题日本长寿企业的案例之一，此公司在日本共传了14代，对笔者来说，是一个意外之喜！长寿企业一词为日语，在华语世界，主要是指历史悠久的

"老铺"（老字号）、"百年企业"或"百年老店"。

《中日长寿企业经营比较》一书由北九州市立大学中华商务研究中心与中山大学中国家族企业研究中心的两个研究团队合作撰写，日方的牵头人为王效平教授，而中方则由李新春教授主理，合作撰述者尚有北九大及中大的多位研究人员，现在呈现给读者的这本书是双方合作团队的一项研究成果。与前述的《日本第一》《Z理论》《日本的管理艺术》几本著作相比，王效平教授主编的本书是一本含金量极高的学术性著作，它建基于一个严谨的理论架构，并附有全面的问卷调查、案例研究和实地访谈等珍贵的一手资料。

长寿企业或百年老店一般源于家族企业，它普遍存在于东方或西方社会，根据作者调查所得，日本是世界上长寿企业最多的国家，以寿命100年以上的企业计，2020年日本的长寿企业数为33076家，占全球总数的41.3%，其余四国依次为美国19497家（24.4%）、瑞典13997家（17.5%）、德国4947家（6.2%）和英国1861家（2.3%），这五个国家长寿企业累计为73378家，占全球的91.7%。中国在1949年前亦有不少"百年老店"，但在20世纪50年代初已由公私合营转为国有企业或股份制企业，家族企业退出了历史舞台，只是它传承了原家族企业的良好声誉和品牌以及生产工艺和部分企业价值，如北京同仁堂、陈李济等。1979年，中国实行经济体制改革，80年代开始出现一些民营企业，有些民营企业今日已成为企业巨无霸，如阿里巴巴、腾讯、华为等。80年代以后出现的中国民营企业，最长寿命的迄今不超过40年，严格而言并不符合长寿企业的定义。

《中日长寿企业经营比较》一书中，被调查的长寿企业创业时间均在100年以上，有的甚至超过300年，调查结果显示，这些企业大部分肯定"需要特别重视信用及社会形象"、"地域融合和共同发展"以及"重视员工及家庭的健康与充实其福利"，其他调查如"企业经营判断"、"企业的技艺"、"国际化经营绩效"、"企业创新"以及"对产品质量态度"等均有详尽的分析。严格而言，中国的长寿企业，在新中国成立后由于股权的转变，较难与持续存在100年以上的日本长寿企业作问卷调查对比（即同一份问卷用在两国的长寿企业调查上），中日两高校的调查团队尝试作了一些比较分析（见第 2 章第四节），对两国长寿企业面对的问题和未来挑战亦有涉及，颇具参考价值。

此外，王效平教授撰写的两个日本长寿企业案例，即第 3 章安川电机和第 4 章香兰社，前田知撰写的第 5 章泡泡玉案例，古田茂美、翟月联合撰写的第 6 章龙角散以及第 7 章龟甲万两个企业案例，均叙述详尽，具有很高的阅读性，对了解日本长寿企业有极大的帮助。此外，周孜正与朱沉合作撰写的中国长寿企业荣氏集团（第 8 章）也是一篇可读性很高的案例，是笔者读过关于荣氏集团最完整的一篇创业与传承故事。

从历史上看，中国及海外的华人家族企业，很多是把企业看成个人或家族的私产，自己经营，很难与人合作。此外任人唯亲，权责不清，对技术专家亦抱持一个功利主义的态度，未能珍惜利用，或用过即扔，均为一些通病。出于种种原因，华人家族企业的寿命往往不长，有"富不过三代"的说法。日本的家族或长寿企业的传承制度则不同，如亲人中没有合适的继承人，则会利用"继子"或"上门女婿"的养子制度引入优秀人才继承。由于文化的不同，华人家族企业不一定适用上述做法，但长远看家族企业有必要将企业的决策权下放给能干的职业经理掌管，逐步走向经理主义（managerialism）。

概括而言，《中日长寿企业经营比较》是一本难得的好书，其中文译本的面世，希望能引起华语世界的重视，有关内容肯定会受华人企业界的欢迎，对研究学者也有一定的参考作用。此外，本书也适合对企业经营管理有兴趣的一般读者阅读，因此谨向各界读者诚挚推荐。

本书中文译本出版在即，主编王效平教授征序于余，本人极乐为之，是为序。

饶美蛟

香港中文大学管理系前系主任及讲座教授

香港岭南大学前副校长、现为荣休讲座教授

2021 年 10 月 1 日

序 二

动植物都有它的平均寿命，比如狗是 15 年，大象是 80 年，海龟能超过 100 年，就算有些个体特别长寿，也不会超过物种的平均寿命太多，这是自然法则规定的。

企业作为一种社会组织，有没有受到某个法则规定的平均寿命呢？

很多学者做过关于企业生命周期的研究，但企业的合理寿命是多少，并无定论。虽然有数据显示，美国中小企业的平均寿命为 8 年左右，日本中小企业的平均寿命为 12 年，我国中小企业的平均寿命为 3 年左右。但与自然物种不同，企业中的长寿者，其寿命远远大于平均值。

我遇见的企业家朋友，很多都希望把自己的公司做成"百年企业"，阿里巴巴的创始人马云也说，想要"做一家 102 年的公司"。但谁也不知道，成为百年企业真正的秘诀是什么？毕竟国内百年企业的样本太少，即使有的话，学界对它们的研究也不多。

但是，同为儒家文化圈的日本，却是全球长寿企业最多的国家，据统计，寿命 100 年以上的企业，日本占全球数量的 41.3%；寿命 200 年以上的企业，日本占全球数量的 65%。而且，日本与中国一样，有着共同的东方文化底色。所以，如果能对中日百年企业进行科学系统的比较研究，将为中国企业家的百年经营之路，带来极大的借鉴价值。

幸运的是，日本北九州市立大学工商管理研究生院的王效平教授挑起了这副重担，在他的推动下，中日两国八位优秀的学者联手，历时三年完成了

《中日长寿企业经营比较》一书。该书案例生动翔实、数据权威且丰富、研究框架扎实。可以说，对有百年梦想的企业家而言，这本书就是一把打开长寿企业经营秘诀宝库的钥匙。

在阅读这本学术著作的过程中，很多案例和分析都能让我拍案叫绝，不少在企业经营中的困惑，都能在这本书中找到答案。可以说，这不仅是一部长寿企业的研究成果，也是一本企业健康经营的指导手册。企业只有健康，才能长寿。阅读这本书后，我有几点窥斑见豹的拙见，供读者参考。

第一，真正的百年企业创始人和传承者，都视企业为"社会公器"，他们认为，企业存在的主要目的不是为个人或家族积累财富，而是为社会解决问题、创造价值，甚至很多初代经营者都带有强烈的家国情怀。这种理念，与美国管理学家彼得·德鲁克先生所说的"企业是社会器官"的观点不谋而合。

第二，长寿企业大多有浓厚的乡土情结，它们除了为所在区域贡献纳税和就业，还会以各种形式帮助地域发展，小到修桥铺路，大到兴办教育，而且会有意识地带动当地产业链和行业的发展，实现当地社会的共同富裕。正是这种对乡土的反哺，让它们得到地域社区的持续支持，这也是它们长寿经营的秘诀之一。

第三，百年企业并不只是"老企业"，相反，很多长寿企业在坚守一些不变的价值观和传统的同时，能根据时代的发展及客户需求的变化，不断进行产品和科技创新，而且这些企业也非常愿意引进先进的生产和管理方法，吸引并培养业界的一流人才。

第四，由于长寿企业的经营跨越了几代人的时间，所以，初代经营者之后的每一代经营者，都要考虑三个问题——继承、发展和传承。这本书的很多案例都显示，每一代经营者都有着自己对企业的特殊使命，企业在每一代经营者手中，往往也能上一个台阶，但历代经营者又似乎形成了某种跨越时空的默契，坚守着企业的初心。

儒家有着"修身、齐家、治国、平天下"的理想，很多百年企业的经营者也有着同样的价值认同，他们把企业当作自己"修身"的道场，以

"齐家"的态度看待企业组织发展和人才培养。同时，他们不会把企业当成个人的"敛财私器"，而是把企业当作为社会服务的"天下公器"，积极承担起对客户、行业和社区的责任。

企业没有长命百岁，只有生生不息，长寿企业不仅是在跑马拉松，也是在跑一场接力赛，过去、现在和未来的人，处在同一个赛场之中。如何才能拿下比赛，并取得令人满意的成绩？这本书里有答案。

吴　强

伟事达私董会教练，中国区持牌人

自　序

本书为2021年3月日本中央经济社发行的『日中長寿企業の経営比較』中文翻译版。日本长寿（或称百年、老铺）企业数量庞大，通过老牌征信公司所披露的数据库资料、调查报告和已发行的数本书籍我们了解到其概况，学术界对其企业制度、经营管理模式等的探讨还刚刚开始。本国际合作调研课题有幸得到日本老牌征信公司帝国数据银行（以下简称TDB）及相关工商机构、企业界的大力协助得以推进，基于问卷调查与企业家访谈展开定量定性分析获得了预期成果。

TDB亦是初次接纳有关长寿企业国际合作调研课题，其总公司企划部接下后，按公司规章转交由鄙校所在地北九州支部统管应接。就中方提示的问卷设计方案我与该机构达成以下数项共识后加以修订，前后与牧田谦之助支部长面对面磋商达17次之多，费时半年之久：①问卷格式与提问方式要适合TDB的常规做法；②鉴于中日社会组织文化的不同，问卷需尊重日本社会的习俗、法规以及处理方式，删除或修改可能涉及回答者隐私与宗教信仰的问项；③锁定研究对象企业为数据库中满足一定条件者（除考虑规模、所在地区、行业与创业年限分布外，特别要求限于对该征信公司提供财务决算报表、对其访问调查较配合者）。问卷设计完成后，TDB经由其全国38家分支机构散发出去，为提高回收率专业调查人员采用了走访与电话督促方式。而就中日课题组合作访谈企业的对象选择则注重有一定知名度和行业代表性，公司代表有接受访谈的意愿，且其所在地具备交通便捷性等，最终锁定了北部九州、关西、关东三大城市群区域的 20 余家企业，分两次推进。

日本长寿企业群数量庞大、跨界多元，其中不乏业界隐形冠军、独角兽。鉴于长寿企业绝大多数为中小微型企业，信息公开有限，该领域的调查研究存在颇多挑战。通过调研成果我们了解到，这些企业群存续百年乃至数百年之久的影响因素复杂多样，既有日本特殊的历史背景与地理条件、广义文化层面诸因素的影响，又得益于创始人、企业家对其传统价值观及经营理念的执着，当然也离不开对事业传承与承继模式的摸索与实践、促动产品服务不断创新的努力。

但围绕推进国际化、事业创新模式、可持续（存续）与发展等层面的具体认知，中日企业之间应该存在颇大差异。制造现场员工精益求精所体现的工匠精神、企业组织内对细节与程序或过程的重视与执着，是否隐含了"过剩品质"，约束产业化步伐的问题？渡过多重危机、延续多代的长寿企业其战略与运营管理模式（经营管理的内部层面），又将如何应变当前世纪大变局下的经营环境？日本长寿企业践行的经营管理手法、商业模式与成功经验是否与其外的东亚地区长寿企业存在共性，是否适于其他东亚区域企业仿效，也就是说跨文化传承或传播有无水土不服问题（是否存在"孤岛效应"问题）？这些都颇值得我们加以关注，将成为我们中华商务研究中心第二期调研计划的关注点。

就本书分析结果、所介绍的案例及观点的含义，各位读者可有各自的解读，期待本课题组所追踪探析的每个活生生的案例都可展现出其如何保持传统与创新、历史与现代的平衡、互动、融合与发展的成功点，对中国企业的可持续发展具有一定的借鉴意义。

整个合作调研课题的企划与推进过程也是一场体验两国文化习俗的差异与碰撞的过程。如表现在上述调研合作方面，首先日方征信公司不接纳中方（国外）的合作提议，包括问卷设计与访谈问项预设的调研方案皆要由北九大出面签约，与 TDB 直接对接磋商加以重新制定（修订）；作为合作者中大方对中国调研对象群的选定、获取样本皆比预期困难，使用统一框架和格式的"中日比较"受到诸多限制；尽管制定调研方案过程几近牛步，一旦框架敲定下来，日方合作单位则会动员整个组织按部就班、有序配合推进；调研日程细节安排上，日方合作单位与调研对象往往极其重视"超前"了解调研宗旨与程序细化，时间安排一旦确定下来则不允许（不期望）轻易调整或更改，而中方的认知与执行安排则更具弹性或随机性。同属东方（汉字或儒教）文化圈，中日组织文化之间所存在的最大差异恐怕表现于决策过程与执行方式、对时间与细节的把控方面。

作为课题组日方负责人，编者具有中华文化背景并在日本长期工作深谙中日差异，能与在香港行政机构长期工作具有日裔背景的古田茂美前香港贸发局驻日首席代表极力协调，无疑对消除课题组中日成员之间的沟通障碍和文化隔阂（回避和弱化整个调研计划中的文化冲突），妥善调整研究着眼点发挥了一定作用。两人曾长期合作推进对中华企业经营管理模式的研究，举办面向日本商界的中华管理讲座乃至充实MBA教程中的中华商务课程，这方面的经验无疑发挥了应急应变的作用。

在此对得知该书出版中文翻译版，欣然接受主编邀请为翻译版作序的学术界前辈和挚友原香港岭南大学副校长饶美蛟教授与伟事达中国区持牌人、CEO吴强教练，对调研推进与成果公开给予关注并提供翻译版推荐辞的日本"百年经营研究机构"代表理事、日本经济大学特聘教授后藤俊夫先生，东京大学名誉教授、东洋文化研究所原所长滨下武志先生，麦肯锡顾问公司资深合伙人、Business Breakthrough公司CEO兼附属大学校长大前研一先生，"百年经营之会"会长、原日本经产省事务次官北畑隆生先生，日本中华总商会理事长、EPS控股公司董事长严浩先生，北京世纪鹏信管理咨询有限公司合伙人、微软（中国）原副总裁王欣先生深表感谢之意！

本书的整个翻译工作由北九州市立大学工商管理研究生院"商务中文"讲师与中华商务研究中心特聘研究员彭立君老师承接完成。她除有中日文翻译的丰厚业绩外，还有任职日本百年企业正兴电机股份公司和参与商工团体国际交流、接洽MBA企业家培训的丰富经验，对中日企业管理特别是组织文化的差异有深刻的认知与了解。为翻译本书她涉猎了大量的专业文献资料，对因中日通用汉字原著中模糊、易引起误解之处追加注解和诠释。数次校稿也都一丝不苟给予配合，由衷感佩。

最后对参与本次课题研究，自始至终给编者以大力支持的中山大学中国家族企业研究中心主任李新春教授的团队，中心助理张琳老师，为保证本书的高质量出版给予诸多建议和耐心配合，敬业精神发挥无遗的张媛编辑致以崇高的敬意！

主编　王效平

前　言

　　日本为何拥有数量如此惊人的老铺企业，这些企业如何存续百年，与创新存在何种联系？带着这些疑问我们启动了本次中日合作研究。中方牵头人为中山大学管理学院原院长、中国家族企业研究中心主任李新春教授，在他看来，改革开放过去40多年，中国已成为世界第二大经济体，民营企业处于由创始人向第二代交接的过程，如何构建可持续发展的继承与创新模式是他们的共同课题，现在他们正从经营学研究和商学教育中寻找解决办法。日本合作研究单位北九州市立大学工商管理研究生院，特色是中华商务教育，其附属机构中华商务研究中心主要从事华人经营、东亚区域内经营比较的实证研究，支持工商管理研究生院的工作。时任研究生院院长兼中心主任的王效平（本书主编）重点关注的课题为中日韩企业间的经营比较、东亚新发展阶段中区域内企业间的竞争与合作。

　　北九州市立大学工商管理研究生院在2016年秋季海外访学时曾访问中山大学管理学院，当时双方院长和两位研究中心主任（本书编者王效平和李新春教授）、中山大学访问学者古田茂美就各自研究的课题再一次交换了意见，并通过座谈商议中日合作比较研究事宜，最后一致认为"中日长寿企业经营比较研究"符合双方意图和期待。同年11月1日，北九州市立大学工商管理研究生院和中山大学管理学院、北九州市立大学中华商务研究中心和中山大学中国家族企业研究中心分别签署备忘录，同意成立课题组开展合作研究。

现代经营学诞生于一个世纪前的美国，二战后在美国和其他西方工业化国家得到推广，西方经济社会的成熟为其形成和发展提供了土壤。虽然欧美卓越的经营管理风靡世界，几乎成为全球标准，但课题组经对现有文献的调查发现，日本长寿企业（老铺）的经营管理手法发源于日本和中国等东方地区，深受中国古典哲学思想影响，跨越时空在当代依然支持着企业的持续发展，对这种非西洋式的全球化经营手法进行系统研究具有重要意义。课题组认为，存在一种以多元主义为基础的东方经营管理方法体系，它摒弃单一的"股东利益至上主义"，主张让众多利益相关者受益。基于这种认识，本次合作研究中方代表李新春教授提出传统东方经营管理思想中"多元经营"的必要性。

促进日本长寿企业生存和发展的因素有哪些？几百年前中日两国在经营管理上分享着共同的价值观，中日两国从何处开始分道扬镳，走向不同的道路，根本价值观的差异又是从何而生？今后中日企业之间是否能分享和交流传统经营管理思想、管理方法？有很多值得深入探讨的课题，抱着这些疑问，我们对本次合作研究寄予了极大的期待。研究方法方面，首先通过挖掘现有研究成果，找出问题点，然后通过问卷调查对长寿企业实施定量分析，同时采用企业走访和企业家访谈等形式进行定性分析。

本次合作研究主要邀请了如下日本企业实施访谈。日本九州地区的井上喜、安川电机、石藏酒造－博多百年藏、泡泡玉、香兰社；京都地区的松荣堂、宇佐美松鹤堂、塚喜集团、京山城屋、月桂冠、福寿园、美浓吉、岛津制作所、香雪轩、川岛织物；东京地区的帝国数据银行、味之素、伊场仙、佳里多控股、凸版印刷、长濑产业、日本佳里多、日本桥FRIEND、NINBEN、日比谷松本楼、三越伊势丹、HOLLYWOOD化妆品、龟甲万、日本桥三越本店、半兵卫麸、龙角散、津村制药；大阪地区的石门心学明诚舍、大同生命保险、怀德堂；奈良地区的古梅园。整个调研过程中，各调研对象企业的代表和相关人士给予我们热情而积极的配合与回应。

本次合作研究得到多方面的配合，感谢给予我们大力支持的个人、单位和其他组织机构。首先，我要衷心感谢中山大学亚太研究院原院长·东京大学名誉教授滨下武志为中日双方牵线搭桥，感谢中央民族大学原校长、中国人民大学中国民营企业研究中心主任黄泰岩教授对中日比较研究始终如一的热情支持，并在我困惑时给予恰如其分的引导与解答。其次，我还要由衷感谢帝国数据银行总部安排北九州支店原支店长牧田谦之助和大木祥平为我们提供协助，针对日本长寿企业的问卷调查能够顺利开展离不开他们与帝国数据银行调查部的全力支持，企业访谈也在他们的帮助下更加富有成效。

在此特别感谢以下机构的代表、专家和研究人员在两轮日本长寿企业联合走访调查中给予的大力支持和照顾。九州香港协会会长石原进（九州铁道公司原董事长，北九大原理事长），九州地域连携机构会长小早川明德、日比谷松本楼社长小坂文乃、九州新商务协议会前任顾问长谷川裕一、京都府副知事山下晃正、京都府厅商工劳动部染色工艺观光课课长森木隆浩、课长后守祐二、副课长岸田秀纪、石门心学明诚舍理事长堀井良殷、理事清水正博、百年经营会监事·贝印代表董事社长远藤宏治、百年经营会事务局长名取贵、日本酒造组合中央会副会长冈本佳郎、日本银行理事桑原茂裕、日本一般医药品联合会会长·大幸药品代表董事会长柴田仁、NPO 法人日本桥 FRIEND 理事鸟羽真、长濑产业经营企划部本部长上岛宏之、亚细亚大学名誉教授横泽利昌、立命馆大学经营管理研究生院前院长奥村阳一、立命馆大学经营学部助教窦少杰、龙谷大学经济学部教授松冈宪司和同经济学部教授辻田素子、大阪大学研究生院教授汤浅邦弘。

课题组中方代表李新春教授发挥其敏锐的洞察力指点研究框架构建，且从始至终以细致缜密的工作态度和饱满的工作热情率领团队开展各项工作。中山大学管理学院教授朱沆、管理学院前副教授刘光友、博士研究生（当时）叶文平和邹立凯远赴日本进行调研、收集和分析数据、撰写论文；研究助理张琳不辞辛苦帮助处理各种繁杂事务配合本课题研究；中国家族企业研究中心兼职研究员周孜正老师为中方荣氏家族案例主笔。香港贸易发展局原日本首席代表·北九州市立大学工商管理研究生院特聘教授古田茂美访问中山大学管理学院期间，作为核心成员热心参与中日双方合作研究方案策划，尽心尽力安排走访企业和撰写报告。大忠贸易有限公司代表·北九大中华商务研究中心特聘研究员（当时）前田知作为日方课题组成员积极辅助项目运营事务。后续接任本中心特聘研究员的李涛为本次研究报告原稿的撰写和校对投入了大量精力。中华商务研究中心前任文员麻生蓝里子、现任文员覃文为处理日方相关业务合理分配工作，十分尽职。本院工商管理研究生（当时）前原优香参与了部分资料的整理，本院工商管理硕士、社会系统研究生院博士、野村技术士事务所代表野村利则为书稿校对付出了很多心血。中山大学提供的荣氏集团案例与中日问卷比较分析稿件由 SVIC Consulting 代表、北九大工商管理研究生院商务中文代课老师彭立君提供翻译与校正服务。本研究生院各位教师同事、校办后勤工作人员在推进该项目过程中给予大力支持。在各方的共同努力下本书作为此次研究成果才得以顺利完成，在此再一次向所有参与人员表示衷心的感谢。

本书由香港日本文化协会会长·味珍味股份有限公司董事长吴宝舜先生的香港亚太教育文化交流基金（Hong Kong Asia–Pacific Education and Cultural Exchange Foundation Limited）赞助出版。吴会长长期致力于香港与日本的文化与经贸交流（2009 年与 2020 年日本内阁府叙勋受章者），曾为本校 MBA 学员海外访学赴香港中文大学培训项目做过专题讲座，对中日长寿企业的比较研究表示大力支持，并为我们提供了许多宝贵意见，在此谨表真挚的感谢。

最后对中央经济出版社编辑部主任纳见伸之在出版业景气并非良好的情况下欣然接受本书公开发行，编辑部专业人士认真完成编辑工作深表谢意！

本书主要由日方课题组成员共同执笔，部分为中日两所大学成员协作完成。由于双方组织文化和制度不同，且受语言、时间、能力等多重因素制约，会有许多思考不成熟、理解有误、表达失误等不足之处，这些都是主编者的责任，还恳请各位读者予以指正和支持，我们将在今后的研究中进一步加以完善。

如本研究课题的成果能够使各位读者产生共鸣，引发思考，为希望企业获得长存与发展的人们提供一些鼓励和帮助，将是本课题组的莫大荣幸。

合作研究课题组日方代表

王效平

2021 年 1 月

目 录

序章 中日长寿企业比较研究计划的缘起与意义
　　//王效平　古田茂美/1
　　引　言/1
　　一　研究框架/3
　　二　调研方法/9
　　三　调研经过简介/10
　　四　中日学术界相关研究的现状/13
　　五　本书构成/19
　　总　结/19
　　附　录/22

第一部分　整体分析：以定量分析为主

第1章　日本长寿企业的治理结构//王效平　李　涛/31
　　引　言/31
　　一　日本长寿企业的基本分布/32
　　二　长寿企业的家族经营色彩/36
　　三　接班人培养与激励机制/40
　　四　地域贡献·社会贡献分析/46
　　总　结/50

第 2 章　长寿企业的可持续发展性：经营创新与国际化
　　//李新春　邹立凯　朱　沆　王效平　古田茂美 / 53
　　引　言 / 53
　　一　日本长寿企业的传统与价值 / 54
　　二　日本长寿企业的创新分析 / 64
　　三　日本长寿企业战略的二元性分析 / 77
　　四　中日长寿样本企业对比分析 / 81
　　总　结 / 85

第二部分　案例分析

第 3 章　安川电机：贯彻"技术立社"理念的世界龙头机器人制造商 // 王效平 / 91
　　引　言 / 91
　　一　发展历程与主要事业简介 / 93
　　二　安川家族与安川电机集团的发展 / 96
　　三　立足于"技术立社"之根本的经营战略 / 102
　　四　研究开发与技术创新 / 113
　　五　财务结构分析 / 123
　　六　安川家族成员访谈 / 125
　　总　结 / 127

第 4 章　香兰社：日本顶级瓷器公司的雄起和涅槃 // 王效平 / 131
　　引　言 / 131
　　一　香兰社的成立和发展历程 / 132
　　二　持续发展的秘诀 / 135
　　三　家族经营的维系和传统价值的传承 / 148

四　经营业绩的低迷和今后展望 / 152

　　总　　结 / 153

第5章　泡泡玉：环境商务的小巨人 // 前田知 / 156

　　引　　言 / 156

　　一　发展历程和创业家族 / 157

　　二　事业结构 / 164

　　三　企业理念 / 168

　　四　人力资源管理 / 170

　　五　新业务开拓和发展战略 / 173

　　总　　结 / 178

第6章　龙角散：回归国内本业主义的成功案例
　　　　// 古田茂美　翟月 / 181

　　一　发展历程 / 181

　　二　企业存续与地域资本的关联性 / 183

　　三　企业长寿与家族资本——对家族机能的考察 / 187

　　四　企业长寿与坚守主业的关系考察 / 191

　　五　龙角散的创新机制 / 192

　　总　　结 / 201

第7章　龟甲万：酱油的国际品牌 // 古田茂美　翟月 / 204

　　引　　言 / 204

　　一　发展历程 / 205

　　二　长寿因素1——地域资本 / 212

　　三　长寿因素2——家族资本 / 216

　　四　长寿因素3——多元化创新 / 221

　　五　长寿因素4——创新和国际化 / 224

　　总　　结 / 228

第8章　中国长寿企业荣氏集团：乡土实业家的创业与传承
　　//周孜正　朱　沆 / 232
　引　言 / 232
　一　乡土底色：振兴家乡与改良社会 / 236
　二　乡土创业：守中有创的荣德生 / 239
　三　乡土建设与文化传承：爱乡爱国与梅园读书处的教育 / 243
　四　国内力行与海外创业：1949 年后的荣毅仁与荣智健 / 250
　五　与日本长寿家族企业的比较 / 253
　总　结 / 256

终章　总结与展望//王效平 / 258
　一　合作研究成果总结 / 258
　二　研究成果的意义与启示 / 263
　三　未来展望 / 270

译者后记//彭立君 / 276

执笔者简介 / 279

序章

中日长寿企业比较研究计划的缘起与意义

王效平　古田茂美

引　言

（一）共同研究的背景

20世纪90年代初，日本泡沫经济破灭，但与此同时，亚洲四小龙（NIES）、东盟（ASEAN）和中国等东亚地区采用日本主导的雁行发展模式，乘着"次区域经济圈"热潮实现腾飞，经济一片向好。在这个时期，部分发展经济学家开始倡导儒家资本主义，强调海外华人企业的存在以及由各地华商交织而成的巨大华人网络。受此启发，本书主编王效平为探索亚洲华人资本的经营模式，开始对华侨华人企业家实施访谈调查，为此几乎走遍中华圈与东南亚地区。经过多年实地考察，证实了华人企业维持着根深蒂固的家族式经营管理模式，具有不同于日本企业的内部管理特征。由此，主编开始在之后的教学实践中从比较经营的角度为学员讲解亚洲经营，但列入比较对象的日资企业大多是由职业经理人主导、实行"日本式经营"的大型上市公司①。

　　自中华商务研究中心成立以来，北九州市立大学（以下简称北九大）与东亚地区各大商学院交流日益密切，对华企经营管理的研究也开始有了新的方向，海外访学培训项目、面向社会人士的商学教育讲座和中华商务模组课程吸引了众多本地企业国际业务人员，还有很多来自中华圈的留学生。笔者感到学员要求强化中日（东亚）经营比较研究并建立体系的愿望越来越强烈，但在日本经济长期低迷，"日本式经营"不断变化的背景下，北九大海外交流方对日本企业管理的关注度似有降低。在这样的局面下，帝国数据银行对日本长寿企业的调研报告、对长寿家族企业的相关报道吸引了我们的目光。

　　恰逢中国经济获得飞速发展并进入新的发展阶段，企业存续和持续创新的必要性与日俱增，在这样的时代背景下，中山大学管理学院李新春教授领导下的中国家族企业研究中心提出一些新的研究课题并已有部分成果。如企业如何长久存续、有哪些影响因素、持续创新的源泉和动力为何等。课题组中方成员在几年前就注意到日本长寿企业数量之庞大，一直在探索与日本联合开展长寿企业比较研究的可能性。从 2016 年夏季到秋季，北九大与中山大学通过多次交流，反复确认和讨论双方共同关心的课题，最终决定开展合作研究以进一步交换意见、互为补充。

　　北九大工商管理研究生院（MBA 课程）在 2016 年秋季海外访学时曾访问中山大学管理学院，当时双方院长和两位研究中心主任（本书主编王效平和李新春教授）、中山大学访问学者古田茂美就各自研究的课题再一次交换意见，座谈商议中日联合研究事宜。同年 11 月 1 日，北九大工商管理研究生

---

① 日本香港协会华人经营管理讲座（Chinese Management and Marketing School，CMMS）及北九州市立大学工商管理研究生院的"中华商务实践讲座""亚洲式经营""中华圈的经营思想"等课程，借鉴了主编自身的调研成果策划和开讲，如王效平（2001）『華人系資本の企業経営』（日本経済評論社）、王效平、尹大荣、米山茂美（2005）『日中韓企業の経営比較』（税务经理协会）及 David K. Tse、古田茂美（2009）所著『中国人との「関係」の作り方』（DISCOVER21）等，这其中作为比较对象的"日本式经营"主要包括终身雇佣制、基于资历的绩效评估、集体决策等内容。

院和中山大学管理学院、北九大中华商务研究中心和中山大学中国家族企业研究中心分别签署学术交流备忘录，同意开展上述合作研究。此后，两所大学组成以两位研究中心负责人为首的课题组［成员还包括中山大学管理学院前副教授刘光友、教授朱沆，研究中心研究员叶文平、邹立凯（当时均为博士生）；北九大工商管理研究生院古田茂美特聘教授、前田知特聘教授（均为中华商务研究中心特聘研究员）］，启动中日长寿企业经营比较研究项目。

本研究报告由北九大中华商务研究中心和中山大学中国家族企业研究中心携手开展，是历时约两年半的比较研究调查成果的一部分。本项目以中日两国的长寿企业为对象制定调研方案，调查问卷由项目方共同参与设计，并争取到日本帝国数据银行（以下简称 TDB）等相关机构的支持，实施了问卷调查和企业访谈。

（二）长寿企业的定义

关于日本的长寿企业有多种类似表达，如老铺企业、百年企业等。企业调查机构 TDB 会定期实施"创业 100 年以上的'长寿企业'实况调查"，并发布相关报告。根据其对长寿企业的定义和数据库资料，我们将研究对象限定为"经营 100 年以上的企业"。

关于中国的"长寿企业"，常见表达为"老字号"，有如下认定要求。

①历史悠久，拥有世代相传的产品、技艺或服务。

②具有鲜明的中华民族传统文化背景和深厚的文化底蕴，获得社会广泛认同。

③形成良好信誉的品牌［拥有商标所有权或使用权；品牌创立于 1956 年（含）以前；传承独特的产品、技艺或服务］。

一 研究框架

（一）主题拟定

在拟定研究方案时，主要的共同研究课题（Research Question）如下。

①找出企业存续和持续创新的动因。

②对中日长寿企业做系统研究，明确其行为模式。

③推测中日长寿企业行为模式的动力机制为东方思想、哲学，提炼其价值，考察其功能。

④通过本课题研究剖析东方经营价值和管理机制之特点，并通过与西方模式的比较进一步明晰化。

关于上述东方式经营价值观，中山大学课题组李新春教授提出三角经营模型概念，他认为东方式经营分为T-R-I多元均衡模型和F-S-S多元均衡模型两种。T-R-I同时表现"传统性"、"创新性"和"责任感"三方面价值，而F-S-S则意为同时实现"财务业绩"、"战略"和"社会业绩"三方面价值（假设每一种价值相互平衡，不违反任何一种价值，同时实现）。

在反复讨论如何阐明上述研究课题后，提出了以下分主题。

①组织伦理与文化研究：儒家文化、阳明心学的影响及组织道德管理。

②组织伦理及商业精神：顾客至上主义、工业精神、持之以恒、非投机性。

③家族企业的传统与创新、国际化。

④家族企业的地区嵌入及社会责任。

⑤家族的非道德行为、利害冲突和衰退。

⑥家族企业的现代转换模型与竞争优势。

（二）分析模型

设计研究方案时我们与中山大学课题组进行了细致讨论，决定在现有长寿企业相关研究基础上，将三角模型纳入本研究框架。如图0-1所示T-R-I多元均衡模型，以及F-S-S多元均衡模型框架，以同时实现"义利均衡"、"攻防均衡"和"道术均衡"（"利益和仁义的均衡""进攻和防守的均衡""道德和技术的均衡"）为目标，课题组将其称为东方社会的"多元价值经营"，这与西方社会的"二元价值经营"形成鲜明对比，课题组一致认为东方社会多元文化和价值观共存的"均衡文化"可以纳入经营管理学研究。

这些层面在很多日本企业可得到印证，我们希望从新的角度审视日本长寿企业经营特点，并将其作为经营基准，树立基于东方价值观的东方经营学。

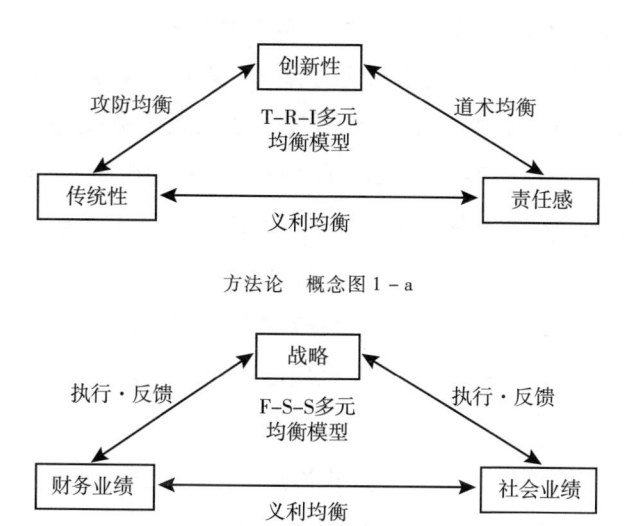

方法论　概念图 1-a

方法论　概念图 1-b

图 0-1　三角模型

资料来源：本文执笔者依据李新春教授提出的问题和课题组讨论内容整理制作。

在对各企业进行考察和访谈之前，课题组围绕以下五方面内容设计了调查问卷。

①企业成立背景及业务发展概况。

②"不易流行"的内容。

③长寿因素。

④日本和东方价值观。

⑤中日企业合作方向。

（三）基本概念——以现有研究为基础

1. 现有研究成果的整理

根据东京商工调查机构（2017年）的数据，日本国内证券交易所上市的长寿企业有 564 家，相当于 3647 家上市公司总数的 15.5%。绝大多数老铺企业都是未上市的中小型家族企业。据 2015 年《家族企业白皮书》统计，家族企业（白皮书采用 Family Business 的说法，指"在同一时期或不同时间点，有 2 位以上家族成员为董事成员或股东的企业"）在上市企业总数中占比达 53.1%，在东京证券交易所第一部上市公司中占比也高达 45.2%。① TDB 的分析调查和美国 S&P 上市企业经营业绩指标也显示，家族企业比非家族企业安全性更高，盈利能力也毫不逊色。②

近年，家族经营被视为企业能够长寿的因素之一，作为目前长寿家族企业的代表性先行研究领域，"资源基础理论"和"社会情感资本理论"受到广泛关注。

资源基础理论（Resource-based View，RBV）是一种分析框架，主要针对经营资源（决定企业竞争优势和持久性的潜在能力），或者通过组织流程创造出来的稀缺资源、竞争对手难以模仿的高附加值资源，分析其具体内容和如何进行管理。③ 长寿家族企业的代表性资源包括：a. 长寿家族企业的声誉和口碑，即"商誉"（日语称"暖帘"）；b. 象征伦理道德标准的家族基因，也就是"家训·社训""经营理念"；c. 世代坚守的独特技能和技术，即"工匠精神"；d. 与地域社会紧密联系的关系网络、与利益相关者往来过程中经年累月沉淀下来的"社会关系资本"等。

家族企业与地域社会有着千丝万缕的紧密联系，其倾向于加强与本地商业伙伴的关系。日本的社会关系资本更是与当地文化一脉相承、不可分割，经济交易中比起短期利益，其更加重视如朋友般的长期往来。

社会情感资本理论（Social-emotional Wealth，SEW）从长寿家族企业

---

① 『ファミリビジネス白書 2015 年版』第 5、13 页。
② 日经（2019）『100 年企業 強さの秘密』日本经济出版社，第 34~35 页。
③ 奥村昭博·加护野忠男编著（2019）『日本のファミリービジネス、その永続性を探る』中央经济社，第 29~32 页。

的行为出发，相比以金钱衡量的经营和财务业绩，更优先考虑非财务价值。① 具体包括以下内容。

a. 与公司的情感联系紧密＝"家"和"公司"的一体化。

b. 通过发展事业使家庭永续＝家族的主要关注点以永续性为前提。

c. 家族内的利他主义＝鼓励紧密团结、互帮互助。

家族企业经营者有意愿保留和增强上述社会情感资本，但非家族企业经营者并不会产生这种愿望。伴随家族企业一代又一代传承，或企业规模一步一步扩大，保留和增强社会情感资本的意愿也可能会越来越淡薄。

2. 基本概念分类

使用上一节提出的分析模型时，根据现有研究首先确认如下基本概念。

（1）长寿家族企业的地域嵌入及制度资本

▼地域嵌入：产业嵌入、文化嵌入及社会嵌入

"产业嵌入"是指企业所从事的所有产业、产品领域与地区资源紧密契合的状态。地域供应链、客户和职业工匠、丰富的原材料及产业传统形成了家族产业的地域优势。

"文化嵌入"是指企业的产品、服务构成当地的文化（消费文化和乡情）和记忆（历史和传统）。

"社会嵌入"是指企业参与当地政治社会生活并发挥作用，如通过组织捐款等履行社会责任、参加商会活动等。

▼地域嵌入和家族企业制度——文化资本

在特定地域的嵌入形成一种特定的制度资本，并超越企业组织主体，维持企业的生存和可持续发展。

产业传统：与企业历史共存，保持企业品牌、传统技艺和特色。

原材料供应体系：不仅有专业化的供应链，而且有工匠的传统技艺、地

---

① Gomez‑Mejia, L. R., C., Berrone, P. and De‑Castro, J.（2011）" The Bind that Ties: Socioemotional Wealth Preservation in Family Firms", *Academy of Management Annals*, 5（1），pp. 653‑707；浅羽茂（2015）「日本のファミリービジネス研究」『一橋ビジネスレビュー』第63卷2号，第20~30页。

域独有的原材料和其他元素。

文化认同：企业的产品和服务不仅形成当地文化底蕴（历史记忆），其品牌和声誉也逐渐演变为地域特色，而其创业史及道德精神更是成为地域楷模。

（2）传统与创新

长寿家族企业的传统是什么？如何定位其优势？首先让我们明确以下重要概念。

工艺传统（显性知识）：具备特定技术工艺、作业工序、调和方法以及工艺秘诀、特定设备工具。

技能传统（隐性知识）：一种经验值，可称为"技能"，与体验式学习密切相关。如手工艺、烹饪、医疗诊断（中医学）等，通过长期学习（学徒制度）以及经验积累获得。

文化知识传统（制度知识）：由工艺技术及技能维系的产品和服务，在长时间内保持完美性和优越性，得到社会的普遍认可和消费者的高度赞誉。如味觉、审美、风格、流程（服务等），其产品和服务特色已升华为一种消费文化，形成地域消费文化品牌。这些文化特征往往内化为提供产品或服务的家族企业的内部文化，构成其人才培养和工作方式等方面的基本价值观乃至道德观。社会认知论认为这是一种具有高识别度的文化，历史沉淀了这些文化，无论是日本京都老城，还是江户商人的特性，抑或是清酒酿制、和式料理亭等文化传承实例都不胜枚举。

上述文化不仅具有高识别度，拥有区别于其他文化的价值，而且是长寿企业不懈追求的远大目标。企业的利润、商誉、地域认同（制度资本的嵌入）及合法性是实现目标的必备要素。

中方课题组将合作研究主题设定为"企业存续、长寿和创新因素研究"，选取日本和中国创业年数超过100年的长寿企业实施研究。为什么企业能够维系百年之久？对企业生存至关重要的创新行为如何迸发？课题组将地域嵌入、文化嵌入和社会嵌入等作为假定因素（动因），并将考察范围拓展至日本长寿企业内部的"家训"、"传统技能"、"历史记忆"和

"宗教信仰"等因素。外部因素方面,重点探讨企业所在地域的各种资源,如地域特有的原材料、客户、传统技能等,此外,企业参与地域社会活动、文化活动的情况也是本次讨论的内容。本次研究在此假设基础上展开论证,第一步通过问卷调查锁定变量,之后集中对个别企业实施深度访谈。

二 调研方法

(一)问卷调查

日方问卷以日本长寿企业为对象,中方问卷以老字号企业为对象实施抽样调查。

以日本长寿企业为对象的问卷调查由 TDB 协助实施,在起草项目研究计划时,TDB 北九州支店承诺作为受托方协助调查工作。以中国老字号企业为对象的问卷调查交由中国商业联合会中华老字号工作委员会实施,课题组经过多番讨论,拟定问卷模版。

北九大团队基于中山大学的问卷稿设计了针对日本企业的调查问卷,经与 TDB 协商,委托他们从其所持有的 3 万家老铺企业[①]数据库中提取目标企业,提取时兼顾公司历史、规模、行业和地域等的平衡。

考虑到数据收集的便利性,曾设想中山大学以中国华南地区为重点,北九大以日本九州地区为重点实施调查,但权衡本次调研的意义和对今后的影响,最终双方均决定在全国范围内开展调查[②]。

项目设计的调查内容如下(详细内容参照本章末尾附表)。

①企业的社会责任。
②经营方针。

---

① 老铺企业的定义:创业超过百年的企业(TDB)。
② 在制定出可以实施的调查问卷范本之前,与 TDB 北九州支店店长共进行了 17 次讨论商议。

③创新。

④海外战略。

⑤经营管理决策。

⑥家族式管理。

⑦创始人对子女的培养教育。

⑧经营决策时的价值观。

（二）案例研究

课题组首先根据前述研究框架锁定在日本实施访谈调查的对象企业，然后制定了纳入所有成员的访谈调查方案。在充分考虑行业分布、总部所在地和公司规模的基础上，课题组事先向选定的对象企业说明调研宗旨并寄送调查问卷，一并请求熟悉公司历史背景、拥有管理决策权的高管应对访谈，提供可以公开的资料和接受调研团队的实地考察。

课题组一共计划并实施了两次实地考察，第一次访问了东京、奈良、大阪和九州地区，包括直接访问长寿企业，召开长寿企业高管联合座谈会；第二次除访问 TDB 总部和直接协助调研的 TDB 北九州支店、京都府厅及京都老铺企业协会以外，还对明诚舍、怀德堂等商人教育机构实施了访谈。

（三）研究计划

第一阶段：2016 年下半年完成研究方案。

第二阶段：2017 年初至年末，启动问卷调查 & 访谈调查。

第三阶段：2018 年分析整理研究成果。

三 调研经过简介

（一）问卷调查

调查对象限定为创业年数超过 100 年的长寿企业，从 TDB 数据库中提取符合条件的对象企业实施调查。本次调查问卷于 2017 年 2~4 月底发放，共发放 1500 份，回收 657 份，回收率为 43.8%。在京都老铺企业协会（会员 1800 家，实数 1300 家①）的帮助下，还实施了以京都府内长寿企业为对象的问卷调查，2017 年 1~3 月底共发 1300 份，回收 125 份，回收率为 9.6%。

本次中国长寿企业抽样调查获得中国商业联合会中华老字号工作委员会的支持，调查问卷于 2017 年 6~8 月底发放，共发放 300 份，回收 156 份，回收率为 52%（见表 0-1）。

表 0-1 问卷调查实施概况

发放单位	TDB	京都老铺企业协会	中华老字号工作委员会
发放对象	日本老铺企业	京都老铺企业	中国老字号企业
发放数	1500 份	1300 份	300 份
回收数	回收数 657 份（有效数 652 份）	回收数 125 份（有效数 116 份）	回收数 156 份（有效数 153 份）

TDB 长寿企业数据库所涵盖的企业创业年数分布如表 0-2 所示，因分布极不均衡，未采纳中方课题组最初提出的每段创业年数选取相同比例样本（各占 1/3）的建议。

表 0-2 企业创业年数分布

单位：%

创业年数	占比
100~200 年	95.6
200~300 年	2.2
300 年以上	2.2

将调查对象限定为积极配合调研且能够提供财务报表的企业后，对象企业数量缩减为 2923 家（约 1 成），其创业年数分布如表 0-3 所示。

---

① 在京都老铺企业协会注册的企业有 1800 家，其中实际正在运营的企业数量约为 1300 家。

表 0-3 调查对象企业创业年数分布

单位：家，%

创业年数	企业数量	占比
100~200 年	2762	94.5
200~300 年	83	2.8
300 年以上	78	2.7

综合考虑行业分布、企业规模和地域性等条件后，课题组实际筛选出 1500 家企业发放问卷，具体采用面谈和电话访谈方式，共收集 652 份有效问卷（见表 0-4）。

表 0-4 日本长寿企业问卷调查回收样本

单位：家，%

调查方法 \ 创业年数	300 年以上	200~300 年	100~200 年	小 计
面谈回收	25	29	46	100
电话访谈回收	75	86	396	557（有效 552）
总计回收数	100	115	442	657（有效 652）
比例	15.2	17.5	67.3	100

（二）案例研究

2016 年 11 月 1~5 日，中山大学中国家族企业研究中心和北九大中华商务研究中心联合开展了首次赴日调查，走访了九州、京都、东京三地，直接深度访谈长寿企业并举办高管座谈会，共接触了 18 家企业[①]。2017 年 7 月 16 日至 8 月 5 日联合实施第二次赴日调查，共访问了九州、京都、大阪、奈良和东京的 18 家长寿企业。两次接触的企业名单如下（其中直接访谈总公司代表，作为案例分析的企业名单见本章末尾附录 A）。

---

① 首次赴日调研接触的企业中有 11 家东京都企业的高管参加了在日比谷松本楼举办的联合座谈会，在会上就经营心得、管理模式等交换了看法。

(1) 第一次走访企业

九州：井上喜、安川电机。

京都：松荣堂、宇佐美松鹤堂、塚喜集团、京山城屋。

东京：味之素、伊场仙、佳里多控股、凸版印刷、长濑产业、日本佳里多、日本桥 FRIEND、NINBEN、日比谷松本楼、三越伊势丹、HOLLYWOOD 化妆品、TDB 总部。

(2) 第二次走访企业

京都：月桂冠、福寿园、美浓吉、岛津制作所、香雪轩、川岛织物。

大阪：石门心学明诚社、大同生命保险、怀德堂。

九州：石藏酒造-博多百年藏、泡泡玉、香兰社。

奈良：古梅园。

东京：龟甲万、日本桥三越本店、半兵卫麸。

其后追加：龙角散、津村制药。

四　中日学术界相关研究的现状

(一) 日本经营学领域

TDB 及东京商工调查机构的调查报告显示，日本长寿企业总数超过 33000 家，且每年新增 1000 多家。日本的长寿企业数量当之无愧为世界之首，但据了解，长寿企业和家族企业一样，一直不是日本经营学和教育领域的重点研究对象。此次合作研究不仅可以填补中日两国经营学研究领域的空白，而且其成果有望在 MBA 课程等商务培训中得到有效利用，具有重要意义。

作为日方课题组负责人和本书主编，特将本人对日本长寿企业研究和教育现状的认识简单总结如下。

日本经营学领域的两大权威学会为日本经营学会和组织学会，两学会近期的学术报告、学会期刊中有关长寿企业、家族经营及家族企业的研究论文少之又少，这也验证了前述看法①，具体参见本文执笔者整理的表 0-5 至表 0-9。

表 0-5　日本经营学会期刊刊载"家族经营""长寿企业"相关论文数量

单位：篇

年度	刊号	刊载论文数	家族经营相关论文数	长寿企业相关论文数	年度	刊号	刊载论文数	家族经营相关论文数	长寿企业相关论文数
1997	vol. 1	7	0	0	2007	vol. 20	13	0	0
1998	vol. 2	7	0	0	2008	vol. 21	7	0	0
1998	vol. 3	7	0	0	2008	vol. 22	8	0	0
1999	vol. 4	7	0	0	2009	vol. 23	11	0	0
2000	vol. 5	7	1	0	2009	vol. 24	7	0	0
2000	vol. 6	7	0	0	2010	vol. 25	9	0	0
2001	vol. 7	7	0	0	2010	vol. 26	12	0	0
2002	vol. 8	8	0	0	2011	vol. 27	7	0	0
2003	vol. 9	7	0	0	2011	vol. 28	7	0	0
2003	vol. 10	7	0	0	2011	vol. 29	6	0	0
2004	vol. 11	7	0	0	2012	vol. 30	6	0	0
2004	vol. 12	5	1	0	2013	vol. 31	7	0	0
2005	vol. 13	9	0	0	2013	vol. 32	11	1	1
2005	vol. 14	8	0	0	2014	vol. 33	10	1	1
2005	vol. 15	8	0	0	2014	vol. 34	11	0	0
2006	vol. 16	8	1	0	2015	vol. 35	9	0	0
2006	vol. 17	8	0	0	2015	vol. 36	8	0	0
2006	vol. 18	7	0	0	2016	vol. 37	8	0	0
2007	vol. 19	7	0	0	—	—	—	—	—

资料来源：王效平整理制作，"日本家族经营研究·教育现状与课题"，"家族企业与企业创新第 13 期大会"学术报告，2017 年 7 月 25～27 日（于广州市中山大学）。

原资料：各年度版学会期刊、学会官网。

---

① 基本上"老铺企业""百年企业"意思相同，此处统一称为"长寿企业"。

表0-6 日本经营学会年度大会报告"家族经营""长寿企业"相关论文数量

单位：篇

年度	刊号	类别1	总报告数	家族企业·长寿企业报告数	类别2	家族企业·长寿企业报告数
2012	第83卷	自由论题	20	0	统一论题	0
2013	第84卷	自由论题	22	1	统一论题	0
2014	第85卷	自由论题	22	1	统一论题	0
2015	第86卷	自由论题	20	1	统一论题	0
2016	第87卷	自由论题	20	0	统一论题	0

资料来源：王效平整理制作。同上。
原资料：各年度版学会期刊、学会官网。

表0-7 组织学会期刊《组织科学》刊载"家族经营""长寿企业"论文数量

单位：篇

年度	刊号	刊载论文数	家族经营相关论文数	长寿企业相关论文数
2012	vol. 46 - 1	7	0	0
	vol. 46 - 2	7	0	0
	vol. 46 - 3	7	0	0
	vol. 46 - 4	7	0	0
	vol. 46 - 5	4	0	0
2013	vol. 47 - 1	7	0	0
	vol. 47 - 2	6	0	0
	vol. 47 - 3	7	2	0
	vol. 47 - 4	5	0	0
	vol. 47 - 5	4	0	0
2014	vol. 48 - 1	7	2	0
	vol. 48 - 2	6	0	0
	vol. 48 - 3	6	0	0
	vol. 48 - 4	6	0	0
	vol. 48 - 5	4	0	0
2015	vol. 49 - 1	6	0	0
	vol. 49 - 2	6	0	0
	vol. 49 - 3	6	0	0
	vol. 49 - 4	6	0	0
	vol. 49 - 5	2	0	0

续表

年度	刊号	刊载论文数	家族经营相关论文数	长寿企业相关论文数
2016	vol. 50 – 1	6	0	0
	vol. 50 – 2	6	0	0
	vol. 50 – 3	7	0	0

资料来源：王效平整理制作。同上。
原资料：各年度版学会期刊、学会官网。

表 0 – 8　日本组织学会年度大会报告论文

单位：篇

年　度	刊号	总论文数	家族经营相关论文数	长寿企业相关论文数
2012	vol. 1 – 1	18	0	0
	vol. 1 – 2	16	0	2
2013	vol. 2 – 1	18	0	0
	vol. 2 – 2	4	0	0
2014	vol. 3 – 1	21	0	0
	vol. 3 – 2	7	0	0
2015	vol. 4 – 1	36	2	0
	vol. 4 – 2	8	0	0
2016	vol. 5 – 1	23	0	0
	vol. 5 – 2	6	0	0
2017	vol. 6 – 1	26	0	0

资料来源：王效平整理制作。同上。
原资料：各年度版学会期刊、学会官网。

表 0 – 9　家族企业研究学会年度大会相关研究报告

单位：篇

年度	报告数	大会主题（统一论题）
2009	3	无统一论题。3 篇报告的主题如下： "家族企业的公司内教育""家族企业的领导力""家族企业行动分析"

续表

年度	报告数	大会主题（统一论题）
2010	4	无统一论题。4篇报告的主题如下："家族企业与创业公司发展过程比较""老铺企业的盛衰""后继人的领导力""家族企业的战略"
2011	4	统一主题：中小企业的事业继承
2012	8	统一主题：老铺企业的可持续发展
2013~2015	无公开资料	与创业学会共同举办，官网上除公告"已结束"外无其他资料
2016	7	统一主题：家族企业的公司治理
2017	8	统一主题：家族企业的事业继承

资料来源：王效平整理制作。同上。
原资料：学会官网。

欧美及亚洲地区商学院的常规课程中都有"家族企业（经营）"课程，许多案例研究成果也被用于教育领域，但对日本商学院课程设置的调查显示，33所学校中只有七八所开设了相关课程。

笔者将造成上述情况的背景因素归纳如下。

①受日本独特的社会风气影响。日本社会将"公"与"私"截然区分开来，"公"大于（优于）"私"的观念根深蒂固。家族经营占主导地位、规模相对较小的绝大多数长寿企业，往往被当作"私有"、封闭、保守的实体；与此相对，产权与经营权分离、具有一定经营规模的注册上市公司则代表"公有"实体。在媒体对企业丑闻和事件的报道中，由于前者是"家族经营"，往往会受到比后者更为严厉的评价。

②在经营学研究和教育领域，日本一直以来更注重介绍欧美理论，与经营管理实践及实际的社会需求偏离。在案例研究中，也更倾向于将产权与经营权分离的大型上市公司选作分析对象。

③家族经营占主导的长寿企业大多比较保守，不一定会大力宣传自身，因此往往不会协助调查，不易掌握其实际经营情况。

（二）中国经营学术界的关注点和现状

（1）联合案例调查的着眼点

李新春教授于2004~2011年担任中山大学管理学院院长，为经营管理学、民营家族企业研究领域的知名学者，也是研究中国经济发展和地区发展的领军人物。李教授认为，分析和学习日本等国家族企业和长寿企业的经营管理模式，对未来中国家族企业研究的开展和发展来说非常必要，因此对国外的长寿企业调研表现出极大兴趣。世界上长寿企业数量最多的国家是日本、德国、荷兰和意大利，李教授曾经长年在德国从事研究和学习（留德8年，获得洪堡大学博士学位），此次特别选择了与德国文化有共通之处的日本企业作为长寿企业调研对象。

（2）对日本企业经营目标的关注

在过去十多年研究家族经营、家族企业的过程中，中方课题组也接触到日本长寿企业案例，并曾多次介绍日本企业的长寿特点。比起利益最大化，中方对企业能否长存的趋向表现出极大兴趣。在了解和观察日本企业行为的过程中，中方还注意到日本企业的目标除了股东利益最大化，更多的是关注客户、员工乃至社会责任，这一特征进一步引起了中方的强烈好奇。在中国，富裕阶层经营的民营企业数量越来越多，随之而来的是后继人问题的日益凸显，可以说企业存续问题正步步紧逼，已是燃眉之急。与日本和其他国家曾经历的一样，中国正处于经济发展和结构转型的关键时期，企业的存在方式也悄然发生变化，人们不禁开始怀疑，传统的经营学和企业经营理论还能否应对现实情况[①]？世界经济的轴心正从西方向亚洲地区转移，在这种背景下中方意识到，相对于曾经的西方经营学，现在已经到了认识、评价、寻求非西方经营学尤其是东方价值经营学适用性的阶段。通过研究日本企业一

---

① 本书主编王效平曾在2008年以后与中国人民大学中国民营企业研究中心交流时共享这种问题意识，当时对代表性民营企业希望集团、康奈集团实施了案例调查，为本次合作研究达成共识奠定了基础。

贯保持的经营精神和成就其长寿的各种要素，并与中国企业最新动向相互对照考察，有望提炼出一种可为今后的中国及其他亚洲国家提供借鉴的经营管理模式，本次研究基于这些思考正式启动。

五　本书构成

本书由四部分构成。序章介绍研究背景和研究方法，第一部分是基于问卷调查的定量分析，第二部分是基于访谈调查的定性分析，终章是整体分析总结。

第一部分定量分析的第 1 章主要分析日本长寿企业的治理结构，第 2 章旨在分析日本长寿企业在传统价值、创新、现代化经营管理和国际化等方面面临的发展问题，最后对中日长寿企业进行了简单的比较分析。第二部分定性分析中，从所有受访企业中抽选日方成员负责的 5 个案例（总部位于九州北部的安川电机、香兰社、泡泡玉；总部位于关东地区的龙角散、龟甲万）和中山大学贡献的中国企业案例（发迹于无锡的荣氏集团），主要从以下方面进行整理和分析：①公司创立、发展过程及创新举措；②地域资本关系网络的建立；③事业继承、后继人培养措施。

总　结

北九大中华商务研究中心和中山大学管理学院中国家族企业研究中心的合作研究于 2016 年秋季启动，经过构思、研究企划、方针制定，在 2017 年至 2018 年分阶段完成第 1 次赴日访谈调研、TDB 合作调研、京都老铺企业协会协助调研、第 2 次赴日访谈调研、中国老字号及民营企业调研，在成功收集大量资料和信息的基础上进入分析和撰写阶段。

在此期间，中日双方共举办 6 次全体成员参与的中期研究报告会，并在学术会议上介绍了部分研究成果，最终于 2019 年底完成合作研究报告，并筹备公开出版。

合作研究由北九大3位成员（专职教授、特聘教授）和中山大学6位成员（其中教授和副教授3人，博士2人，助理1人）共同完成。日方的中国籍王效平和日本籍古田茂美从一开始便共同参与调研，这无疑对消除中日之间的沟通障碍和跨文化隔阂、妥善处理研究着眼点发挥了重要作用。两位执笔人长期从事华商企业经营方式的研究，多年来一直对中国与日本企业经营方式的比较分析保持着浓厚兴趣。

中方课题组的李新春教授精通西方经营管理，以其根植于德国唯心主义哲学的深刻思想见解和严谨态度参与本次合作研究，李教授一直强调要着眼于西方二元论思维和东方多元论（阴阳哲学等）在经营管理学上会表现出哪些差异，后者与日本长寿企业的经营存在何种联系，让成员们在整个研究期间都能清楚地带着这些疑问去思考。通过实地考察，我们还了解到与显性知识一样，隐性知识也在看不见的地方对经营和产品研发产生着影响，而且这往往形成长寿企业竞争力的基础。针对使企业长寿的内在因素，我们重点关注了"家训"和"社训"，对各企业家训或社训遣词造句及思想理念的由来也进行了一番考察；而企业长盛不衰的外部因素方面，团队将重心放在企业与地域的共生方面，致力于提炼出依赖于地域的产业嵌入和文化资本内涵。

以上对本次合作研究项目宗旨、主题选定背景、基本分析框架、调研方法、实地考察概况及本研究报告构成进行了说明。本次合作研究虽采用"比较研究"框架，但由于中方比较对象选定上的困难和现有数据库不足等制约因素，难免存在一定的局限性。本研究报告第一部分定量分析收录了中日比较研究成果，第二部分以日方课题组负责的日本长寿企业案例为主展开分析。

本章末尾附录A仅列出调研项目中实施面谈和实地考察的案例，除重点论述的5家日本企业案例以外，其余均由中山大学整理，拟在中国单独成册出版。附录B的问卷是在与中山大学合作设计、与TDB协商的基础上，为便于日本企业作答修订后的内容。

主要参考文献（以日文 50 音符为序）

[1] 浅羽茂（2015）「ファミリービジネス その強さとリスク」『一橋ビジネスレビュー』第 63 巻第 2 号，20～30 ページ。
[2] 王効平（2001）『華人系資本の企業経営』日本経済評論社。
[3] 王効平、尹大栄，米山茂美（2005）『日中韓企業の経営比較』税務経理協会。
[4] 末廣昭（2007）『ファミリービジネス論－後発工業化の担い手－』名古屋大学出版会。
[5] 末廣昭（2000）『キャッチアップ型工業化論』名古屋大学出版会 。
[6] 園田茂人（2017）「華僑華人ビジネスを支える価値」『華僑華人の辞典』丸善出版株式会社。
[7] デビッド・ツェ，古田茂美（2009）『中国人との「関係」の作り方』（ディスカバー 21）。
[8] 東京商工リサーチ（2017）『特別企画 2017 全国「老舗企業」調査』。
[9] 帝国データバンク史料館・産業調査部（2009）『百年続く企業の条件』朝日新聞出版。
[10] 中嶋嶺雄（1992）『東アジア比較研究』日本学術振興会。
[11] 日経（2019）『100 年企業 強さの秘密』日本経済出版社。
[12] ファミリービジネス白書企画編集委員会編，後藤俊夫監修（2016）『ファミリービジネス白書 2015 年版』同友館。
[13] ファミリービジネス白書企画編集委員会編，後藤俊夫監修（2018）『ファミリービジネス白書 2018 年版』白桃書房。
[14] ファミリービジネス学会編，奥村昭博・加護野忠男編著（2019）『日本のファミリービジネス，その永続性を探る』中央経済社。
[15] 宮島英昭（2008）『企業統治分析フロンティア』日本評論社。
[16] 横澤利昌（2013）『老舗企業の研究』生産性出版。
[17] Feng Bang－Yan（2007）*100 years of Li & Fung*, Thomson .
[18] Gomez－Mejia, L. R. , C. , Berrone, P. and De－Castro, J. （2011）" The Bind that Ties：Socioemotional Wealth Preservation in Family Firms", Academy of Management Annals, 5（1）.

附录 A 案例企业资料

公司名称	现任总经理	世代数	创立时间	公司化	主要业务	所在地
月桂冠	大仓治彦	第 14 代	1637	1986	清酒	京都府京都市
福寿园	福井正兴	第 9 代	1790	1949	宇治茶	京都府木津川市
岛津制作所	中本晃	第 2 代（中断）	1875	1917	医疗仪器等精密设备	京都府京都市
美浓吉	佐竹力总	第 10 代	1716	1958	日本料理	京都府京都市
川岛织物	山口进	第 4 代（中断）	1843	1938	和服、窗帘、汽车用布料	京都府京都市
大同生命保险	工藤聪	第 4 代（中断）	1903	—	生命保险	大阪府大阪市
石藏酒造-博多百年藏	石藏利正	第 5 代	—	1956	清酒、酒水食品	福冈县福冈市
泡泡玉	森田隼人	第 3 代	1910	1949	无添加洗涤用品	福冈县北九州市
香兰社	深川祐次	第 8 代	1689	1875	瓷器、绝缘材料	佐贺县有田市
古梅园	松井道珍	第 16 代	1577		墨锭	奈良县奈良市
半兵卫麸	玉置半兵卫	第 11 代	1689	1985	京都传统食品	京都府京都市
香雪轩	长冈辉道	第 5 代	189X	—	文房四宝	京都府京都市
安川电机	小笠原浩	第 10 代	1915	1919	驱动控制、运动控制、机器人和系统工程	福冈县北九州市
京山城屋	真田千奈美	第 4 代	1904	—	干货食品销售	京都府京都市
松荣堂	畑正高	第 12 代	1705	1942	香料	京都府京都市
宇佐美松鹤堂	宇佐美直秀	第 9 代	178X	—	文物修复	京都府京都市
塚喜集团	塚本喜左卫门	第 6 代	1867	1949	和服、宝石、皮毛、房地产	京都府京都市
津村制药	加藤照和	第 6 代	1893		医用汉方制剂	东京都日本桥
龟甲万	染谷光男	8 家共同经营	1661	1917	酱油酿造	千叶县野田市
龙角散	藤井隆太	第 8 代	1871	—	汉方咽喉制药	东京都神田

附录 B 长寿企业经营管理问卷调查表

一 【企业的社会责任】

（1）遵守法律、社会规则，履行纳税义务是否重要？
   1. 完全不重要　　2. 不怎么重要　　3. 中立
   4. 一定程度重要　5. 非常重要

（2）在追求利润的同时，致力于环境保护活动是否重要？
   1. 完全不重要　　2. 不怎么重要　　3. 中立
   4. 一定程度重要　5. 非常重要

（3）是否有必要积极聘用女性或残疾人？
   1. 完全不必要　　2. 不怎么必要　　3. 中立
   4. 一定程度必要　5. 完全有必要

（4）是否有必要重视员工及其家属的健康，管理与完善福利制度？
   1. 完全不必要　　2. 不怎么必要　　3. 中立
   4. 一定程度必要　5. 完全有必要

（5）是否重视与地域社会的融合及共同发展？
   1. 完全不重视　　2. 不怎么重视　　3. 中立
   4. 一定程度重视　5. 非常重视

（6）请按照重视程度对以下价值观进行排序。※请在（ ）内输入 1~7 的数字。
   1. 诚实（ ）　2. 节约（ ）　3. 专注（ ）
   4. 尽社会责任（ ）　5. 追求顾客满意度（ ）
   6. 提高员工的待遇和满意度（ ）　7. 家人的和睦、孝顺（ ）

（7）关于企业经营应追求的目标，以下哪一项最重要？
   1. 股东利益　2. 为顾客提供优质的商品和服务
   3. 为社会创造价值　4. 满足客户以外的其他利益相关方的利益
   5. 其他（ ）

二 【经营方针】

（8）您希望经营者对企业的控制管理权限达到什么程度？

　　1. 尽量缩小　　2. 一定程度缩小　　3. 保持平衡

　　4. 一定程度扩大　　5. 尽量扩大

（9）对事业多元化的意向？

　　1. 专业化　　2. 拓展部分相关事业　　3. 应对时代的变化

　　4. 经常参与多种行业　　5. 积极参与多种行业

（10）企业应更注重追求哪一项利润目标？

　　1. 更重视短期利润　　2. 一定程度重视短期利润

　　3. 同时并重　　4. 一定程度重视长期利润

　　5. 最重视长期利润

（11）对现有产品（商品、服务）品质管理的态度？

　　1. 不重要　　2. 维持现状　　3. 根据需要加以改进

　　4. 探讨随时改进　　5. 不断精益求精

（12）获取经营资源的优先顺序？（外向⇔内向）

　　1. 建立公司外部人脉　　2. 开拓营业网点

　　3. 重视平衡　　4. 设备投资　　5. 人才投资（培训、录用）

三 【创新】

（※可多选）

（13）请选择 2013～2015 年度所推进的创新措施。

　　1. 研发　　2. 知识产权申请　　3. 与大学研究机构的合作

　　4. 新产品投放　　5. 没有任何推进

※如有实施上述相关措施，请分别回答最近 3 年的情况。

1）研发经费占年销售额的比例

　　2013 年度（　%）　2014 年度（　%）　2015 年度（　%）

2）知识产权申请件数

  2013 年度（　件）　2014 年度（　件）　2015 年度（　件）

3）新产品的投放件数

  2013 年度（　件）　2014 年度（　件）　2015 年度（　件）

4）共同研究费占年销售额的比例

  2013 年度（　%）　2014 年度（　%）　2015 年度（　%）

四　【海外战略】

（14）有无海外设点（包括关联公司）或与海外企业有业务往来？今后是否有意向开拓其他国家或地区市场？（※国家或地区名可多选）

  1. 没有　　2. 已经有　　3. 今后有意向

→如回答上述 2. 或 3. 者，投资对象或交易方是以下哪个国家或地区？

  1. 中国大陆　　2. 中国台湾　　3. 韩国　　4. 印度尼西亚

  5. 越南　　6. 柬埔寨　　7. 印度　　8. 其他亚洲国家（　）

  9. 俄罗斯　　10. 美国　　11. 欧洲　　12. 其他

→如回答上述 2. 者，海外销售额在销售总额中的占比是多少？

  2015 年度（　%）

五　【经营管理决策】

（15）由谁或哪个部门做出重要决策？

  1. 总经理　　2. 股东大会　　3. 董事会

  4. 部门负责人会议　　5. 其他（　）

（16）您觉得创始人家族应该拥有强健的领导力吗？

  1. 完全不　　2. 基本不　　3. 中立

  4. 基本是　　5. 完全是

六 【家族式管理】

（17）您是否认为贵公司是家族企业？
    1. 完全不是　　2. 基本不是　　3. 中立
    4. 基本是　　5. 完全是

（18）你是否为贵公司是家族企业感到自豪？
    1. 完全不　　2. 基本不　　3. 中立　　4. 基本是　　5. 完全是

（19）请选择贵公司及关联公司所设有的组织与机制（可多选）
    1. 家族委员会　　2. 家族基金　　3. 资产管理公司
    4. 家族宪法　　5. 不适用

（20）创始人家属及亲属熟人应该在本公司就业吗？
    1. 完全不应该　　2. 不太应该　　3. 中立
    4. 一定程度应该　　5. 完全应该

（21）公司有无必要设立专项基金以培养直系接班人和鼓励创始人家族子女创业？
    1. 完全无必要　　2. 不太有必要　　3. 中立
    4. 一定程度有必要　　5. 完全有必要

（22）与一般企业相比，家族企业是否应该更重视信用与社会形象？
    1. 完全不应该　　2. 不太应该　　3. 中立
    4. 一定程度应该　　5. 完全应该

（23）创始人家族及家族企业内部是否需要有促进交流的组织和活动？
    1. 完全不需要　　2. 不太需要　　3. 中立
    4. 一定程度需要　　5. 完全需要

（24）家族企业为形成独特文化和价值观是否需要特殊职能和活动？
    1. 完全不需要　　2. 不太需要　　3. 中立
    4. 一定程度需要　　5. 完全需要

七 【创始人对子女的培养教育】

(25) 对于创始人子女接班，贵公司持何种方针？

　　1. 子女为家族企业继承人　　2. 给予产权但不给予经营权

　　3. 只给予部分产权不让在家族企业内就业

　　4. 产权与经营权都不给　　5. 只给部分生活所需财产

　　6. 其他

(26) 关于接班人培养，请选择您认为最合适的做法？

　　1. 在海外接受正规专业教育　　2. 在海外积累实务经验

　　3. 作为本公司基层员工参与锻炼

　　4. 在国内其他企业积累实务经验　　5. 其他

(27) 对接班人精神方面的教育您最重视哪些要素？（可多选）

　　1. 培养家族责任感　　2. 培养家族荣誉感

　　3. 培养道德情操　　4. 培养社会责任感　　5. 都不需要

八 【经营决策时的价值观】

(28) 请选择贵公司在经营判断中最重视的思维方式？

　　1. 根据道德心判断　　2. 根据因果关系判断

　　3. 理智先于个人感情，基于逻辑思维判断

　　4. 遵从先人导师教诲　5. 只根据利益判断　　6. 其他

第一部分
整体分析：以定量分析为主

# 第 1 章
日本长寿企业的治理结构

王效平　李　涛

引　言

纵观全球，日本是长寿企业最集中的国家，近年的媒体报道和相关研究进一步吸引了人们对日本长寿企业的关注。本项目启动之际诚邀日本征信公司帝国数据银行（以下简称 TDB）参与合作调研，并签署了合作文件。经 TDB 配合调查得知，2014 年日本创业 100 年以上的长寿企业数达 27335 家，截至 2019 年，这一数据进一步增至 33259 家，在 COSMOS 企业数据库中分别占企业总数的 1.89% 和 2.27%，长寿企业出现率之高令人惊叹。

伴随资本主义日益成熟，企业的经营环境也更加严峻，在这样的现实情况下，日本的长寿企业如何"延年益寿"？长寿的秘诀是什么？在漫长发展岁月中演变催生出什么样的经营机制？笔者不由得对这背后隐藏的管理科学产生浓厚的兴趣与好奇。笔者从 20 世纪 90 年代初期开始对亚洲地区华人企业经营方式开展调研，致力于区域内中国、日本和韩国企业比较管理研究，并在工商管理研究院从事国际商务教育，前述疑问对笔者来说也是颇值得玩味的课题。以往的长寿企业研究大多是基于事实调查的个案研究，以个别案例为对象实施公开调查和访谈考察，基于定量调查的分析则很少。本次采用实证调研方法，结合公开统计数据，采用问卷调查和个别访谈形式开展调研。

本章根据本课题组设计的问卷调查结果，重点研究长寿企业的治理结构，尝试从其经营方式中捕捉到一些特色。企业的治理结构框架包括三个层面：a. 企业产权制度，即"企业属于谁"，企业的产权与经营权的关系，管理层任免职权所在；b. 各种利益协调方案的特点以及对待企业所有者以外利益相关者的态度；c. 高管层（职业经理人）的聘用与激励机制。[1]

关于长寿企业经营特点和长寿原因的代表性研究论点如下[2]：①重视地域社会；②重视传统和价值观的传承；③接班人培养方面的特殊措施（养子制度）；④重视顾客和客户；⑤立足长期发展；⑥重视本业（核心业务）。这些大多与公司治理结构框架有着密切联系（②和③与 a、①和④与 b、③和⑤与 c 相关），本问卷调查在设计问项时也有考虑这些方面。

一　日本长寿企业的基本分布

（一）TDB 长寿企业基础调查

日本是世界上长寿企业最多的国家已是不争之事实，如表 1-1 所示，日本创业年数超过 100 年的企业数占世界总数的 41.3%，超过 200 年的企业数更是占比高达 65%。日本长寿企业的创业时期分布可从 TDB 的企业数据库中加以确认（见表 1-2），这为课题组深入实施调查研究提供了有益线索。

表 1-1　世界长寿企业数量排名前五的国家/地区

单位：家，%

排行	国家/地区	寿命 100 年以上企业数	比例	国家/地区	寿命 200 年以上企业数	比例
1	日本	33076	41.3	日本	1340	65.0
2	美国	19497	24.4	美国	239	11.6
3	瑞典	13997	17.5	德国	201	9.8

---

[1] 参考宫岛英昭（2008）、森淳二郎（2005）、王效平（2001）。

[2] 参考横泽利昌（2013）、日经（2019）、TDB 史料馆·产业调查部（2009）。

续表

排行	国家/地区	寿命 100 年以上企业数	比例	国家/地区	寿命 200 年以上企业数	比例
4	德国	4947	6.2	英国	83	4.0
5	英国	1861	2.3	俄罗斯	41	2.0
	总计	73378	91.7	合计	1904	92.4

资料来源：根据 TDB 调查、周年事业研究所"2020 年版百年企业篇"整理制作。

表 1-2　日本长寿企业的创业时期分布

单位：家，%

创业时期	企业数	比例
江户时代以前（~1602 年）	160	0.5
江户时代（1602~1867 年）	3183	9.6
明治维新以后（1868~1919 年）	29916	89.9
总计	33259	100.0

资料来源：根据 TDB"长寿企业 2016 年调查""特别企划老铺企业实态调查 2019"整理制作。

表 1-3 为 2014 年度和 2019 年度长寿企业数量排名前十的行业，近 5 年来排名顺序略有变化，第十位被其他行业取而代之。耐人寻味的是，包括清酒制造、酒类零售、酒类批发在内的 3 个酒类行业跻身前十，还有 3 个建筑工程相关行业进入排行榜。众所周知，这些都是日本的传统产业，具有很强的地域性。酿酒业与大酱、酱油酿制一样，其发展与原料产地、人们的日常饮食喜好及地方文化密切相关，地域特色鲜明，每个酿制厂（生产者）都有自己独特的配方和制法（技术积累）。建筑和工程行业则与日本房屋建造传统有很深的渊源，其工艺发展受日本特有风土气候条件的影响，从分布在各地的神社和寺庙也可见端倪，不难认识到此类行业的发展亦与地域生活密不可分。

从规模上看，年销售额不到 1 亿日元和 1 亿~10 亿日元的中小企业居多（超过 80%），100 亿日元以下的公司约占 96%（见表 1-4）。2019 年调查显示，上市的长寿企业达 532 家，数量之多超乎预想。

表 1-3　TDB 长寿企业行业分布调查（排名前十）

单位：家，%

行业	2019 年长寿企业数量	比例	2014 年长寿企业数量	比例
租赁	894	2.7	674	2.5
清酒制造	801	2.4	725	2.7
旅馆	618	1.9	541	2.0
酒类零售	611	1.8	601	2.2
和服布匹·衣料销售	568	1.7	569	2.1
女装·童装	535	1.6	491	1.8
木造建筑工程	492	1.5	383	1.4
一般土木工程	479	1.4	376	1.4
酒类批发	475	1.4	418	1.5
土木工程	434	1.3	364	1.3
小计	5907	17.8	5142	18.8
总计	33259	100.0	27335	100.0

资料来源：日经（2019）、TDB。

表 1-4　各规模长寿企业的占比

单位：家，%

年销售额	2014 年		2019 年	
	长寿企业数量	比例	长寿企业数量	比例
1 亿日元以下	11361	41.6	13802	41.5
1 亿~10 亿日元	10940	40.0	12971	39.0
10 亿~100 亿日元	3844	14.1	4922	14.8
100 亿日元以上	1190	4.3	1564	4.7
总计	27335	100.0	33259	100.0

资料来源：日经（2019）、TDB。

TDB 调查发现，公开总经理上任信息的长寿企业中，"家族继承"占82.1%，"内部晋升"占11.1%，可以看出日本企业普遍是家族经营。在最初设计本次中日比较研究项目问卷时，曾准备了与"家族经营"相关的多个详细问项，但考虑到可能会影响问卷回收率，删除了部分问项。

（二）本研究项目问卷调查结果

表 1-5 有效样本企业的创业年数分布

单位：家，%

创业年数	企业数量	占比
300 年以上	97	14.9
200～300 年	113	17.3
100～200 年	430	66.0
不详	12	1.8
总计	652	100.0

资料来源：笔者整理制作。下同。

表 1-6 有效样本企业的地域分布

单位：家，%

地域	回收样本企业数	占比	全国长寿企业数	占比
九州·冲绳	54	8.3	2841	8.5
中国·四国	79	12.1	3888	11.7
近畿	155	23.8	6500	19.5
中部	164	25.2	7917	23.8
关东	122	18.7	7827	23.5
东北	59	9.0	3118	9.4
北海道	19	2.9	1168	3.5
总计	652	100.0	33259	100.0

资料来源：根据 TDB 协助的问卷调查与 TDB "特别企划老铺企业实态调查 2019" 整理制作。

表 1-7 有效样本企业的行业分布

单位：家，%

类别	行业分类（大分类）	企业数量	占比
A	农业	2	0.3
C	渔业	1	0.2
D	矿业	3	0.5

续表

类别	行业分类（大分类）	企业数量	占比
E	建设业	61	9.4
F	制造业	172	26.4
G	批发·零售·餐饮业	376	57.7
H	金融·保险业	1	0.2
I	房地产业	11	1.7
J	运输·通信业	5	0.8
K	水电燃气供应业	1	0.2
L	服务业	19	2.9
	总计	652	100.0

表1-8 有效样本企业的年销售额分布

单位：家，%

年销售额	企业数量	占比
10000亿日元以上	1	0.2
1000亿～10000亿日元	9	1.4
100亿～1000亿日元	41	6.3
10亿～100亿日元	297	45.6
1亿～10亿日元	282	43.3
10万～1亿日元	22	3.4
总计	652	100.0

二 长寿企业的家族经营色彩

（一）家族企业普遍存在

2018年版《家族企业白皮书》显示，在260万家日本企业中，96.9%的企业实际上是家族企业，全部上市公司中家族企业亦占到52.9%，创始人家族在公司经营中扮演着核心角色。白皮书第1章将家族企业定义为

"在同一时期或不同时期，有两位及以上家族成员为公司高管或股东"，且"有家族成员为公司主要股东（前10位），或作为日本《公司法》定义的董事会成员，参与经营管理"的企业。并在此基础上，根据家族对经营管理的影响力大小将家族企业分为6个类别进行分析。①

TDB、东京商工调查企业数据库的长寿企业调查也凸显了家族经营在长寿企业中的普遍性。TDB 持有的长寿企业数据库中，约85%的企业认同自身是家族企业，一些同类问卷调查也证实了类似结果。

本次对长寿企业实施问卷调查和访谈时，将家族企业界定为符合以下任一条件的企业。

①创始人或家族成员是第一大股东。
②创始人或家族成员被认定为事业接班人。
③持有公司股份不一定是为资产积累，而是出于家族义务。
④创始人或家族成员担任重要的高层管理职务。

（二）样本企业对家族属性的认同

传统价值观通常体现在被称为"社是""社训"的经营理念中。长寿企业有一个共同点，除了显示公司经营方针的社训和企业理念之外，他们往往还有各自的"家训"。祖祖辈辈传承下来的"家训"，凝聚着创始人和一代代前辈对"事业应有状态和企业信用"的思考，并以文字形式流传下来为后辈提供启示，体现着家族企业的价值观。从明治时代到昭和时代战败后，《大日本帝国宪法》作为当时日本一切决策的绝对准则，对"家"做出了具体的规定。从家族成员有义务维持"家"的存续角度出发，"家训"和"社训"应运而生，对于维持家族企业的身份发挥了重要作用②。

对于是否认为（意识到）自身属于家族企业的问题（见表1-9），

---

① 请参阅后藤俊夫监修（2018）『ファミリービジネス白書2018年版』，第24~25页。
② 1898年颁布的《民法典》设定有"家"制度，该制度规定亲属中由关系更紧密的亲属组成"家族"，由"户主"掌控统领权（前《白皮书》第15~16页）。

71.0%的企业做出了肯定回答,考虑到对家族经营可能存在的心理抵触和固有偏见,把表示中立的9.2%也加上后,家族企业比例达80.2%。关于"是否对身为家族企业感到自豪"的问项(见表1-10),约70%的企业表示肯定(否定回答约占8%)。回答肯定的企业创业年数相对较长;没有发现各地域、行业或规模的显著差异。以下各问项亦从企业创业年数为主列表加以分析说明,就地域、行业与规模之间有明显差异时附加文字说明。

表1-9 是否认为(意识到)自身属于家族企业

单位:家,%

创业年数	项目	完全否定	基本否定	中立	基本肯定	完全肯定	总回答数
300年以上	数量	1	10	5	13	35	64
	占比	1.6	15.6	7.8	20.3	54.7	100.0
200~300年	数量	3	4	7	18	40	72
	占比	4.1	5.6	9.7	25.0	55.6	100.0
100~200年	数量	32	56	37	145	129	399
	占比	8.0	14.0	9.3	36.3	32.3	100.0
总计	数量	36	70	49	176	204	535
	占比	6.7	13.1	9.2	32.9	38.1	100.0

表1-10 是否对身为家族企业感到自豪

单位:家,%

创业年数	项目	完全否定	基本否定	中立	基本肯定	完全肯定	总回答数
300年以上	数量	1	3	11	10	10	35
	占比	2.9	8.6	31.4	28.6	28.6	100.0
200~300年	数量	2	2	6	9	18	37
	占比	5.4	5.4	16.2	24.3	48.6	100.0
100~200年	数量	5	3	28	35	51	122
	占比	4.1	2.5	23.0	28.7	41.8	100.0
总计	数量	8	8	45	54	79	194
	占比	4.1	4.1	23.2	27.8	40.7	100.0

历史上,中资企业普遍会设置家族委员会、家族基金、资产管理公司和家族宪法,这些都是典型的家族经营管理组成要素。与此相对,日本长寿企业纳入这些组织机构的例子并不多,最常见的资产管理公司普及率也不及9%,其他项也不多见(见表1-11)。① 没有发现各地域、行业或规模的显著差异。

表1-11 贵公司及关联公司是否有如下组织机构

单位:家,%

创业年数	项目	家族委员会	家族基金	资产管理公司	家族宪法	不适用	回答总数
300年以上	数量	3	0	8	1	53	65
	占比	4.6	0	12.3	1.5	81.5	100.0
200~300年	数量	1	0	6	0	65	72
	占比	1.4	0	8.3	0	90.3	100.0
100~200年	数量	2	3	33	4	353	395
	占比	0.5	0.8	8.4	1.0	89.4	100.0
总计	数量	6	3	47	5	471	532
	占比	1.1	0.6	8.8	0.9	88.5	100.0

一般认为,家族色彩较强的长寿企业,其创始人和历代接班人往往会树立自身独特的企业文化和价值观并加以延续传递,为此需要设立某些特殊职能并开展有关活动,对于究竟"是否需要"这些举措的问项,问卷调查结果显示,创业年数较长的企业多给出肯定回答;中小微型长寿企业(员工10人以下,年销售额1亿日元以下)也多表示肯定;不同地域、行业间未见明显差异,各回答项统计结果基本上都接近30%。概括来说,虽然历史久一些的企业肯定回答居多,但总体上肯定回答与否定回答数量不相上下,回答"中立"的企业也占30%(见表1-12)。

---

① 作为战后民主化改革的一部分日本颁布了新宪法,在法律上废除了"家"制度。为了防止户主滥用对家族的统领控制权损害家庭成员应有权利,长子(大儿子)继承的户主专有继承制度,以及以户主为中心运作的家族会议(家庭委员会等)趋于形式化或难以为继。不过,长寿企业重视传统价值传承,"家"作为传统习俗仍然被保留。请参考上述白皮书(2018)第16~17页。

表 1-12　家族企业为形成独特文化和价值观是否需要特殊职能及活动

单位：家，%

创业年数	项目	完全否定	基本否定	中立	基本肯定	完全肯定	回答总数
300 年以上	数量	1	14	12	31	4	62
	占比	1.6	22.6	19.4	50.0	6.5	100.0
200~300 年	数量	4	15	23	22	8	72
	占比	5.6	20.8	31.9	30.6	11.1	100.0
100~200 年	数量	42	102	125	111	19	399
	占比	10.5	25.6	31.3	27.8	4.8	100.0
总计	数量	47	131	160	164	31	533
	占比	8.8	24.6	30.0	30.8	5.8	100.0

三　接班人培养与激励机制

绝大多数中小企业维持着家族经营形态，近 20 年来，有关企业持续发展的各种调查反复提及中小企业存在接班人难寻、经营难、经营者老龄化等关键问题。长寿企业对如何使事业传承制度化的关注从未衰减，本节专门准备了数项有关接班人培养方针的问项。

家族企业通常会为家庭成员或亲属在公司谋职，关于对这一点的看法，有 30.8% 的有效样本企业认为必要，32.3% 的有效样本企业认为没有必要，大致持平（见表 1-13）。持中立态度的超过 3 成，各创业年数企业的回答未见决定性差异；不过不同规模企业的见解出现一定差异，中小微型企业（员工 10 人以下，年销售额 1 亿日元以下）对于必要性的认识不高；从地域来看，北海道企业认为不必要的比例最高（55.6%）；不同行业之间没有明显差异。属于儒教文化圈的韩国系、中华系企业，为了让子女顺利继承家业，幼年时便会安排其在家族企业中与家长（经营者）日常接触，为接班做早期准备。

表 1-13 创始人家族及亲属熟人在本公司就职的必要性

单位：家，%

创业年数	项目	完全否定	基本否定	中立	基本肯定	完全肯定	回答总数
300 年以上	数量	6	17	20	11	9	63
	占比	9.5	27.0	31.7	17.5	14.3	100.0
200~300 年	数量	7	12	28	20	5	72
	占比	9.7	16.7	38.9	27.8	6.9	100.0
100~200 年	数量	54	76	148	91	28	397
	占比	13.6	19.1	37.3	22.9	7.1	100.0
总计	数量	67	105	196	122	42	532
	占比	12.6	19.7	36.8	22.9	7.9	100.0

关于是否有必要设立专项基金用于培养直系继承人和鼓励家族子女创业，肯定回答仅有 1 成多一点，半数以上有效样本企业认为没有必要（见表 1-14）。在占回答总数 95% 的前三大主要行业中，占比过半的"批发/零售/餐饮"行业肯定回答率低于 15%，第二和第三的制造和建设行业肯定回答率更低。不同地域之间的差异微小，从不同规模企业来看，中小微型企业肯定回答率相对较高（25%），回答"不必要"的比例则更高（66.4%）。

表 1-14 设立基金以培养和鼓励创始人家族子女创业的必要性

单位：家，%

创业年数	项目	完全否定	基本否定	中立	基本肯定	完全肯定	回答总数
300 年以上	数量	14	24	16	5	4	63
	占比	22.2	38.1	25.4	7.9	6.3	100.0
200~300 年	数量	14	24	26	8	0	72
	占比	19.4	33.3	36.1	11.1	0.0	100.0
100~200 年	数量	113	119	111	45	10	398
	占比	28.4	29.9	27.9	11.3	2.5	100.0
总计	数量	141	167	153	58	14	533
	占比	26.5	31.3	28.7	10.9	2.6	100.0

关于创始人家族及家族企业内部是否需要专门的部门和组织活动（中资企业的"家族委员会"和"传统纪念活动"）来促进日常沟通及确认公司经营方针，认为必要的企业是认为不必要的企业的1.5倍，持中立的有效样本企业达到近3成，回答出现分歧（见表1-15）。按地域划分，"九州/冲绳"和"中国/四国"约有50%的肯定回答率；按规模划分，中小微型企业的肯定率相对更高。

表1-15 创始人家族及家族企业内部成立交流组织和开展有关活动的必要性

单位：家，%

创业年数	项目	完全否定	基本否定	中立	基本肯定	完全肯定	回答总数
300年以上	数量	3	14	16	21	8	62
	占比	4.8	22.6	25.8	33.9	12.9	100.0
200~300年	数量	6	12	21	27	6	72
	占比	8.3	16.7	29.2	37.5	8.3	100.0
100~200年	数量	36	80	112	140	31	399
	占比	9.0	20.1	28.1	35.1	7.8	100.0
总计	数量	45	106	149	188	45	533
	占比	8.4	19.9	28.0	35.3	8.4	100.0

创始人子女继承事业的方针上，将产权和经营权悉数交给下一代，由子女继承家业的情况最多，约占回答总数的63%，远远高出其他选项的比例；且越长寿的企业采用该方针的比重越大，创业年数300年以上的企业与创业年数100~200年的企业相比，选用此方针的比例高出近25个百分点，比整体平均水平高出约20个百分点（见表1-16）。这一调查结果表明，同族血亲从一开始便是事业继承的核心首选。按地域划分，东北地区由子女继承家业的比例最高（高出平均水平13个百分点）；不同规模或行业的企业未见显著差异。

表 1-16 起用创始人子女继承事业的方针

单位：家，%

创业年数	项目	子女为家业继承人	不给予经营权	仅给产权不予从职	均不予	给予生活所需财产	其他	总计
300 年以上	数量	51	1	1	1	0	8	62
	占比	82.3	1.6	1.6	1.6	0.0	12.9	100.0
200~300 年	数量	53	4	2	3	2	7	71
	占比	74.6	5.6	2.8	4.2	2.8	9.9	100.0
100~200 年	数量	222	26	22	22	12	81	385
	占比	57.7	6.8	5.7	5.7	3.1	21.0	100.0
总计	数量	326	31	25	26	14	96	518
	占比	62.9	6.0	4.8	5.0	2.7	18.5	100.0

中国有一句格言叫"富不过三代"，意思是上一代打拼事业积累下来的财富，被第二代和第三代的纨绔子弟啃食干净，无法持续富有的情况，这种事例在其他的文化背景中也不少见。但是，日本长寿企业的接班人选任制度不同于欧美国家，与其他儒教文化背景的国家也不尽相同，如若血亲中没有合适的接班人，会采用"继子""上门女婿"形式的养子制度，引入外部优秀人才继承家业。本次问卷调查的问项虽然没有涉及这一方面，但在企业家访谈调查环节有具体问到这些细节，大部分企业都给予了肯定回答。日本长寿企业的类似养子制度成为最近的热门话题，许多学者对这一制度毫不吝啬赞美之词，称其不仅可以避免缺乏经营才干的亲生子女继承事业，还可以为家族企业注入外部新鲜血液，可以从更加公正客观的角度来审视家族事业，并且不易受陈腐内部关系的约束。

如果任由能力不足的子女接班，可能危及企业的生存。在事业不断交接的过程中，出现缺乏经营才干的子女并不为奇，无法在家族中找到恰当人选的问题或早或晚都会出现。为了避免类似问题，日本衍生出上述养子制度，并发展成为家族企业惯用的接班人选用方式。

日本的"上门女婿"与其他国家的不同之处在于，入赘的时候要将姓氏改为对方家庭的姓氏。在朝鲜半岛和大中华地区，受儒家文化的影响，对血统的重视程度很高。人们很排斥成为入赘女婿而放弃自己原本的姓名，俗话说"传子不传婿"，家长也大多不愿意将女婿列为候选接班人。

长寿企业在培养培训接班人时，比起采用"内部培训"，更加重视获得其他公司的实务经验，各创业年数的长寿企业在这一方面不约而同地呈现出同一倾向。笔者还发现，"出国接受专业教育"和"出国积累业务经验"的培养方式几近被忽略（见表1-17）。

表1-17 所重视的继承人培养方式

单位：家，%

创业年数	项目	出国接受专业教育	出国积累业务经验	在本企业内修行锻炼	在国内其他企业积累实务经验	其他	回答总数
300年以上	数量	3	2	14	41	4	64
	占比	4.7	3.1	21.9	64.1	6.3	100.0
200~300年	数量	0	1	13	50	7	71
	占比	0.0	1.4	18.3	70.4	9.9	100.0
100~200年	数量	6	9	100	237	30	382
	占比	1.6	2.4	26.2	62.0	7.9	100.0
总计	数量	9	12	127	328	41	517
	占比	1.7	2.3	24.6	63.4	7.9	100.0

除了上述与接班人培养有关的组织职能和场所，以及职权和资源的授予外，长寿企业还重视精神方面的教育。如表1-18所示，对他们来说，培育"社会责任感"比灌输"家族责任感"和"家族荣誉感"重要得多，"道德情操"也相对得到重视，不同创业年数、不同行业和规模的长寿企业在信念和偏好上并无显著差异。

表1-18 精神教育中所重视的要素（※可多选）

单位：家，%

创业年数	项目	家族责任感	家族荣誉感	道德情操	社会责任感	全部不用	回答总数	回答样本企业数
300年以上	数量	20	9	27	57	2	115	97
	占比	20.6	9.3	27.8	58.8	2.1	—	100.0
200~300年	数量	22	10	38	53	6	129	113
	占比	19.5	8.8	33.6	46.9	5.3	—	100.0
100~200年	数量	116	38	201	322	14	691	430
	占比	27.0	8.8	46.7	74.9	3.3	—	100.0
总计	数量	158	57	266	432	22	935	640
	占比	24.7	8.9	41.6	67.5	3.4	—	100.0

表1-19显示了高层经营决策与各种传统价值观念（宗教观点）之间的关系（最影响长寿企业高层管理决策的价值标准）。表头罗列了对应于儒家、佛教、基督教和神道教等有代表性的宗教或道德伦理观念，从样本回答分布看各创业年数企业对各种价值标准的认知没有太大的偏差。尽管个别地域由于样本数量过少而回答率有一定变化，但整体上不同规模、行业的企业在回答上没有显著差异。

表1-19 经营决策中最为重视的价值标准

单位：家，%

创业年数	项目	道德观念	因果关系	理性逻辑	先人教导	利益至上	其他	回答总数
300年以上	数量	18	15	19	2	5	5	64
	占比	28.1	23.4	29.7	3.1	7.8	7.8	100.0
200~300年	数量	24	12	21	3	4	6	70
	占比	34.3	17.1	30.0	4.3	5.7	8.6	100.0
100~200年	数量	124	91	113	13	20	18	379
	占比	32.7	24.0	29.8	3.4	5.3	4.7	100.0
总计	数量	166	118	153	18	29	29	513
	占比	32.4	23.0	29.8	3.5	5.7	5.7	100.0

四 地域贡献·社会贡献分析

（一）长寿企业和日本地域社会的关系

对地域社会的贡献是长寿企业能够持续发展的重要因素，也是长寿企业的共同特点。

上一章曾提及"产业嵌入"概念，真诚的顾客、传统的技能和地域特有的原材料形成了家族产业的地域优势。家族一代一代传承下来的工商会、邻里会、节庆等文化交流活动，为企业的存续提供了得天独厚的条件，因为背后少不了文化因素的推动，我们称之为"文化嵌入"。此外，地域还发挥着为企业培养人才的功能，这种"地域教育"由江户时代的儒家学者启蒙，后来发展为私塾形式的教育组织，近江的藤树塾、京都的石门心学、大阪的含翠堂和怀德堂等地区商人教育机构已有 100 多年的历史，长寿企业传承至今的家训多源于这些儒家学者传授给商人的东方价值理念，蕴含着将社会、人和地域的福祉作为重要伦理道德的儒家传统思想，具体来说就是"质朴、俭约、正直、勤勉"等训诫，对后来商人价值观的形成产生了深远影响。

在传统的日本地域社会中，传统价值观在地域文化中孕育，企业的利益相关方与地区有着紧密的联系。无论是雇佣员工，还是与顾客、客户的关系维护，都属于企业与地域社会的关系范畴。"顾客至上""与商业伙伴共存共荣""地域贡献"等字眼经常出现在社训、家训之中，日本长寿企业清楚与利益相关方建立良好关系的价值，重视这种独特的商业网络，并通过实践名为"三方皆利"（译注：日文为"三方良"，表示满足买卖双方，且可以贡献社会）的经商要义促进企业的可持续发展[1]（见图 1-1）。

---

[1] 据说近江商人存在于江户到明治时期，他们不在故乡近江做生意，而是行走于其他藩县经商。其特点是一边行商一边开展市场调查，寻觅到好商机或是好地区的时候就会转移，在其他地区采取让自己、顾客和当地社会能够共享利益的一种商务模式，就是"三方皆利"。末永国纪（2004）『近江商人学入門―CSRの源流「三方良し」』SUNRISE 出版。

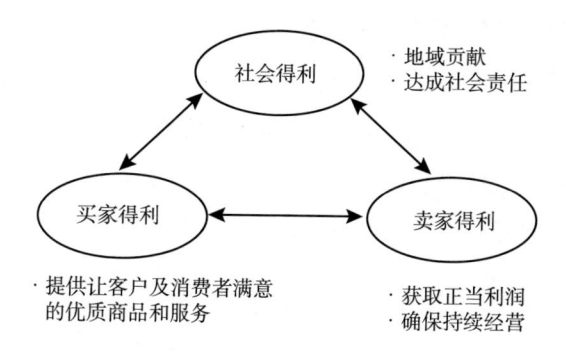

图 1-1　三方皆利关系

资料来源：家族企业学会编（2016）『日本のファミリービジネス』中央经济社，基于第139页的图加以修改制作。

长寿企业通过提供商品、创造就业和纳税为地域社会做出贡献，同时在原材料及零部件采购、资金筹措和服务提供等方面得到地域社会的有力支援。长寿企业通过扎根地域的经营管理方式，和地域居民共同克服困难，建立了牢固的相互信任关系，在这种历史经验的基础上，双方共享艰难时期积累的经验、教训和智慧，携手保护地域整体利益，渐渐形成一种制度和习惯，即前文所提及的"文化资本"。

还有一点不得不说的是，正因为继承了重视传统和地域文化的价值观，长寿家族企业才能够实现长期经营管理，并做出有利于长远发展的决策。下面从两个方面对此展开论述。

首先，企业代代流传下来的本业是优秀技术和丰富技能长年累月沉淀下来的结果，有许多可以运用的宝贵经验，也与地域的文化资本密不可分，更容易满足固定市场和忠实顾客的需求。此外，不断改进产品和服务质量，对提高顾客满意度、确保既有市场发挥着直接作用。

其次，非家族成员的职业经理人担任高级管理职位时任期一般受到合同制约，为了在较短的时间内迅速做出成绩，他们往往倾向于追逐易于达成的短期目标，规避有风险的决策。与此相对，身为家族成员的高管不受任期限制，由于自身既是经营者，同时也是企业的产权所有者（业主），自然有一种更强烈的责任感和使命感，拼尽全力也会避免让先代打下的基业在自己手里毁于一旦。同时，由于他们不一定追求上市，不会被基于短期业绩的表面市场评价牵着鼻子走。他们站在能够为自己的行为担责的位置，拥有决策权，可以凭借直觉、经验和借由人脉获取的信息对局势做出判断，决定企业的发展方向，也就能做出自上而下的决策。

（二）长寿企业重视地域社会的表现

关于上述长寿企业对地域社会的重视程度，我们得到的有关回答如下：首先表1-20显示了长寿企业"最重视的经营目标"，美国企业推崇的"股东利益至上主义"似乎与日本长寿企业无缘，"顾客至上"主义观念根深蒂固，最重视"顾客"的企业约占半数，最重视"其他利益相关方"、"创造社会价值"的企业也占一定的比重。不同地域长寿企业的回答有一定差异，"九州/冲绳""北海道"地区长寿企业对"顾客"的重视度相对较低，对"其他利益相关方"的重视度较高，不同行业与规模的长寿企业之间未见显著差异。

表1-20 最为重视的经营目标

单位：家，%

创业年数	项目	股东利益	顾客	创造社会价值	其他利益相关方	其他	回答总数
300年以上	数量	1	57	14	13	8	93
	占比	1.1	61.3	15.1	14.0	8.6	100.0
200~300年	数量	1	63	21	17	10	112
	占比	0.9	56.3	18.8	15.2	8.9	100.0
100~200年	数量	2	207	78	143	5	435
	占比	0.5	47.6	17.9	32.9	1.1	100.0
总计	数量	4	327	113	173	23	640
	占比	0.6	51.1	17.7	27.0	3.6	100.0

如表1-21所示，近六成的有效样本企业认为与普通企业相比，家族企业需要特别强调重视信用和社会形象，远远高于否定回答（约15%）。日本企业将自身定位为"社会的公物"（公共财产），家族企业也不例外。总体

来看,历史越长久的企业越倾向于持肯定态度。不同地域、行业、经营规模的长寿企业之间并没有太明显的差异。

表1-21 家族企业是否需要特别重视信用及社会形象

单位:家,%

创业年数	项目	完全否定	基本否定	中立	基本肯定	完全肯定	回答总数
300年以上	数量	1	8	15	27	12	63
	占比	1.6	12.7	23.8	42.9	19.0	100.0
200~300年	数量	4	6	16	31	15	72
	占比	5.6	8.3	22.2	43.1	20.8	100.0
100~200年	数量	23	37	116	145	76	397
	占比	5.8	9.3	29.2	36.5	19.1	100.0
总计	数量	28	51	147	203	103	532
	占比	5.3	9.6	27.6	38.2	19.4	100.0

表1-22综合显示了企业对地域社会的重视程度,不同创业年数的长寿企业,以及各行业、各地域、各规模的长寿企业无一例外几乎全部持肯定态度。可以看出,日本企业原本就把自己作为社会之公器,众多利益相关方均与企业所在地亦即地域社会有着千丝万缕的联系,家族色彩强烈的长寿企业尤其具有这种自觉。

表1-22 是否重视与地域社会的融合与共同发展

单位:家,%

创业年数	项目	完全否定	基本否定	中立	基本肯定	完全肯定	回答总数
300年以上	数量	0	0	4	19	65	88
	占比	0	0	4.5	22.6	73.9	100.0
200~300年	数量	0	1	1	26	80	108
	占比	0	0.9	0.9	24.1	74.1	100.0
100~200年	数量	0	2	10	124	286	422
	占比	0	0.5	2.4	29.4	67.8	100.0
总计	数量	0	3	15	169	431	618
	占比	0	0.5	2.4	27.3	69.7	100.0

日本的长寿企业绝大多数都是中小型企业，其与地域社会的关系可谓你中有我、我中有你，对长寿企业来说，与顾客、供应商、金融机构、自治体等外部利益相关方建立和维持良好的关系，打好交道是关乎企业命运的重要课题，他们对地域社会的重视程度，可以从以上问卷调查结果中得到印证。不过，过于强调地域社会等外部关系，是否会导致公司内部利益相关方的立场被忽略呢？表1-23是问项"重视员工及其家属的健康管理与完善福利制度的必要性"的统计结果，结果显示各创业年数企业都高度肯定了其必要性，且不分行业、规模和地域，回答结果几乎完全一致。过去针对日本企业治理的问卷调查结果也显示，认为企业属于员工的回答远远多于认为企业属于股东的回答。对长寿企业来说，员工也是具有强烈地域社会性的利益相关方，对其健康与福利的关注直接影响到他们对企业的忠诚度与劳动生产率。

表1-23 是否有必要重视员工及其家属的健康管理与完善福利制度

单位：家，%

创业年数	项目	完全否定	基本否定	中立	基本肯定	完全肯定	回答总数
300年以上	数量	0	0	1	37	51	89
	占比	0.0	0.0	1.1	41.6	57.3	100.0
200~300年	数量	0	0	2	40	67	109
	占比	0.0	0.0	1.8	36.7	61.5	100.0
100~200年	数量	0	2	5	126	300	433
	占比	0.0	0.5	1.2	29.1	69.3	100.0
总计	数量	0	2	8	203	418	631
	占比	0.0	0.3	1.3	32.2	66.2	100.0

总　结

随着20世纪90年代初期日本泡沫经济破灭，上市企业的经营业绩恶化，职业经理人的道德风险问题成为人们关注的焦点。如何将产权与经营权分离，并使经营者遵守义务成为公司治理领域的主要研究课题。过去的20

多年，一些调查和研究揭示了家族企业的优劣势、规模和行业分布等情况[1]，本调查则显示长寿企业家族色彩浓厚，在接班人培养上不惜投入大量精力，而且非常重视社会贡献和与地域社会、利益相关方的关系。

多半的长寿企业同时也是家族企业，在长寿企业受到越来越多关注的趋势下，笔者认为有必要对日本家族经营的特殊性及公司治理结构做进一步的系统调查分析。

2007 年的研究表明，日本上市企业中，约 35% 的总经理或董事长本人便是创始人或出身于创始人家族，25% 的企业最大股东为创始人家族成员，创始人家族成员为最大股东、同时经营权由创始人或其子孙掌握的企业比例达 23%，也就是说上市家族企业存在产权和经营权不一定完全分离的情况。不仅如此，家族企业经营权直接传给下一代的情况也比较常见。从业绩角度观察家族企业和非家族企业，我们发现创始人行使经营权的企业往往能取得更优秀的业绩[2]。

本章根据 TDB 协助实施的问卷调查结果，分析总结了日本长寿企业在公司治理层面的几个主要特征，比如家族色彩、家族经营模式、传承方式、重视与地域社会和利益相关方的关系等。家族企业、长寿企业的经营管理模式相关研究历史尚浅，仍有很多研究课题有待考究。第 2 章将聚焦于长寿企业的"传统"与"创新"的关系，通过问卷调查结果验证长寿企业的经营管理特性。虽然本书第二部分的定性分析案例已清楚地印证了部分定量分析结果，但今后仍有必要继续对典型案例企业开展深度跟踪调查，并在财务数据支撑下通过比较研究进一步深挖这些公司的管理结构。

主要参考文献（以日文 50 音符为序）

［1］浅羽茂（2015）「ファミリービジネス その強さとリスク」『一橋ビジネスレ

---

[1] 参考落合康之（2016）、末广昭（2007）、仓科敏材（2003）。
[2] 齐藤卓尔（2008）「日本のファミリー企業」宫岛英昭（2008）『企業統治分析のフロンティア』第 6 章收录、日本评论社、第 142～164 页。

ビュー』第63巻第2号，20～30ページ。
［2］ 王劾平（2001）『華人系資本の企業経営』日本経済評論社。
［3］ 落合康之（2016）「ファミリービジネスの財務分析」ファミリービジネス白書企画編集委員会編，後藤俊夫監修『ファミリービジネス白書：2015年版』同友館，72ページ。
［4］ 金泰旭編著（2013）『地域企業のリノベーション戦略』博英社。
［5］ 倉科敏材（2003）『ファミリー企業の経営学』東洋経済新報社。
［6］ グロービス経営大学院（2014）『創業三百年の長寿企業はなぜ栄え続けるのか』東洋経済新報社。
［7］ 末永国紀（2004）『近江商人学入門―CSRの源流「三方良し」』サンライズ出版。
［8］ 末廣昭（2007）『ファミリービジネス論－後発工業化の担い手－』名古屋大学出版会。
［9］ 塩見哲（2018）『京都老舗経営に学ぶ 企業継続の秘訣』清文社。
［10］ 曽根秀一（2019）『老舗企業の存続メカニズム』中央経済社。
［11］ 武井一喜（2014）『同族経営はなぜ3代で潰れるのか？』クロスメディア・パブリッシング。
［12］ 帝国データバンク史料館・産業調査部（2009）『百年続く企業の条件』朝日新聞出版。
［13］ 帝国データバンク『長寿企業調査2014』，『長寿企業調査2016』，『長寿企業調査2019』。
［14］ ドミニク・テュルパン，高津尚志（2012）『なぜ、日本企業は「グローバル化」でつまずくのか』日本経済新聞出版社。
［15］ 中島恵（2018）『中国人富裕層はなぜ「日本の老舗」が好きなのか』プレジデント社。
［16］ 仲田正機（2005）『比較コーポレート・ガバナンス研究』中央経済社。
［17］ 日経（2019）『100年企業 強さの秘密』日本経済出版社。
［18］ ファミリービジネス学会編 奥村昭博・加護野忠男（2016）『日本のファミリービジネス その永続性を探る』中央経済社。
［19］ ファミリービジネス白書企画編集委員会編，後藤俊夫監修（2018）『ファミリービジネス白書』白桃書房。
［20］ 宮島英昭（2008）『企業統治分析フロンティア』日本評論社。
［21］ 森淳二郎（2005）『東アジアのコーポレートガバナンス』九州大学出版会。
［22］ 横澤利昌（2013）『老舗企業の研究』生産性出版。

第 2 章
长寿企业的可持续发展性：经营创新与国际化

李新春　邹立凯　朱　沆　王效平　古田茂美

引　言

  日本有着世界上数量最多的长寿（老铺）企业，它们不仅传承了百年乃至上千年的产品及服务工艺技能和文化传统，同时展现了生动的时代性，不断适应市场和技术、社会的变化，改进产品和服务、创新技术和工艺设备流程以及对组织管理进行变革，以满足时代的需求和发展。在这个意义上，长寿企业展现了传统与创新的动态演进和融合，日本长寿企业的持久性、数量巨大以及创新表现都引人注目。或许，其中就蕴含着企业持续经营的"长寿基因"。本章由中山大学中国家族企业研究中心与日本北九州市立大学中华商务研究中心合作研究完成，得到中国商业联合会中华老字号工作委员会、日本帝国数据银行（TDB）、京都市政府、京都老铺企业协会等的大力支持。本章旨在通过对中日长寿企业（日方老铺企业和中方老字号企业）的调研和分析，揭示基于传统和历史文化的长寿企业的特征，尤其是传统的延续与创新发展[①]。在注重"创造性毁灭"的时代和创新变革浪潮之中，重新正视商业中传统和文化道德的价值，促进传统与创新的融合才是可持续的、健康的商业发展之路。本章在对中日长寿企业进行研究和比较的同时，也将总结受儒教文化传统熏陶并在东亚商业发展进程中演化而成的长寿企业的独特性特征和价值体系，这或将为欧美主导下的商业发展课题另辟蹊径，提供新的可选择路径。

一 日本长寿企业的传统与价值

（一）日本长寿企业的定义及分类

长寿企业指不论规模大小，除宗教法人、财团、社团等法人团体，以及公益团体、学校和医疗机构之外，创业 100 年以上，坚持企业经营主线，数代延续，具有经营价值并持续健康发展的企业。

根据日本长寿企业学者后藤俊夫的统计，截至 2014 年日本长寿企业达到 25321 家，排第一位，其次为美国 11735 家，第三位为德国，其后依次为英国、瑞士、意大利、法国、奥地利、荷兰、加拿大。

（1）日本长寿企业的分类

显然，长寿企业种类纷繁多样，在历史长河中实现高度差异化的发展，不仅在存续时间（时代、经历的传承代数等）上差别很大，而且在规模、组织管理方式、公司治理以及对传统和现代化的态度或行为上也有着很大差异。通过考察各式各样的长寿企业，笔者发现，产业、产品、技艺和文化传统与时代召唤下的创新行为在不同长寿企业中有不同表现，这可能是最能够

[①] 本章内容根据中山大学中国家族企业研究中心《长寿家族企业的传统与创新——中日长寿企业调研报告 2019》，《家族企业杂志》第 49~52 期（2019 年 7~10 月）刊载内容改编。连载内容依次为：①日本长寿企业的跨代创新模式（第 49 期 39~45 页）；②日本长寿企业的战略二元性（第 50 期 125~128 页）；③中日长寿企业的传统与创新挑战（第 51 期 123~128 页）；④日本长寿企业的传统与价值（第 52 期 120~126 页）。

定义和区分长寿企业的一个现实标准。如何将传统与现代化结合，在每一次分叉路口如何掌舵是长寿企业进一步存续和发展的关键。

长寿企业是传统的重要载体与传承者，传统包括经过时间沉淀、继承下来的风俗、习惯、礼节、道德、思想、艺术、制度等。本报告结合实地案例调研以及参考相关研究，按照对待传统和现代的战略行为将长寿企业划分为以下三种类型（见表2-1）。

第一类是一直坚守传统主业的长寿企业，即传统主业型企业。

第二类是坚守传统与转型并举的长寿企业，即混合型企业。

第三类是积极拓展或转型其他行业经营的长寿企业，即现代转型型企业。

表2-1 长寿企业分类

分类	专注	多元化
传统	传统主业型	—
创新	混合型	现代转型型

注：①产业多元化程度：专注或是多元化；②传统与创新：坚持传统导向或是创新导向。

传统主业型企业：这类长寿企业坚守专业化发展，并以延续历史和传统为己任，聚焦在特定的产业领域或特定的产品/服务，很少或基本上不进入新的行业或领域。

现代转型型企业：这类长寿企业沿着两个方向与现代结合，一是在现有产业或产品（服务）领域内，顺应时代的发展或市场技术变化，不断拓展新的产品（服务）线，或用新的技术或管理改造传统；二是积极开拓多元化发展路径，并延伸到相关领域或市场。适应时代、积极开拓新的机会是这类企业的特征。

混合型企业：这类长寿企业介于以上两种较为极端的类型之间，作为一种混合模式，既注重传统的延续，又适度地拓展新的业务和领域，并且在传统和现代之间形成一种平衡的结构。

本报告基于案例研究（定性分析）和数据分析（定量分析）对日本长寿企业进行分类。

(2) 案例企业分类

我们通过 2016~2017 年对 20 家长寿企业的深度调研（半结构性访谈、全视角调研，如月桂冠、美浓吉、岛津制作所等），并结合对企业史料的研读，根据企业在专注或多元化、传统或创新两个维度上的特征，对这 20 家案例企业进行分类，通过实地调研的案例企业揭示日本长寿企业的差异性以及该分类的意义（见表 2-2）。

表 2-2 调研案例企业的分类

创新 \ 多元化		专注		多元化		
		1	2	3	4	5
传统	1	香雪轩	—	—	—	—
	2	古梅园、京山城屋	石藏酒造	—	—	—
创新	3	宇佐美松鹤堂	半兵卫麸、松荣堂	福寿园、香兰社	大同生命、塚喜集团	—
	4	龙角散	—	月桂冠、美浓吉	泡泡玉	川岛织物
	5	津村制药	—	安川电机	龟甲万	岛津制作所

注：专注或多元化：1. 无任何多元化，2. 产品线延伸，3. 相关领域延伸，4. 组织管理变革，5. 跨领域。

传统或创新：1. 无任何创新，2. 小部分创新，3. 一般程度创新，4. 大部分创新，5. 完全创新。

(3) TDB 日本长寿样本企业的分类

按照以上分类的操作性定义，在日本长寿样本企业中，有 46.49% 的样本企业属于传统主业型企业，45.40% 的样本企业属于混合型企业，而有 8.11% 的样本企业属于现代转型型企业（见图 2-1）。

基于此，本报告围绕传统与现代分类的核心，首先分析日本长寿企业传统的意义及如何在坚守传统和走向现代之间进行选择，包括多元化、国际化；其次分析日本长寿企业的创新，通过案例分析归纳日本长寿企业创新的形式，通过调查问卷展示日本长寿企业创新方式，并描述日本长寿样本企业 2014~2016 年创新投入与产出情况，揭示创新与企业成长绩效的关系；再次分析需要在传统与创新之间保持平衡的日本长寿企业二元战略

现代转型型
8.11%

混合型
45.40%

传统主业型
46.49%

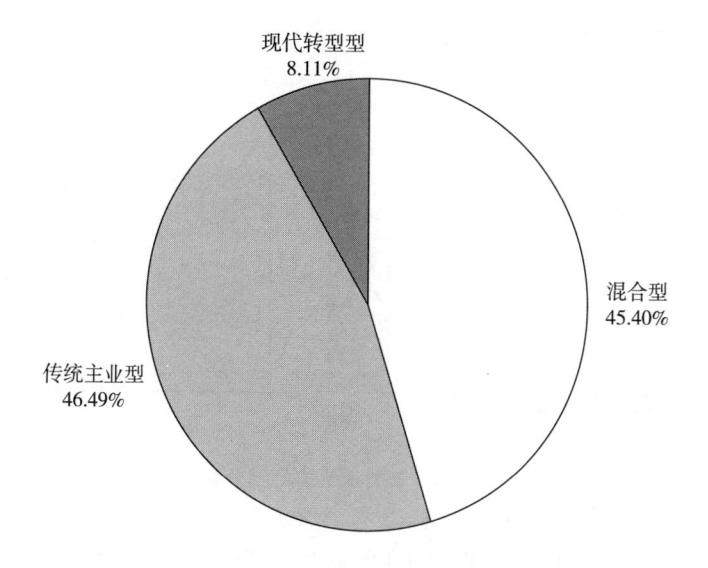

图 2-1 日本长寿样本企业的分类

注：传统主业型：创业以来一直专注于这一行业；混合型：坚守主业，同时也在寻求其他机会；现代转型型：积极拓展或已转型到其他行业。

选择问题，揭示日本长寿企业经营的独特性和智慧；最后对中日两国长寿企业的传统、创新及二元战略方面进行简要对比，分析两国长寿企业的异同点。

（二）长寿企业传统的意义

通过日本长寿企业问卷调查和案例分析发现，日本长寿样本企业在做经营判断时，往往基于延续了上百年的经营传统：一是继承数百年来沿袭的"主业"，坚守产业传统；二是将传统道德传承下来，将道德放在首位；三是保护和延续技艺及文化传统。产业、道德和技艺传统构成了长寿企业重要的基因。

此外，为探究样本企业在传统上的差异，按规模分为小微型企业和大中型企业两组，按时代分为 1868 年以前（明治时代以前）和 1868 年及以后（明治时代及以后）两组（见图 2-2、图 2-3）。

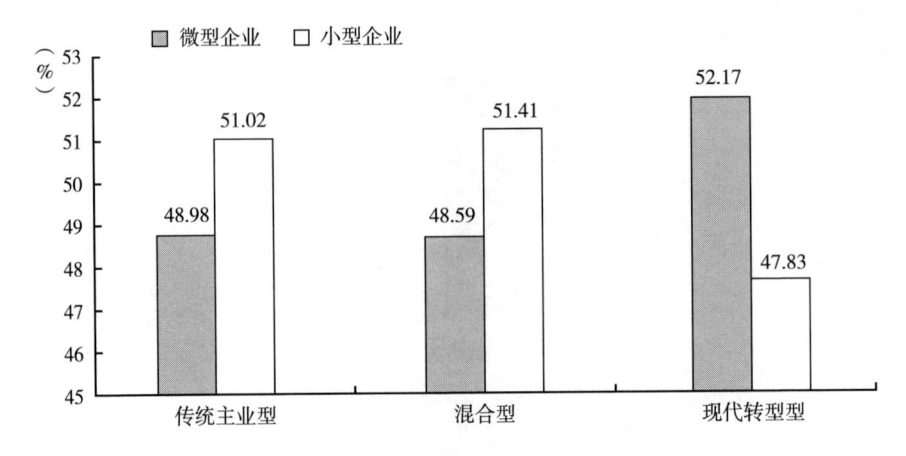

图 2-2 三类企业的规模分布

注：微型企业：1~20人；小型企业：21~100人；中型企业：101~300人；大型企业：≥301人。本报告样本企业中，大中型企业仅占14.5%，故未纳入分析。

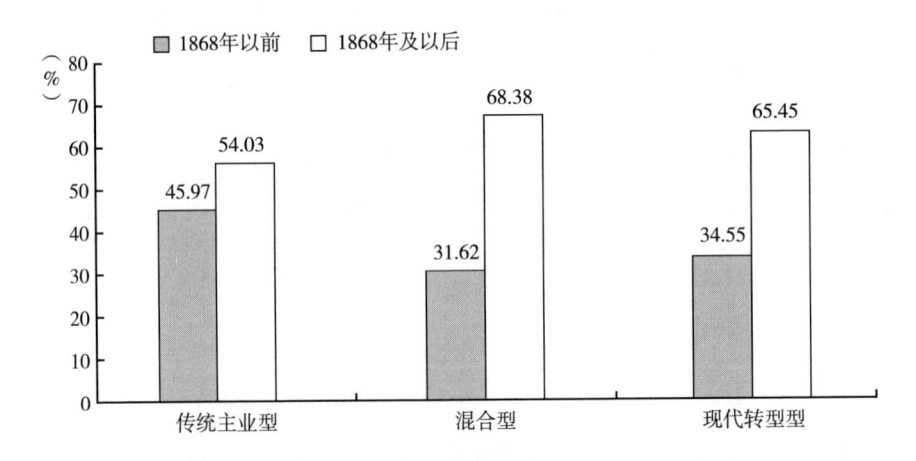

图 2-3 三种类型企业的时代分布

注：1868年以前：明治时代以前；1868年及以后：明治时代及以后。

（1）坚守产业传统

传统主业是日本长寿企业传统内涵的核心，长寿企业不轻易超越创业时的主营业务领域，一直专注于本行业经营，已经成为企业维持传统的重要载体。对样本企业主营业务的调查发现，样本企业并不轻易进行变革，

46.49%的样本企业选择专注传统主业,45.40%的样本企业选择顺应时代变化,而仅有8.11%的样本企业选择积极拓展多元化路径(见图2-4)。

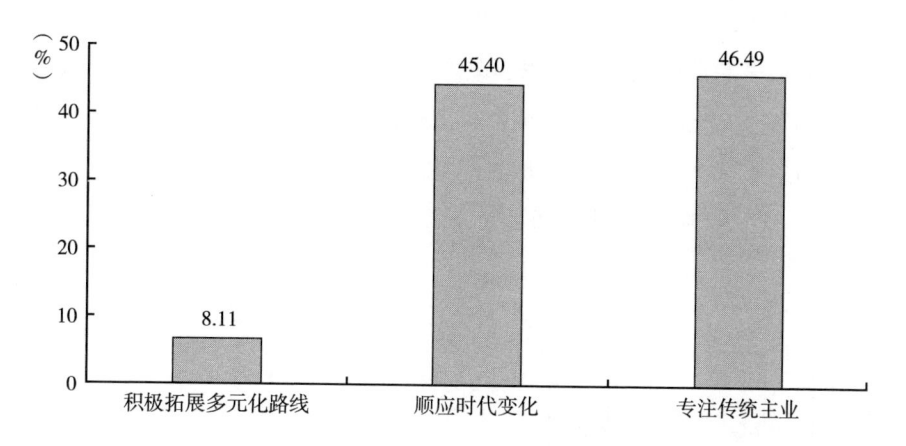

图2-4 日本长寿样本企业主营业务

从样本企业情况来看,针对企业主营业务,按照专注传统主业和多元化(顺应时代变化+积极拓展多元化路线)分规模、时代进行分析。从规模分组看,大中型样本企业相较于小微型样本企业更加专注传统主业,二者分别占比51.61%和45.37%,两组均值差异显著。从时代分组看,明治时代前创建的样本企业更加专注传统主业,占比55.25%,两组均值差异显著(见图2-5)。

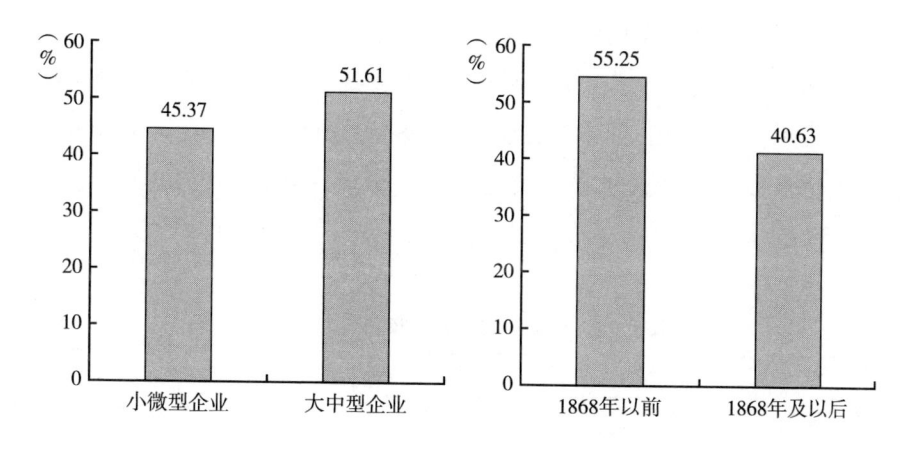

图2-5 不同规模、时代样本企业专注主业比例

(2) 坚持道德传统

日本长寿企业经营观念受佛教、儒教以及神道教影响很大，在经营理念上，坚持基于道德心做判断，不以盈利为首要目标。样本企业在做经营判断时，提到最多的准则是基于道德心做判断，占比34.49%，隐含着与以儒家为代表的东方文化的联系。样本企业重视的另一个观念是"一切皆是因果报应"，占比24.29%，反映了佛教思想的影响，"将利益作为唯一判断标准"的仅占5.92%（见图2-6）。

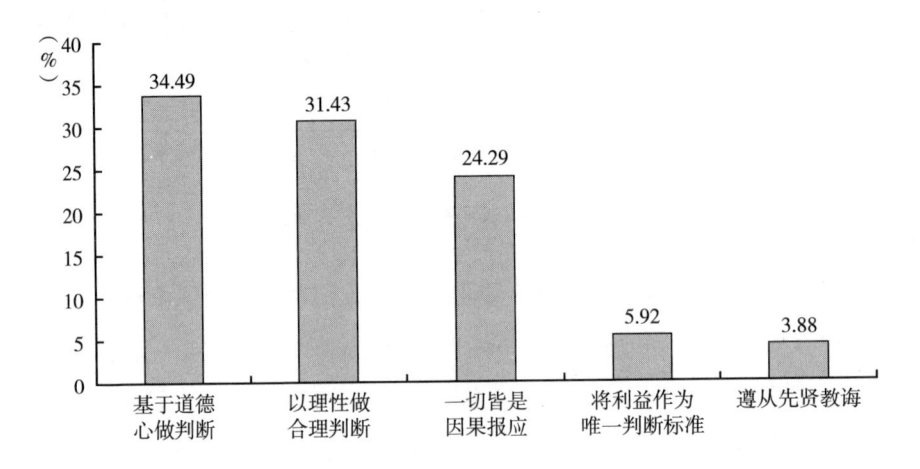

图2-6 样本企业的经营判断

(3) 延续技艺与文化传统

日本长寿企业的传统起源于所在地域的传统工艺，历经各个历史时期的传承，成为企业传统工艺及文化的根基。案例分析发现很多日本长寿企业通过文字记录形式或者通过设立文化纪念馆来保存及传承传统技艺与文化（见表2-3）。

表2-3 典型案例企业的技艺与文化传统

项目	古梅园	美浓吉	月桂冠	川岛织物
传统起源	奈良墨	京都怀石料理	日本伏见清酒	京都西阵织

续表

项目	古梅园	美浓吉	月桂冠	川岛织物
工艺与文化	奈良墨制作技术、日本墨文化	京都怀石料理工艺、茶道文化	清酒酿造工艺、日本清酒文化	西阵织手工艺、传统纺织文化
传统载体	《古梅园墨谱》	《美浓吉料理谱》	月桂冠大仓纪念馆	川岛织物文化馆
企业史料	《墨之道》	《三百年企业美浓吉与京都商道》	《月桂三百六十年》	《川岛织物创业史》
传统延续	坚持四百年如一的原料、制法，制造传统墨品	传承发扬日本传统京都高端料理文化	传承发扬日本伏见清酒传统文化	京都西阵织传统工艺制作的帘幕、垂幕

（三）坚守传统还是走向现代化

（1）传统企业和现代企业的发展比较

在激烈的社会变动中，长寿企业面临传统行业经营困境及来自现代企业的竞争。面对生存和经营挑战，部分日本长寿企业也试图通过多元化转型来获得经营发展。我们以企业寿命、企业规模、营业收入、营业利润等指标来比较传统企业和多元化企业的发展情况（见图2-7）。

根据样本企业主营业务分为专注主业组和多元化组，对二者进行均值T检验，结果表明专注主业的长寿样本企业比多元化的长寿样本企业寿命更长，而多元化的长寿样本企业在规模、营业收入以及营业利润方面较专注主业的长寿样本企业更好。由结果可知，专注主业的长寿企业更追求长久经营，而走向现代多元化的长寿企业则更加注重企业规模扩张、经营绩效。这表明日本长寿企业在现代化进程中，专注于传统主业和多元化的长寿企业走上不同的发展道路。

（2）样本企业的现代国际化

今天国际化已经成为时代关键词，长寿企业同样被卷入全球化的浪潮中，在国际化进程中，日本长寿企业面临国内市场饱和的挑战及来自海外企业的竞争压力，正试图通过国际化来开辟新市场以获得发展。

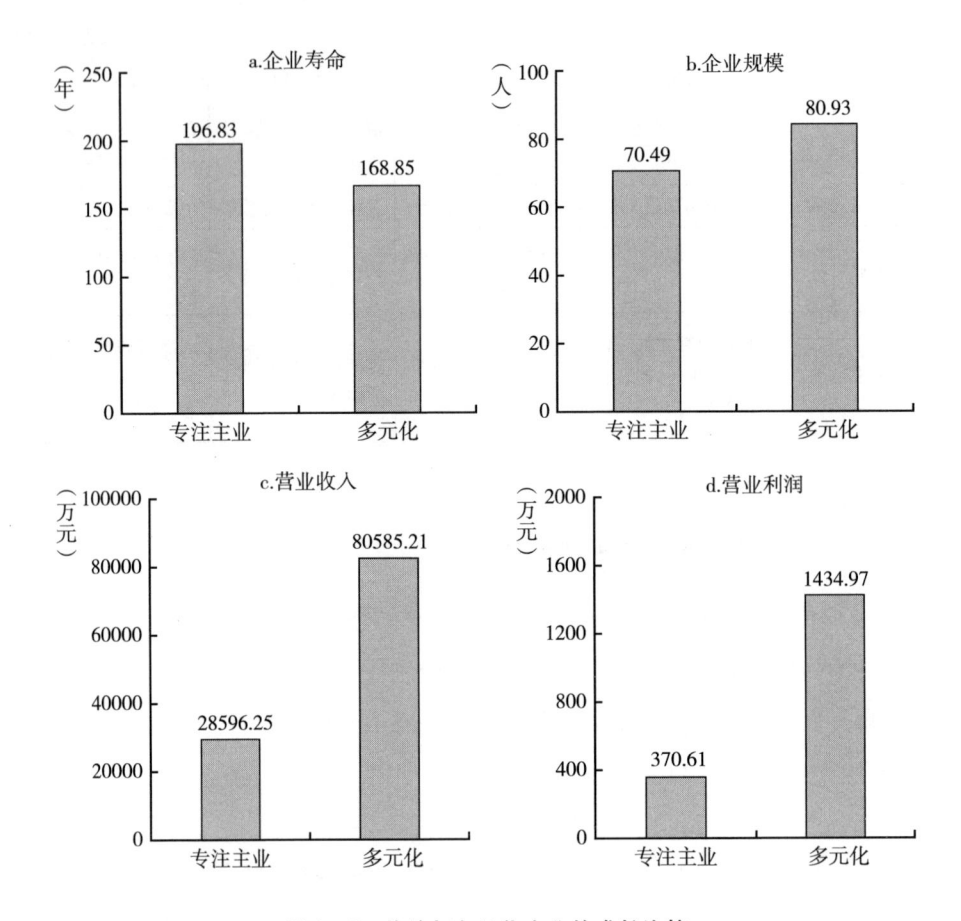

图 2-7 传统与多元化企业的成长比较

- a. 企业寿命（年）：专注主业 196.83，多元化 168.85
- b. 企业规模（人）：专注主业 70.49，多元化 80.93
- c. 营业收入（万元）：专注主业 28596.25，多元化 80585.21
- d. 营业利润（万元）：专注主业 370.61，多元化 1434.97

从销售总额中海外收入占比来看，2015年日本长寿样本企业海外销售收入占比均值低于5%，海外市场收入份额较小，主要营业收入来源于国内市场。从海外据点设立情况来看，对样本企业设立海外据点的统计结果显示，大部分的日本长寿样本企业尚未拥有海外据点，仅有28.14%的样本企业设立了海外据点（见图2-8），其中大中型样本企业设立海外据点的比例要比小微型企业高，分别占比34.34%和26.98%（见图2-9）。而按类型分组的样本企业设立海外据点的比例差异不明显。

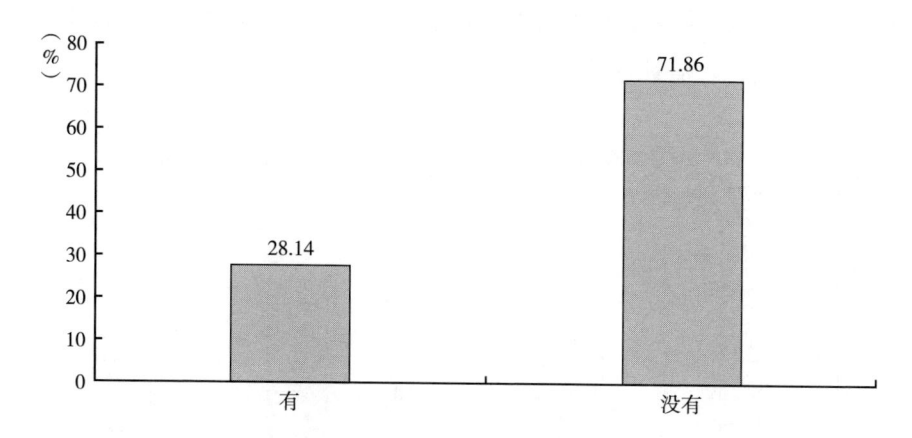

图 2-8　样本企业海外据点设立

注：海外据点指的是在海外设立的工厂、办事处、子公司及销售机构等。

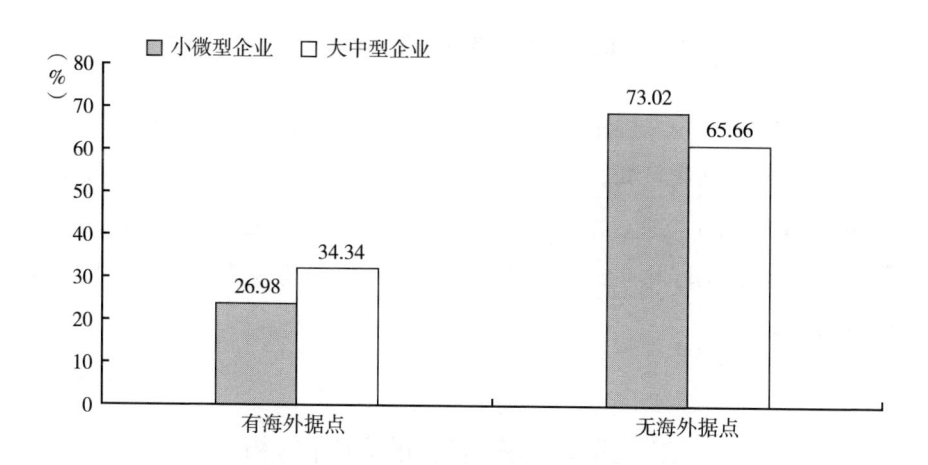

图 2-9　不同规模样本企业海外据点设立

注：微型企业：1~20 人；小型企业：21~100 人；中型企业：101~300 人；大型企业：≥301 人。

从国际化与企业规模、业绩的关系来看，为探究样本企业国际化经营与企业绩效的关系，分别以 2014~2016 年的销售收入增长率均值和净利润增长率均值为指标评估企业经营绩效，根据样本企业有无海外销售收入分为有国际化组和无国际化组，将二者进行均值 T 检验，结果表明有国际化的长寿企业相对于没有国际化的长寿企业财务绩效更好，销售收入增长率和净利润增长率更高，均值具有显著差异（见图2-10）。

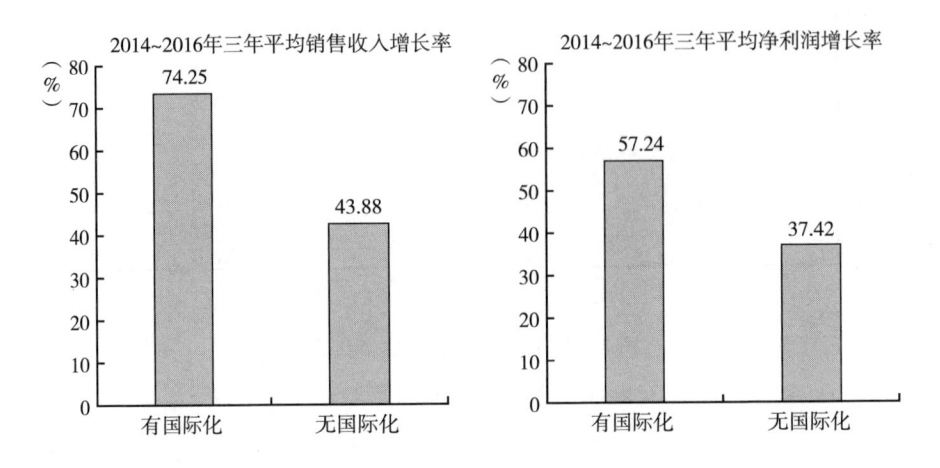

图2-10 国际化与经营绩效

由回归分析发现，样本企业国际化发展程度对企业规模有显著的正向影响，根据回归结果可知，国际化发展程度与企业规模有显著的正相关关系（$p<0.05$）。在全球化浪潮中，长寿企业进行国际化有利于提高企业绩效、扩大规模，国际化应该成为长寿企业现代化经营战略的重要选择（见图2-11）。

二 日本长寿企业的创新分析

（一）日本长寿企业创新形式

以案例形式从历史视角来看，日本长寿企业在上百年经营过程中存在探索性和开发性创新的演化路径，即在某一代或几代企业主经营下进行重大产品、市场变革，后几代继承者在探索性创新基础上继承传统不断改良、深化，实现开发性创新（见表2-4）。

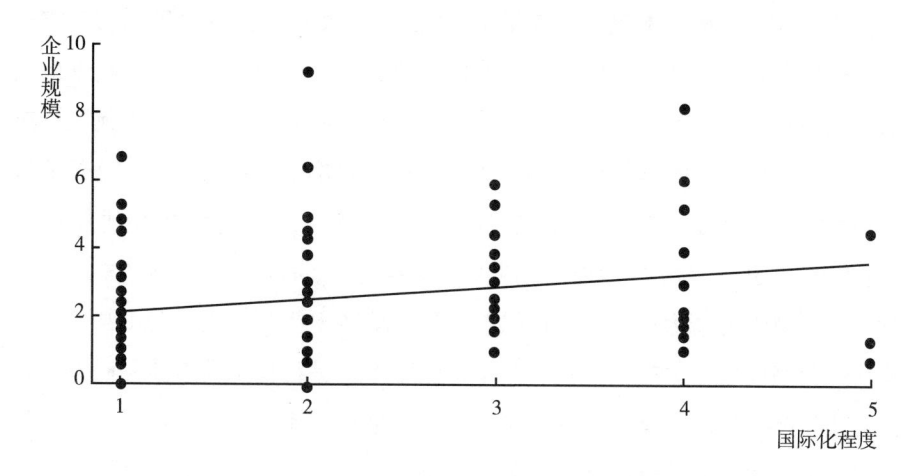

图 2-11　日本长寿企业国际化程度与企业规模拟合

注：企业国际化程度：1. 很低；2. 较低；3. 一般；4. 较高；5. 很高。企业规模：员工数量取自然对数。

表 2-4　探索性、开发性创新的典型案例企业

探索性创新	月桂冠	美浓吉	川岛织物	香兰社	津村	龙角散	龟甲万
技术的重大创新	第7代 第11代 第13代	第8代 第10代	第2代 第4代	第8代 第9代	第1代 第2代	第2代	第3代 第7代
市场开发的率先性							
管理制度的变革							
开发性创新	月桂冠	美浓吉	川岛织物	香兰社	津村	龙角散	龟甲万
对原有产品、服务进行细化	前6代 第8~10代 第12代	前7代 第9代	第1代 第3代 第5代	前7代 第10代 第11代	第5代 第6代	第8代	第10代
现有市场的占领							

注：探索性创新主要体现在探索新的机会，发现和利用新的资源和能力进行创新活动。开发性创新主要体现在深度挖掘和开发现有的资源和能力来进行创新活动。

（1）探索性创新

探索性创新是有关企业的重大变革创新，决定着企业以后几十年甚至上百年的经营。探索性创新特征包括（以月桂冠企业为例）：①技术的重大创

新,特别是在基础技术领域。如第 11 代企业主大仓恒吉设立日本第一家酒造研究所:大仓酒造研究所,创造性使用瓶装酒,并用微生物及其他杀菌技术取代防腐剂。②市场开发的率先性,在市场领域大胆采用没有先例的全新方式。如大仓恒吉扩展国内渠道,将清酒推广到铁路与普通家庭,此外很早就部署海外市场。③管理制度的变革。如 1905 年,大仓恒吉注册新商标"月桂冠",并建立清酒品质认证制度。总结而言,以月桂冠企业第 11 代企业主所实施的创新为代表,探索性创新更多地体现为某一代经营中技术、管理、运营集成创新,在某一代企业主带领下率先进行技术大革新,研发具有自主知识产权的新产品和新技术,并在此基础上,预测未来市场需求,进行管理和运营大转型。

(2) 开发性创新

日本长寿企业在经营过程中大多不断进行开发性创新,在探索性创新后进一步学习、吸收以及改良产品,在原有技术上进行吸收、消化、改良。以月桂冠第 12 代企业主实施开发性创新为代表,在开发性创新阶段,一是基于原有技术不断改良,对原有清酒产品品质进行改良;二是重视对现有市场的渗透,生产出更适合市场的清酒系列。

总结而言,日本长寿企业在跨代创新过程中,结合家族传承与时代变化,在充分吸收传统的基础上进行跨代创新,并形成独特的跨代创新模式,其演进过程表现为"探索性创新"-"开发性创新"-"再探索性创新"的循环模式。

(3) 阶段性

探索性创新的阶段性、不连续特征主要体现在两个方面:一是创新出现在重要的家族时期,如创新企业家、领先企业家、产业领先者;二是企业的创新跟时代息息相关,如因时而动、与时代合拍、引领时代发展。因此可以说,跨时代创新不是单一的模式,而是一种混合状态,是一个探索性创新反复更迭、不断交叉演进的过程(见表 2-5)。

表 2-5　跨代创新的特征

创新特征	时间跨度	重点	创新主要方式
阶段性	某一代短期	市场率先开发、技术突破	大变革、激进式
传统与创新相互促进	某几代长期	市场逐渐扩充、产品延伸	局部改良、吸收渐进式

（4）传统与创新相互促进

长寿企业在上百年经营过程中大多时期都处于开发性创新阶段。开发性创新尊重传统，如传统技艺、职业操守、家族价值观，同时为很好地应对现有市场形势，适时加以创新，增加新的产品和服务。因此，新产品为符合市场需求变化而被生产出来，同时一直保留着传统要素，通过"适时创新传统"来延续过去并紧跟时代（见表2-6）。

表 2-6　典型案例企业传统与创新的特征

项目		古梅园	美浓吉	月桂冠	川岛织物
传统主业		古法制墨	京都料理	日本清酒	西阵织
主要创新		第6、7代对制墨技术有重大创新	第8代实行食品服务的创新	创业时期和第11代开始技术化	前两代对纺织技术有重大革新
		第11代后家族成员不参与制墨，后代少有创新	第9、10代现代化经营、产品多元化	第12~14代开展国际化经营、产品多元化	后转为上市公司，延伸到其他领域
市场环境适应性		无视变化、坚守传统	较强的学习创新能力	随时代而变化、现代技术和经营管理	传统产品缩减
		保持小而专	引领料理经营模式和产品创新	全球化拓展	开拓新领域、开发新产品
传统传承及变革		专注传统	传统为主、适应时代需求	发扬变革传统	传统为辅、多元化进入新领域

（二）日本长寿企业创新方式

通过分析TDB日本长寿企业样本数据，我们发现：①企业注重创新，但其创新方式不是积极拓展，而是不遗余力地坚持改良产品、创新生产方法。②不为经济利益而创新，而是将为客户提供优质的产品和服务作为企业创新的重要目标，重视顾客价值是其进行创新的内在动力。

(1) 更重视改良式创新、持续改进

样本企业在长期经营过程中，重视持续性的创新投入。调查结果显示，有41.53%的样本企业注重创新投入，仅有21.19%的样本企业不注重创新投入（见图2-12）。这表明大多数样本企业依然坚持创新投入，在生产技术、产品研发等方面坚持投入，不断变革，钻研新技术，开发新产品。

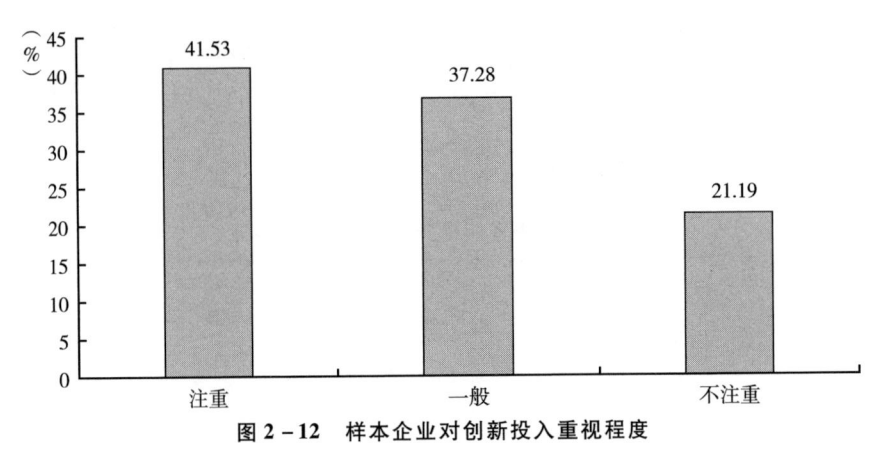

图 2-12 样本企业对创新投入重视程度

(2) 品质和服务为先

在创新方式的选择方面，样本企业非常重视对现有产品的改良式创新，在原有创新基础上不断改进，不遗余力地追求改良。调查显示，在企业对现有产品（商品或服务）品质的态度方面，有73.08%的企业选择不断改良，只有不到5%的样本企业认为不需要对产品品质进行改良，选择维持现状（见图2-13）。这反映了绝大部分样本长寿企业具备坚持把产品做到极致的"工匠精神"。

不同类型样本企业对产品品质的重视程度有所差别。统计结果表明，传统主业型企业和混合型企业对产品品质的重视程度低于现代转型型企业，且差异显著。而传统主业型企业和混合型企业的差异在统计上不显著（见图2-14）。

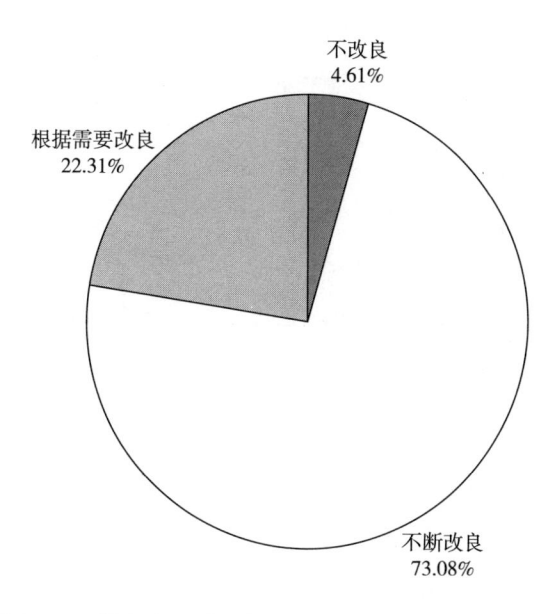

图 2-13 样本企业对现有产品（商品或服务）品质态度

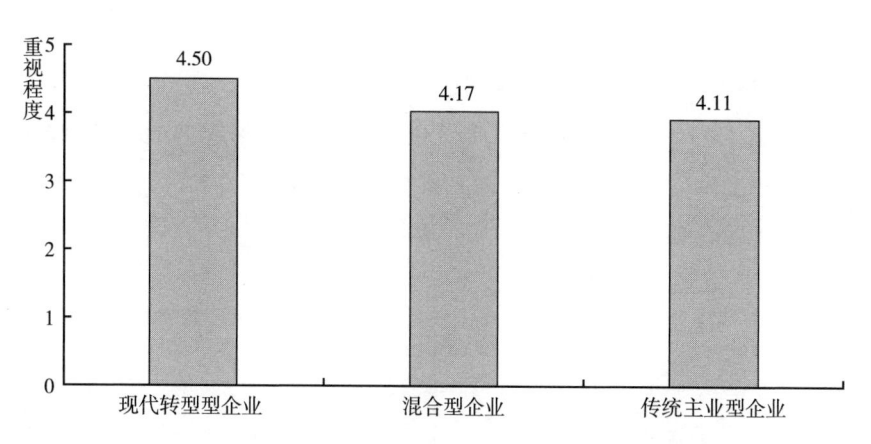

图 2-14 不同类型样本企业对待产品品质的态度

（3）以客户（市场需求）为导向的创新

针对样本企业的首要目标调查发现，以为客户提供优质的产品和服务为首要目标的样本企业占比 38.39%。这表明满足客户需求是日本长寿企业进行不断改良创新的主要内在动力（见图 2-15）。

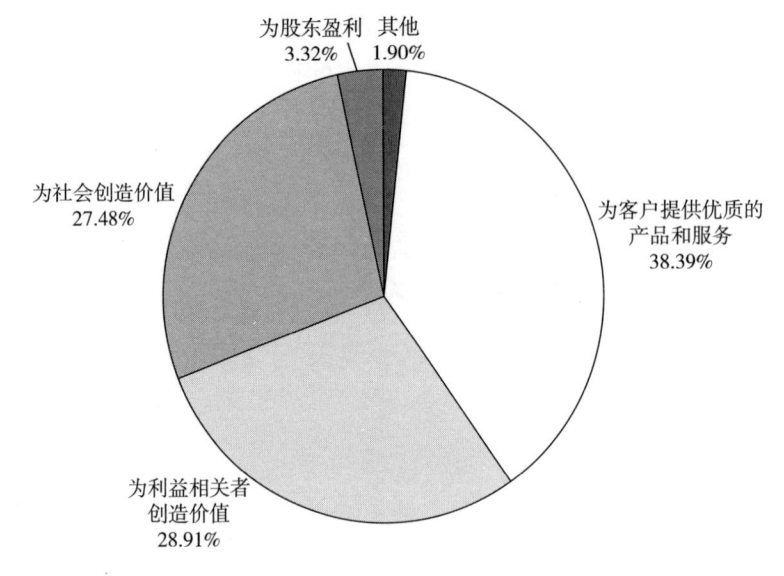

图 2-15 样本企业的首要目标

为股东盈利 3.32%
其他 1.90%
为社会创造价值 27.48%
为客户提供优质的产品和服务 38.39%
为利益相关者创造价值 28.91%

进一步探究不同类型企业创新导向差异，结果显示传统主业型企业将客户利益视为企业最重要经营目标的比例最高，占比 53.69%，高于混合型企业的 48.11%，也高于现代转型型企业的 42.31%，在统计上有显著性差异（见图 2-16）。由此可见，传统主业型企业并非以增加企业利润为目标，为客户提供优质的产品和服务、维护客户利益才是其进行不断改良创新的内在动力。

现代转型型企业 42.31%　　混合型企业 48.11%　　传统主业型企业 53.69%

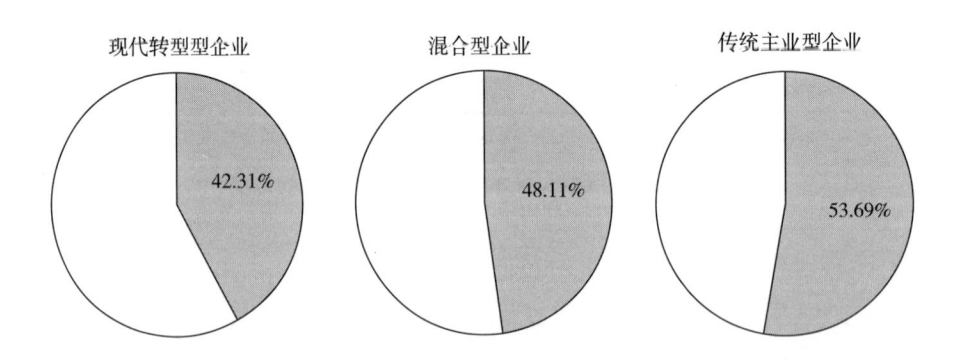

图 2-16 把客户利益视为最重要经营目标的比例

进一步细化客户利益的内涵，发现传统主业型企业将为客户提供优质产品和服务作为企业首要目标的比例最高，达到 27.85%，高于混合型企业的 12.90%。在样本企业中，没有现代转型型长寿企业将为客户提供优质产品和服务设为企业首要目标（见图 2-17）。

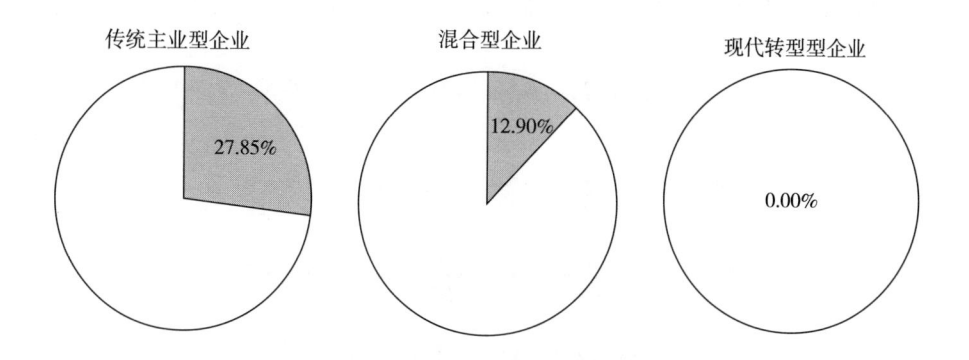

图 2-17 企业的首要目标是为客户提供优质的产品和服务的比例

（三）日本长寿样本企业创新投入与产出分析

通过分析 TDB 日本长寿企业样本数据，样本企业总体研发强度属于中等水平。在样本企业中，2013~2015 年平均研发费占销售额比例为 2.61%，平均专利申请数量为 1.22 件，平均新产品开发数量为 5.23 个，与大学、研究机构等合作创新占创新投入比例为 0.43%（见表 2-7）。

表 2-7 样本企业 2013~2015 年创新投入-产出状况

创新投入-产出指标	均值
研发费占销售额比例(%)	2.61
专利申请数量(件)	1.22
新产品开发数量(个)	5.23
与大学、研究机构等合作创新占创新投入比例(%)	0.43

(1) 创新投入

从创新投入意愿来看,样本企业专注于在本行业长期经营,有创新投入的意愿。分企业类型来看,传统主业型企业注重创新投入(包括研发投资、新产品开发、新工艺)的程度最低,评分仅为2.95,显著低于混合型企业(3.45),混合型企业创新投入意愿最强(见图2-18)。

企业类型	评分
传统主业型企业	★★★☆☆ 2.95
混合型企业	★★★☆☆ 3.45
现代转型型企业	★★★☆☆ 3.33

图 2-18 不同类型样本企业创新投入意愿

从研发投入来看,2013~2015年有研发投入的样本企业中,传统主业型企业占比最低,为8%,其次是混合型企业,最高的是现代转型型企业,三种类型的企业存在统计意义上的显著差异(见图2-19)。从研发投入强度的角度看,传统主业型企业研发投入占销售额比例为2.00%,低于混合型企业的3.19%及现代转型型企业的3.58%,且具有显著差异(见图2-20)。综合来看,从创新投入角度来看,传统主业型企业相较于混合型企业和现代转型型企业在研发投入意愿和强度上偏低。

进一步探究不同规模、时代分组的长寿样本企业在创新投入方面的差异。结果发现,不同规模分组和时代分组的样本企业在创新投入方面没有显著差异。

在研发投入方式上,传统主业型企业相对于混合型企业和现代转型型企业更加保守,倾向于采取自主创新模式,仅有8.72%的传统主业型企业在2013~2015年曾与外部机构合作创新(见图2-21)。

(2) 创新产出

在新产品投放上,2013~2015年有新产品投放的样本企业数据显示,

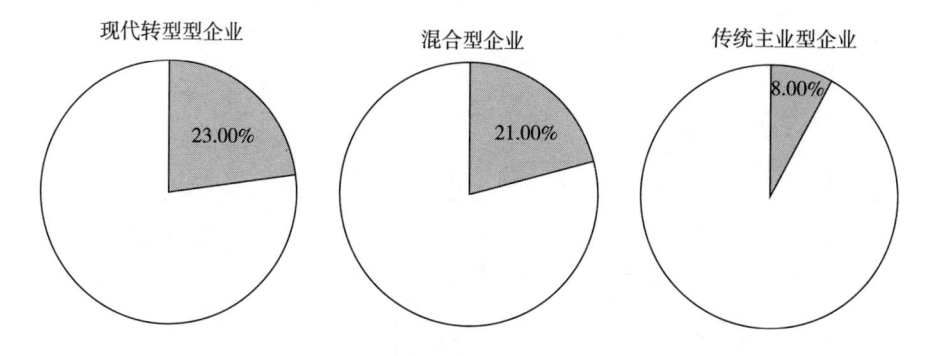

现代转型型企业　　　混合型企业　　　传统主业型企业

23.00%　　21.00%　　8.00%

图 2-19　不同类型样本企业 2013~2015 年有研发投入的比例

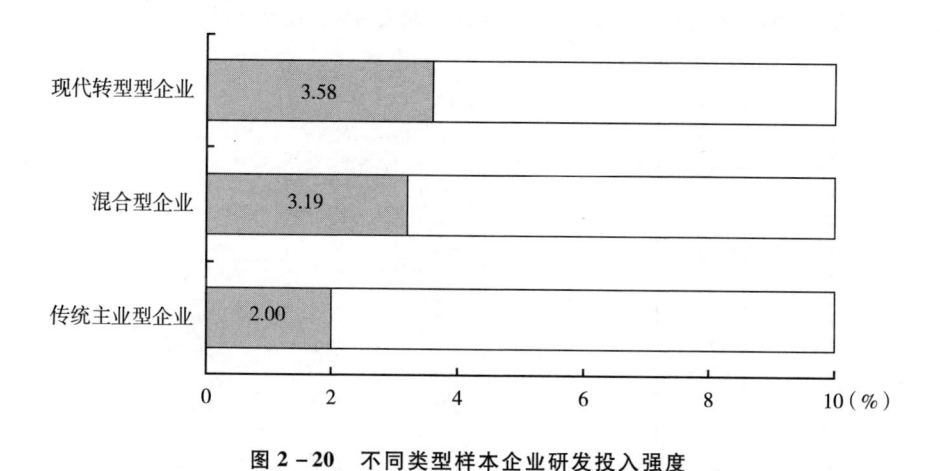

现代转型型企业　3.58
混合型企业　3.19
传统主业型企业　2.00

图 2-20　不同类型样本企业研发投入强度

传统主业型企业占比最低，为 2.00%，其次是混合型企业，现代转型型企业比例最高，为 3.58%（见图 2-22）。但在 2013~2015 年平均知识产权申请量上，传统主业型企业申请量最多，为 1.45 件，其次是混合型企业（1.04 件），现代转型型企业申请量最低，仅为 0.52 件（见图 2-23）。

总结而言，从创新产出角度来看，传统主业型企业在 2013~2015 年新产品投放比例上相对较低，但在平均知识产权申请量上，传统主业型企业相较于其他两类企业平均申请量较多。这表明传统主业型企业重视投入-产出效率，这种创新方式体现传统主业型企业将更多的重心放在传统产品的改良上，而不强调新产品开发和投放。

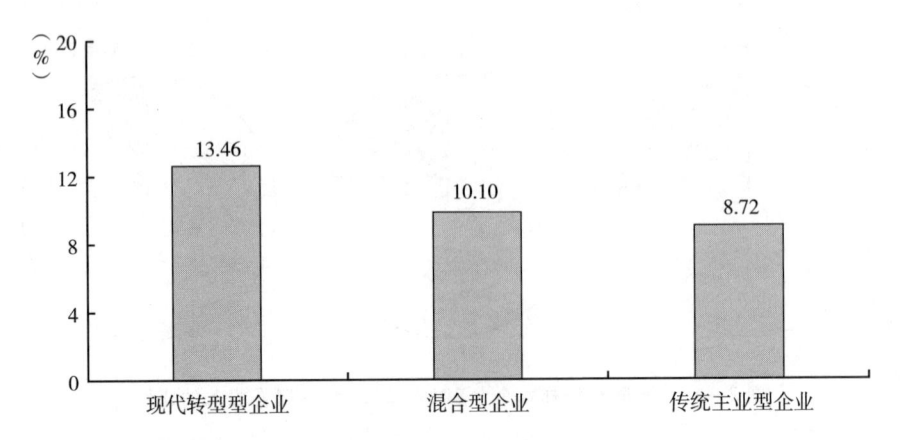

图 2-21　不同类型样本企业 2013~2015 年有与外部机构合作创新的比例

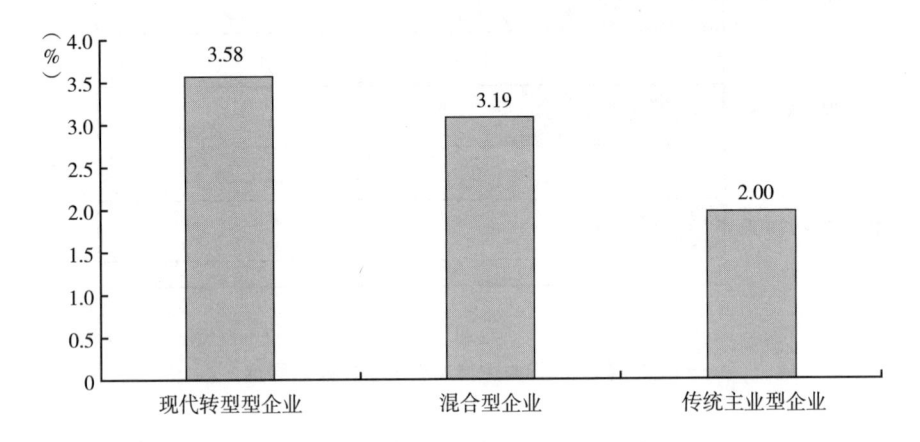

图 2-22　不同类型样本企业 2013~2015 年有新产品投放的比例

进一步探究不同规模、时代分组的长寿样本企业在创新产出方面的差异，结果发现，无论规模分组还是时代分组，样本企业 2013~2015 年的新产品平均投放量、知识产权申请量没有显著差异。

（3）创新与企业成长

在创新成为企业成长关键动力的今天，贴着"传统"与"保守"标签的长寿企业在工业化、现代化的进程中，面临来自现代化企业的竞争，这些长寿企业如何应对传统与创新问题值得关注。

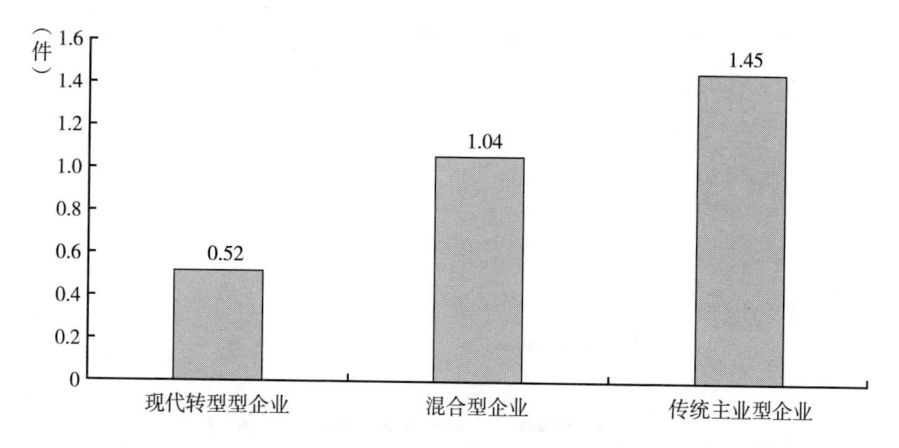

图 2 – 23　不同类型样本企业 2013~2015 年平均知识产权申请量

首先，无论企业绩效好坏，长寿样本企业都坚持创新投入。我们按照税后利润率均值对样本企业进行分组，对这两组样本企业的创新投入进行均值 T 检验，结果发现：两组样本企业的创新投入并没有显著差异（见图 2 – 24）。这表明长寿企业在面临创新抉择时，无论样本企业的绩效是否优于平均水平，都会选择进行创新投入。这充分显示了日本长寿企业对创新投入具有很强的韧性和承诺。

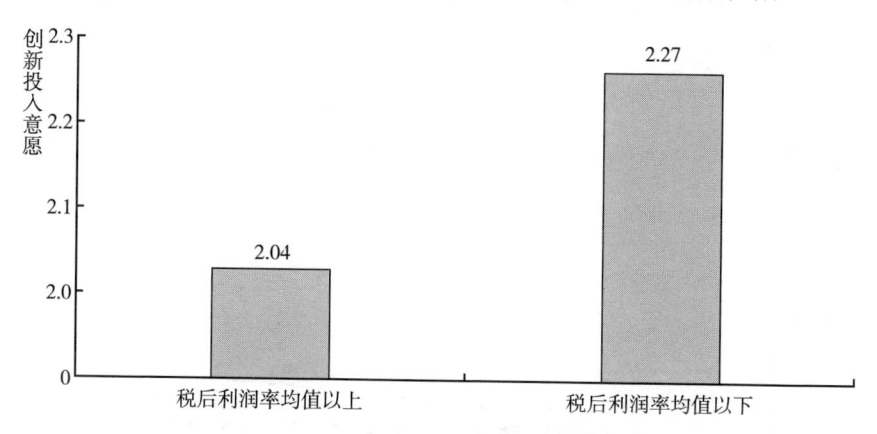

图 2 – 24　样本企业经营绩效与创新投入意愿

注：创新投入意愿：1. 非常不注重，2. 不注重，3. 一般，4. 比较注重，5. 非常注重。

其次，企业寿命越长，企业创新投入产出效率越高。我们分别将创新投入意愿、新产品数量作为被解释变量，将企业年龄作为解释变量，控制企业主性别、年龄、受教育程度，以及家族特征、企业规模、行业、所在地区等变量后发现：样本企业年龄与创新投入意愿呈显著负相关关系（见图2-25），样本企业年龄与新产品数量呈显著正相关关系（见图2-26）。这可能说明企业年龄越长，其投入产出效率越高。

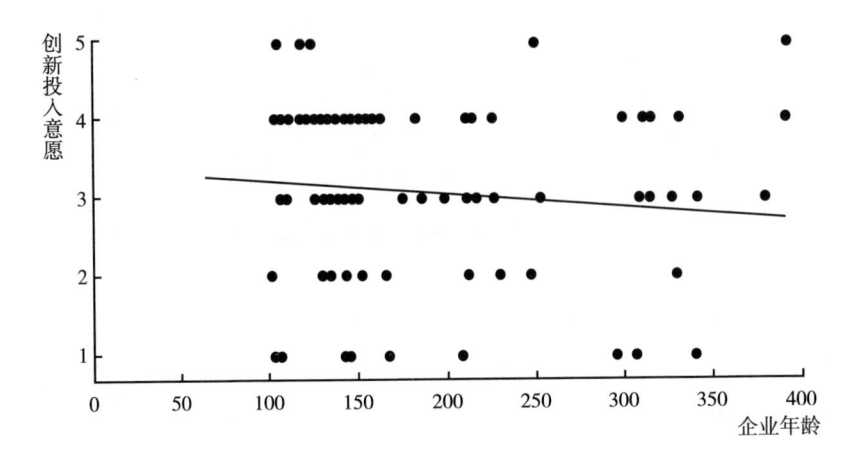

图2-25　样本企业年龄与创新投入意愿拟合

注：创新投入意愿：1. 非常不注重，2. 不注重，3. 一般，4. 比较注重，5. 非常注重。

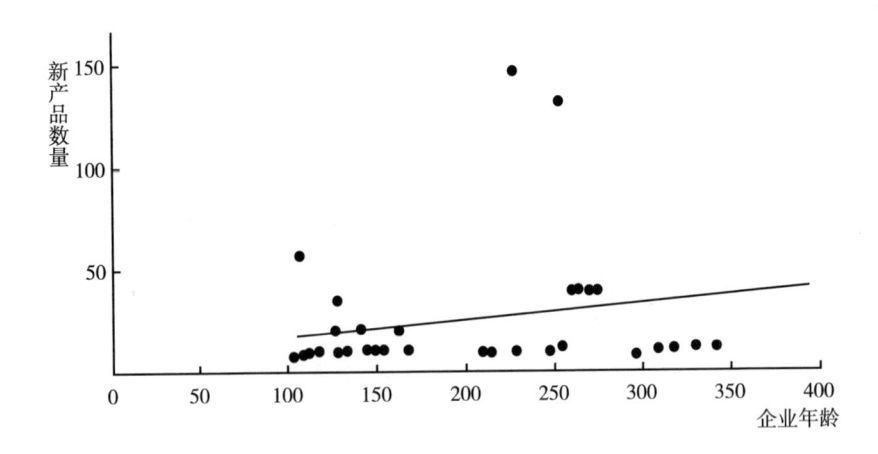

图2-26　样本企业年龄与新产品数量拟合

注：新产品数量为样本企业2013~2015年平均新产品数量。

最后，讨论创新投入与企业规模扩张的关系。在现代化进程中，长寿企业在成长中不断遇到新的机遇与挑战，通过回归分析验证创新投入是否能够显著促进企业成长。将企业规模（员工数量）作为被解释变量，将研发投入强度作为解释变量，控制企业主性别、年龄、受教育程度、家族特征、企业经营时长、行业、地区等变量后，结果发现，样本企业研发投入强度与企业规模具有显著正相关关系（$p<0.05$），说明增加研发投入可能有利于企业扩大规模，实现企业成长（见图2-27）。

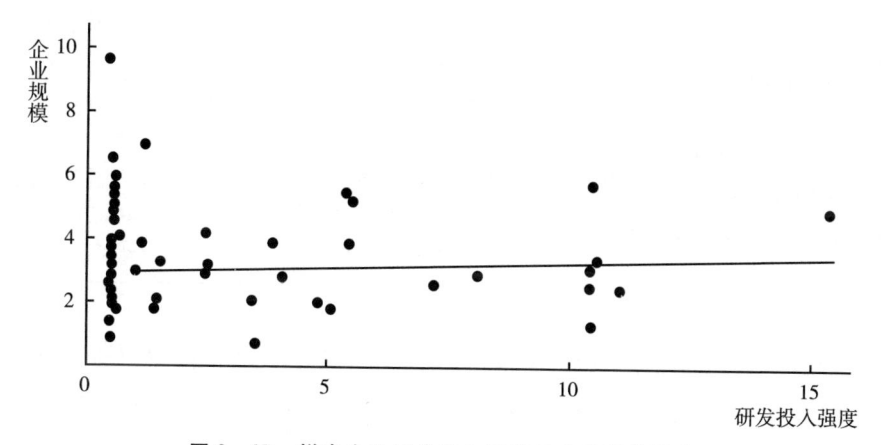

图2-27 样本企业研发投入强度与企业规模拟合

注：研发投入强度：2013~2015年平均研发投入占销售额比例；企业规模：员工数量取自然对数。

三 日本长寿企业战略的二元性分析

（一）样本企业战略二元性分析

从公司治理角度来看，首先，在面对规模扩张和控制权抉择时，样本企业比较看重对企业的控制权，均值为-0.78。其次，样本企业人才引进不以血缘、亲属关系等为选择标准，而是选择外部专业人才，其均值为0.30。此外，在面对投入资源搞关系及投入资源进行研发和人力培训的战略目标冲突中，样本企业倾向选择投入资源进行研发和人力培训，均值为 0.22（见表 2-8）。

表 2-8 样本企业战略二元性选择

问项（-2，-1，0，1，2）	偏向左边目标			偏向右边目标		均值
控制权 VS 规模扩张（控制权稀释）	-2	-1	0	1	2	-0.78
雇佣家人或自己人 VS 外部引入专业人才	-2	-1	0	1	2	0.30
投入资源搞关系 VS 投入资源进行研发和人力培训	-2	-1	0	1	2	0.22
扩大收益 VS 确保质量	-2	-1	0	1	2	0.24
短期收益 VS 长期发展	-2	-1	0	1	2	0.86
专业化 VS 多元化	-2	-1	0	1	2	-1.07
改进现有产品工艺质量 VS 开发新产品新市场	-2	-1	0	1	2	-0.43

从经营目标的角度来看，在面对扩大收益和确保质量的战略目标冲突时，样本企业选择确保质量，均值为 0.24。并且，在面对短期收益和长期发展的战略目标冲突时，样本企业关注长期发展，均值为 0.86（见图 2-28）。

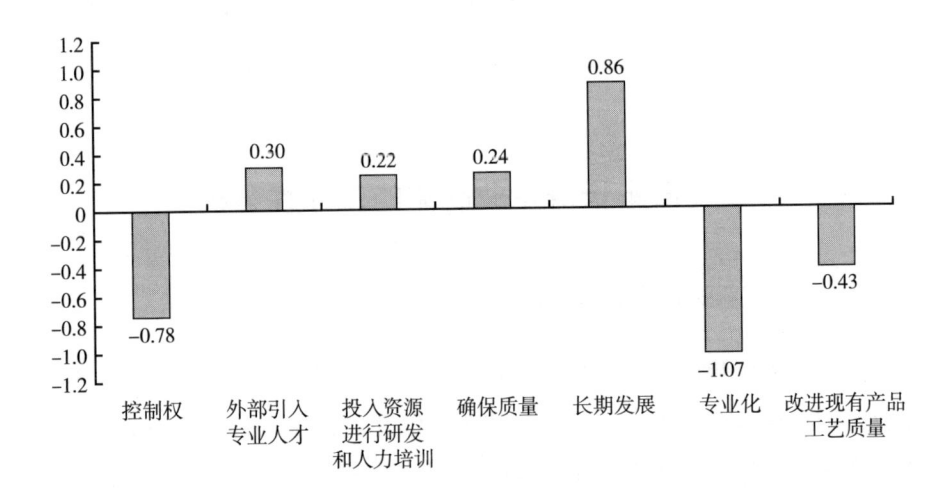

图 2-28 样本企业战略二元性分析

从业务多元化的角度来看,在专业化和多元化的战略冲突中,样本企业专注于专业化发展,均值为-1.07。在面对改进现有产品工艺质量和开发新产品新市场的冲突时,样本企业注重改进现有产品工艺质量,均值为-0.43。

另外,从分组结果来看,按时代分组,明治时代前后两组长寿企业在战略二元性选择上并无明显差异(见图2-29);按规模分组,小微型和大中型两组长寿企业在战略二元性选择上也没有明显差异(见图2-30)。

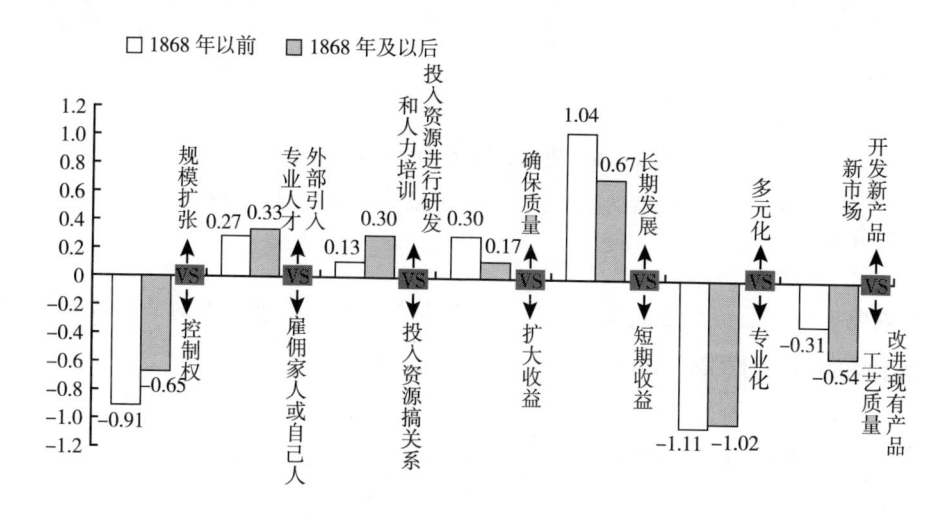

图2-29 战略二元性分析-时代分组

注:1868年以前:明治时代以前;1868年及以后:明治时代及以后。

(二)战略二元性分析:分类型

根据类型分组对样本企业的战略二元性进行分析,结果显示,两类企业战略二元性具有一致性和差异性,一致性体现在传统主业型企业和混合型企业都倾向于从外部引入专业人才、专注于专业化以及长期发展。差异性体现在以下方面。

①传统主业型企业注重企业的控制权(-1.20),而混合型企业注重规模扩张(0.20),且均值具有显著差异。这表明混合型企业在经营过程中重

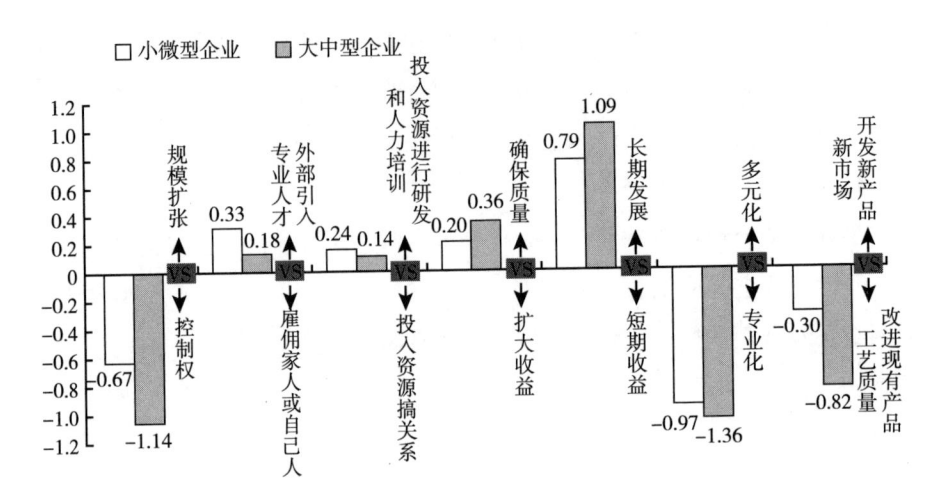

图 2-30　战略二元性分析 - 规模分组

注：微型企业：1~20人；小型企业：21~100人；中型企业：101~300人；大型企业：≥301人。

视规模扩张，而传统主业型企业更重视控制权，确保企业在面对危机或者其他市场的诱惑时仍能坚持传统主业（见图 2-31）。

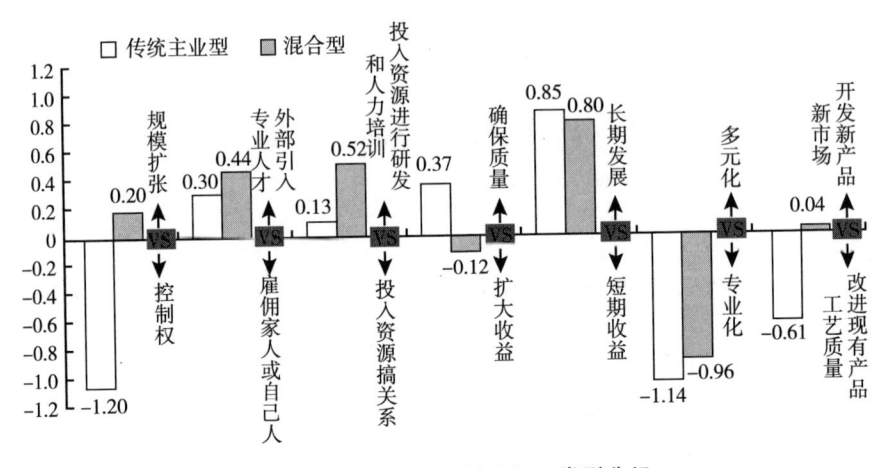

图 2-31　战略二元性分析 - 类型分组

②传统主业型企业和混合型企业均选择投入资源进行研发和人力培训而非投入资源搞关系，但混合型企业重视程度更高，传统主业型企业为 0.13，

而混合型企业为0.52，均值具有显著差异。

③传统主业型企业注重确保质量（0.37），而混合型企业则更注重扩大收益（-0.12）。从扩大收益和确保质量的抉择来看，两类企业具有显著差异。传统主业型企业不仅把企业的利益作为主要经营目标，更在意顾客和社会的利益，因而以确保质量为先。

④传统主业型企业倾向于改进现有产品工艺质量（-0.61），而混合型企业则更注重开发新产品新市场（0.04）。传统主业型企业倾向于改进现有产品工艺质量，这与其在经营过程中一直坚守本业，不断改良产品品质相一致。而混合型企业在面对市场需求时，会选择涉足其他业务以获得更高的收益，因此在面对改进现有产品工艺质量和开发新产品新市场的目标冲突时，会选择开发新产品新市场。

四 中日长寿样本企业对比分析

由于中日两国长寿企业所处的历史、制度、文化情境有很大差异，难以对中国长寿企业和日本长寿企业进行客观比较。中国长寿企业规模大多比日本长寿企业要大，并且中国长寿企业大多非家族控制而是股份制或国有控股企业，日本长寿企业大多为家族控股。不过中国长寿企业在某种程度上也保留着传统，并且也面临现代化和创新方面的挑战，因此考察两国长寿企业之间的异同点，可为两国长寿企业的传统与创新实践提供参考。鉴于问卷问项的一致性要求，本报告主要对中华老字号企业调查数据和京都老铺企业调查数据进行比较分析（见表2-9）。

表2-9 中日长寿企业基本信息对比

长寿企业	中国老字号企业	日本京都老铺企业
经营时长	以100~200年为主	以100~200年为主
经营行业	以制造业、零售批发为主	以制造业、零售批发为主
企业规模	以中型、大型企业为主	以小型、微型企业为主
企业性质	以股份制或者国有控股企业为主	以家族控制为主

（一）传统－多元化对比分析

中国长寿企业与日本长寿企业在坚守传统主业的差异方面，抽样结果显示，中国长寿样本企业中坚守传统主业的比例为72.55%，高于日本长寿企业的46.49%。这可能是由于中国长寿企业创业年数较日本长寿企业短，企业面临的转型机会相对较少。另外还存在一个重要的制度因素，日本京都老铺企业和中华老字号企业在认定标准方面存在差异。

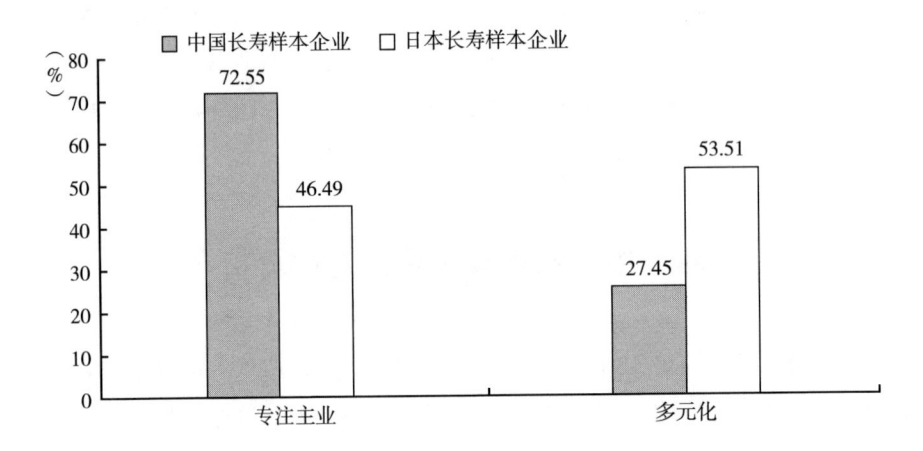

图2-32 坚守传统主业比例：中日长寿样本企业对比

（二）创新对比分析

（1）创新投入情况

中国长寿样本企业对创新投入意愿的重视程度为3.85，日本长寿样本企业为3.15（见图2-33）。这表明中国长寿样本企业和日本长寿样本企业均比较注重创新，且中国长寿样本企业对创新投入意愿的重视程度高于日本长寿样本企业，两者具有显著差异。

在研发投入上，中国长寿样本企业和日本长寿样本企业的研发投入占销售额比例均小于5%，中国长寿样本企业比日本长寿样本企业平均高1.85个百分点（见图2-34）。

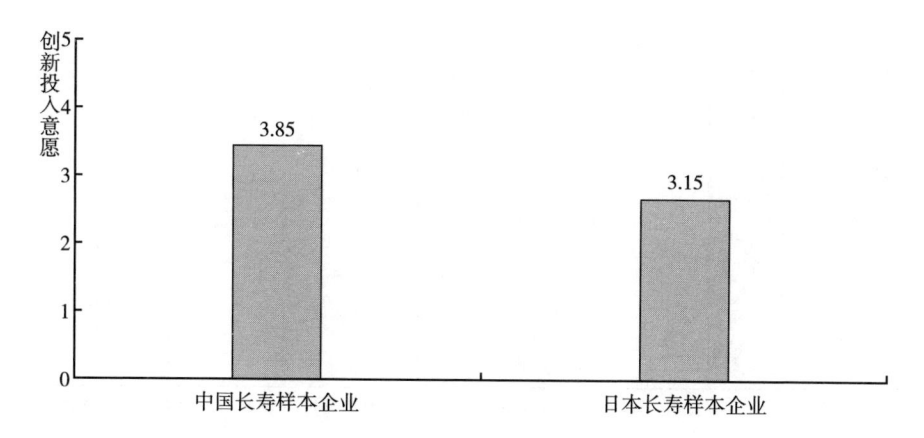

第2章 长寿企业的可持续发展性：经营创新与国际化　83

图 2-33　创新投入意愿：中日长寿样本企业对比

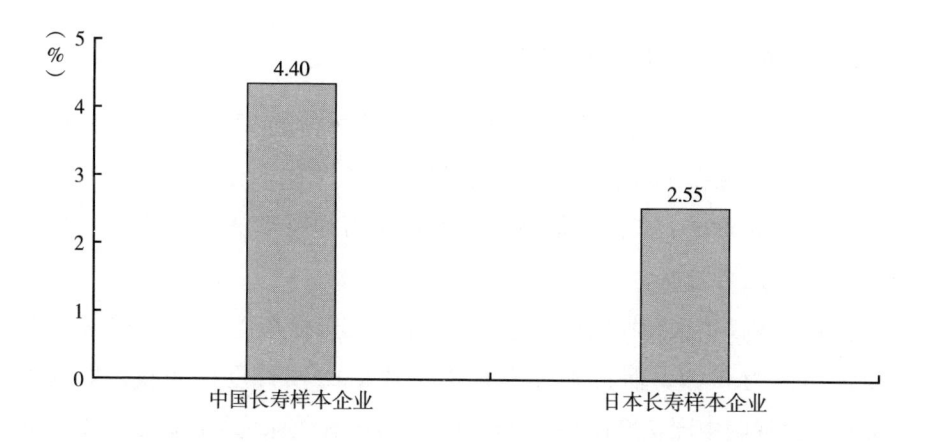

图 2-34　研发投入占销售额比例：中日长寿样本企业对比

（2）创新产出情况

在 2014~2016 年平均新产品开发数量方面，中国长寿样本企业为 5.43 个，日本长寿样本企业为 3.73 个。在同期专利申请数量方面，中国长寿样本企业平均为 1.70 件，日本长寿样本企业平均为 1.27 件（见图 2-35）。虽然，在新产品开发数量和专利申请数量上中国长寿样本企业均高于日本长寿样本企业，但两者在统计结果上没有显著差异。

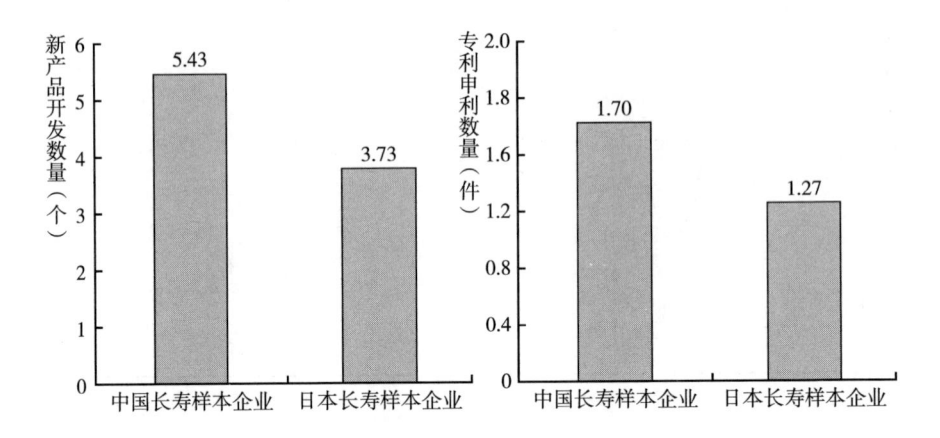

图 2-35　新产品开发数量和专利申请数量：中日长寿样本企业对比

（三）战略二元性对比分析

在企业战略二元性选择上，两国长寿样本企业具有一致性和差异性。一致性体现在中国长寿样本企业和日本长寿样本企业均表示偏好于专业化、确保质量、长期发展及投入资源进行研发和人力培训。差异性体现在以下几个方面。

在面对规模扩张和控制权的选择时，中国长寿样本企业对规模扩张相对看重，均值为 0.07，而日本长寿样本企业则比较看重控制权，均值为 -0.78。这说明中国长寿样本企业相对而言以规模扩张为导向，而日本长寿企业更在意对经营业务的控制，注重对企业发展的长期控制。

中国长寿样本企业比较倾向于开发新产品新市场，均值为 0.41，而日本长寿样本企业则专注于改进现有产品工艺质量，均值为 -0.43（见图 2-36）。这说明中国长寿样本企业和日本长寿样本企业在经营、创新方式上有所差异。中国长寿样本企业注重不断开发新产品新市场，有利于逐步扩大企业经营规模，做强做大。而日本长寿样本企业可能更注重在现有经营业务上不断改进现有产品工艺质量，做精做久。

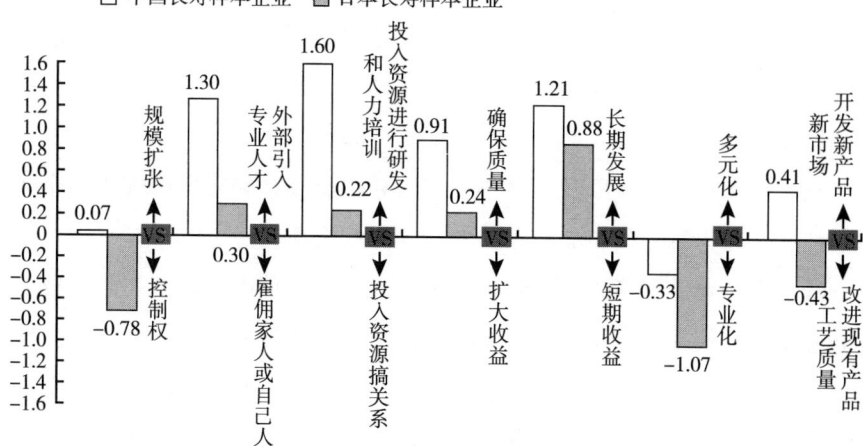

第 2 章 长寿企业的可持续发展性：经营创新与国际化 85

图 2-36 战略二元性分析：中日长寿样本企业对比

总　结

（一）主要结论

①专业化、坚守主业、不断深耕是日本长寿企业的主要特征，在数百年的发展中，长寿企业较少因受到短期机会和利益的吸引而偏离发展方向。同时，也有越来越多的长寿企业为适应时代的发展，在传统主业之外，积极探索和开发新的关联性业务机会，以与市场需求和技术变化相适应。我们按主业的拓展将长寿企业区分为三类不同的战略演进模式：传统主业型（坚守主业）、混合型（坚守主业的同时拓展新的业务）和现代转型型（主业和多元化、国际化并行发展）。后两种类型尽管从数量上占比并不高，但更多地发展成较大型的企业。

②如何传承和发扬传统是长寿企业生存和发展的关键所在。日本长寿企业主要表现在三个方面。

一是坚守数百年以来的产业传统和产业精神。企业不是孤立的逐利者，而是深深嵌入产业和地区文化传统之中的传承者和文化精神的守护者。

二是无论在使命愿景、家族文化（家训和传承），还是在企业经营管理决策等方面，企业首要的目标不是利益或利润，而是对传统价值和道德的维护和发扬。

三是将保护、延续以及不断创新和改善传统技艺和文化传统作为企业的重要使命，作为每一代企业传承人的责任和社会担当。

③长寿企业的创新并不是线性发展的。不少案例中，重要产品或技艺的创新是由某几代人共同完成的，这也促成了企业的超越式成长。而在这前后，企业处于维系或困难时期。由此，我们可以看到这种创新的非线性增长，或存在探索性和开发性创新的演化路径，即在某一代或几代企业主经营下进行重大产品或市场变革，后几代继承者在探索性创新基础上保持传统并予以不断改良、深化，实现开发性创新。

④长寿企业的创新有着特定的战略导向，不是为了击败竞争者，也不是为了经济利益，而是将为客户提供优质的产品和服务作为企业创新的重要目标。重视顾客价值，是企业进行创新的内在动力。不遗余力地改良产品品质和革新生产方法、吸收新技术以适应时代成为长寿企业创新的重点。

⑤总体来看，长寿企业创新的投入水平不高，但其创新效率或产出水平较高。就不同类型的长寿企业来看，传统主业型企业创新投入较少，但混合型企业和现代转型型企业则研发投入较多，其创新产出水平（如新产品开发数量）也较高。

⑥长寿企业在战略选择上表现出一些独特性。长寿企业注重组织控制权而不是组织扩张，偏好专业化而不是多元化，更注重确保质量和服务而不是开发更多的新产品，更偏向于长期发展战略（如投入研发及人力培训）而不是短期利益。日本长寿企业正是在长期导向、稳健性经营、品质为上等价值指引下，实现了可持续发展。

⑦回归分析表明，长寿企业的创新与企业寿命、规模之间有着明显的正向关系。另外，保护和传承传统的长寿企业也得以在更长的时间内存在并发展。这表明，传统与创新是长寿企业永续经营的核心之所在。

⑧对于中日长寿企业的比较由于数据样本结构的差异性难以展开深入分析,但也给出了一些有意义的结论。对中日长寿企业的比较反映出两国在制度文化和市场发育阶段上的差异。中国长寿企业的市场成长空间较大,面临的创业机会多,制度约束性较弱。中国长寿企业在战略差异上表现为,更注重规模扩张,更偏向于开发新产品和新市场,这与日本长寿企业更专注于主业、偏重改进现有产品工艺质量形成了鲜明对比。

(二)长寿企业的未来思考:问题和挑战

(1) 日本长寿企业

①适应时代的能力成为长寿企业生存的关键。传统长寿企业难以适应技术、市场的快速变化,就会被淘汰。长寿企业的破产数量和死亡率(包括被并购出售或关闭)均在不断提高。

②日本长寿企业创新不足,尽管其新产品推出速度可能不慢,但难以与创新型企业展开竞争。长寿企业的创新力是其适应新的技术和社会变化的关键。

③日本长寿企业与国家或地方的文化、历史紧密相连,可以作为文化遗产的一部分得以保存下来,如住宿餐饮、特色产品(如抹茶、和服)、娱乐表演、工艺品和文化用品等,坚守传统和文化特色是其持续生存的关键。

④日本长寿企业将难以实现国际化。调研数据表明,日本长寿企业国际化水平低于其他企业。就日本长寿企业而言,日本式的长寿企业文化和组织方式很难在日本之外被复制或创造,包括经营理念、价值观、工作态度和产业精神等。

⑤日本长寿企业的传统难以很好地延续下去,尤其是一些传统工艺和工匠精神,因为时代的变化和价值观的转变,很少有年轻人愿意或有强烈的责任感来接班或担当这一文化和产业传承的使命。

(2) 中国长寿企业

①中国长寿企业大多在公私合营后转化为国有企业或股份制企业,家族基本上已经退出,这些企业已成为历史,只是保留了企业的一些品

牌声誉、工艺技能以及部分价值文化。另外，也有一些传统家族企业如同仁堂、陈李济、王老吉等，在现代化改造和创新中得以发展，传统得以发扬。

②中国长寿企业如何焕发出新的活力并传承历史文化和产业传统，取决于传统与现代如何融合和发展，更重要的还在于如何形成有效的治理结构、组织与文化，以实现传统企业的现代化。

③中国长寿企业在目前的市场环境下，缺乏长远战略导向和产业坚守、专注性和产业精神不足、对待市场和客户的态度方面更是需要重塑价值观和使命愿景，在这些方面，中国企业应向日本长寿企业学习。

④在向欧美和日本长寿企业学习的同时，中国长寿企业应该弘扬中华文化传统下的商道和管理传统，将家族文化的凝聚力、儒家文化的道德体系、新时代的创新创业精神融合起来，超越现有的短期利益导向，实现可持续的永续经营。同时，将传统和创新结合起来成就百年长寿企业的新发展。

第二部分
案例分析

第3章
安川电机：贯彻"技术立社"理念的世界龙头机器人制造商

王效平

引 言

安川电机股份公司总部位于日本福冈县北九州市八幡西区，是工业机器人等机电产品的专业厂商。长期以来，安川电机的伺服电机市场份额稳居全球首位，工业机器人及变频器等产品的市场占有率也一直维持世界领先地位。

选择安川电机作为本课题案例研究对象的理由不胜枚举，如安川电机是高新科技领域的创新型长寿企业；在工业机器人等机电制造领域领先世界；明治末期作为新兴财阀引领了日本工业现代化发展，奠定了九州北部重化工产业的基础；立足北九州区域，不断利用地域资源，成功摆脱了家族经营的束缚；积极开展全球在地化战略，将主要市场和地区总部设在中国；曾在物质和精神上支持中国民主革命伟大先驱孙中山，在大中华地区是颇受爱戴与尊敬的企业[①]。

---

① 本章根据 2016 年 10 月 31 日中日合作研究课题组对安川电机的考察访问、对小笠原浩总经理的采访，2019 年 12 月 4 日笔者对创始人后裔安川优课长的采访，2020 年 8 月 27 日笔者对安川电机未来馆馆长冈林千夫的采访整理。

1915 年，安川第五郎遵从父亲安川敬一郎（安川电机创始人）的"兴业报国"之志，成立合资公司安川电机制作所，1919 年末又成立安川电机制作所股份公司，1920 年安川电机制作所股份公司并购上述合资公司，为安川电机发展至今打下基础①。

安川电机业务涉及运动控制、机器人、系统工程和其他各种领域，主要从事生产、销售、安装、维护和工程。以总部为中心，拥有 81 家关联公司（截至 2019 年 2 月决算期，包括分布在 30 多个国家的海外法人），是大型的跨国集团公司。

目前，集团旗下公司主要包括：安川工程股份公司、安川控制股份公司、安川自动化与驱动股份公司、安川电动机股份公司、安川机械股份公司、末松九机股份公司、美国安川电机股份公司、欧洲安川电机有限公司、安川电机（中国）有限公司、韩国安川电机股份公司。截至 2019 年末的股权结构如下：法人持有 82.1%（其中金融机构 51.2%），个人持有 17.9%，前十大股东均为金融机构，占全部流通股的 36.54%。安川电机实质上已经成为一家公开挂牌公司，创始人安川家族不再拥有公司的所有权和经营控制权（见表 3-1）。

表 3-1 安川电机大股东及持股数

单位：千股，%

股东名称	持股数	持股比例
日本信托银行（信托账户）	27085	10.24
日本信托服务银行（信托账户）	23415	8.85
瑞穗银行股份公司	8100	3.06
日本信托服务银行（三井住友信托银行离职补助信托账户）	7970	3.01
明治安田生命保险	7774	2.94
日本信托服务银行（三井住友信托银行再信托部分·福冈银行离职补助信托账户）	5100	1.93
日本信托服务银行（信托账户5）	4548	1.72

---

① 公司发展历程与事业结构等参照安川电机百周年事业室编『安川電機100年史』（2015）、安川电机网页。

续表

股东名称	持股数	持股比例
STATE STREET BANK WEST CLIENT – TREATY 505234	4493	1.70
第一生命保险	4199	1.59
JP 摩根证券	3975	1.50

资料来源：安川电机 2019 年报（2019 年 2 月决算期）。

一 发展历程与主要事业简介

（一）发展历程

1915 年 7 月，安川敬一郎与 3 个儿子集资 25 万日元成立合资公司安川电机制作所，由安川第五郎担任代表，专业生产电动马达，这便是当今安川电机的前身。公司成立后的历史可以分为以下几个发展阶段。

1915~1949 年，创业期·煤矿用电动马达的研发与应用。

1950~1959 年，电动机及其应用。

1960~1969 年，工业用电子设备。

1970~1979 年，工业自动化。

1980~1989 年，FA（工厂自动化）和机电一体化第一阶段。

1990~1999 年，FA（工厂自动化）和机电一体化第二阶段。

2000 年至今，运动控制和机器人自动化。

（二）主要事业内容

安川电机拥有运动控制、机器人、电源转换三大核心技术，核心产品包括伺服电机、机器人、变频器，主营业务是工业机器人制造，累计产量位居全球第一，同时也从事其他电子应用设备的生产。机电一体化（mechatronics）概念最早由安川电机的技术人员提出，是结合应用机械技术

(mechanics)和电子技术(electronics)于一体的技术总称,现在已经成为世界通用的技术用语①。

从安川集团整体来看,主要有四个部门,各主要事业部近十多年销售比例也比较稳定(见表3-2)。

表3-2 安川电机近年主要事业结构变化(占销售额比例)

单位:%

事业部门＼年份	2008	2009	2010	2011	2012	2013	2014	2015	2016	2017	2018	2019
运动控制	50.0	51.5	57.0	52.2	49.5	50.7	51.5	48.8	46.3	49.5	46.4	43.3
机器人	35.5	28.1	30.5	35.3	37.8	38.3	37.2	40.1	37.7	38.1	40.2	37.0
系统工程	14.5	20.4	12.5	12.4	12.8	11.0	11.2	11.2	16.0	12.4	13.4	14.1
其他	0.0	0.0	0.0	0.0	0.0	0.0	0.0	0.0	0.0	0.0	0.0	5.5
总计	100.0	100.0	100.0	100.0	100.0	100.0	100.0	100.0	100.0	100.0	100.0	100.0

资料来源:参考各年度安川电机IR资料制作。

(1)运动控制部门

交流伺服电机及控制装置、通用变频器、机床用交流主轴电机及控制装置、直线电机及控制装置、直流伺服电机及控制装置、高速电机、小型精密电机、组合电机、节能电机及变频器、高频变频器、可编程控制器、电机控制器、数控系统、视觉系统等。

(2)机器人部门

弧焊机器人、点焊机器人、喷涂机器人、搬运机器人、半导体·液晶制造设备用洁净机器人、真空机器人、专用执行器、清洁和真空内传送系统、机器人应用FA(工厂自动化)系统、医疗和辅助护理等服务机器人。

(3)系统工程部门

炼钢厂电气系统、供排水电气仪表系统、公路设备电源系统、环保

---

① 作为专业技术名词进行了商标注册。

设备电气系统、电梯控制系统、电力机电系统、港湾装卸起重机控制系统、造纸·薄膜和液晶的变速驱动系统、系统信息和控制设备、中容量高压变频器、高压开关控制中心、系统控制盘、配电设备、永磁型旋转电机、大中型感应电机、中型发电机及发电设备、其他工业旋转电机等。

（4）其他（信息和物流服务等）

在前述四大部门中，前三个部门的业务为安川电机单独开展，其他业务由包括海外子公司在内的其他关联公司负责。

业务渠道方面，主要供货商及外协商为冈住工业股份公司、刀根电机工业所有限公司、松本电子工业股份公司等日本国内合作商，在中国、东南亚、美国和欧洲等国家和地区也拥有众多合作伙伴。主要客户包括安川机械股份公司等集团内公司、珊华技术股份公司等日本各大厂商及机械商社，与海外企业也有直接业务往来，客户数量超过2000家。安川电机的市场不仅在日本国内，而且正不断向东亚、美国和欧洲等全球地区延伸。

安川电机享誉世界，其"技术立社"的理念和机器人研发创举为世人瞩目，工业用机器人的累计产量傲居世界第一，尤其是弧焊机器人的出货数量长期稳居榜首，基板传送用洁净机器人也在全球市场首屈一指。安川电机不断追求应用优化、在完善功能性的同时最大限度缩小机器人体积，这种锐意进取精神是其产品实现卓越性能，并获得全球用户青睐的一大要因。

在过去的一个世纪，安川电机为推动日本国内制造业的成熟做出了重大贡献，近年来又加快了向海外市场拓展和全球扩张的步伐。正因为如此，其业务和收益情况受外汇汇率和国际经济走势的影响很大，尤其目前，大环境前景不甚明朗，前几年安川电机财务结算甚至出现巨额营业亏损，今后安川电机在继续扩张的道路上，如何应对汇率风险和国际经济走势的影响，如何在日本国内外各部门和众多合作商之间运筹帷幄、降低成本、提升价格优势，颇值得关注。

二 安川家族与安川电机集团的发展

(一)安川敬一郎广铺业务带动地域经济发展

安川电机集团以煤矿开采业务起家①,创始人安川敬一郎是黑田藩武士德永省易的第四个儿子,三个哥哥分别是织人、潜和德,他们都被送做养子,敬一郎则入赘安川冈右卫门家,18岁时娶了他家的四女儿峰。

安川敬一郎在1870~1871年被黑田藩派往京都和静冈学习,后来又听从胜海舟的建议去东京学习西学。

大哥德永织人因卷入黑田藩伪钞事件与其他几位藩臣一同被明治政府处死。敬一郎鉴于大哥的不幸遭遇,决心专攻学业,次年进入福泽谕吉开办的庆应义塾学习。1875年,为平定佐贺之乱,身为政府军少尉的三哥几岛德中弹阵亡,兄弟四人接连牺牲两人,为了帮助德永、松本、几岛和安川四个家族维持家业,投靠松本家的二哥松本潜把敬一郎从东京召回,敬一郎不得不放弃学业回到故乡福冈。

回乡后,敬一郎接手了穗波郡相田煤矿和远贺郡东谷煤矿,这两个煤矿是二哥松本潜任职筑丰嘉麻郡和穗波郡(后来合并为嘉穗郡)郡长时购买的,曾由三哥几岛德负责经营。1878年,松本潜还曾担任北九州芦屋郡郡长,并在位于远贺川下游的芦屋建立煤炭销售基地,后来敬一郎和儿子健次郎先后创办专门销售煤炭的安川松本商店和经营采矿的明治矿业,为集团事业的开创打下了基石②。

1887年,敬一郎管理明治煤矿第一矿大城煤矿,煤矿经营驶入正轨。1890年,与玄洋社的平冈浩太郎共同经营筑丰的赤池煤矿。1897年,与大阪资本共同成立明治煤矿股份公司,后又收购了大阪资本所持股份。通过独

---

① 参照『安川電機100年史』序章第34~42页。
② 安川敬一郎的二儿子健次郎就读于物理学校(东京理科大学),1919年被伯父松本潜收为女婿。

资拥有赤池和明治两大煤矿，巩固了明治煤矿的经营基础。1909年1月，赤池、明治和丰国三家公司合并，明治矿业股份合资公司诞生，由安川敬一郎任总经理、健次郎任副总经理，加上清三郎共同作为无限责任合伙人。1919年，明治矿业股份合资公司改组为明治矿业股份公司。

明治矿业和筑丰煤田对日本近代产业发展和战后重建发挥了重要作用。除了煤矿业以外，安川敬一郎与后来创立安川电机制作所（现在的安川电机）的第五郎一起，在其他方面也为日本国家做出了诸多贡献。

安川敬一郎继承在佐贺之乱中阵亡的三哥的煤矿事业，积累了巨大财富。时逢日俄战争（1904~1905年）爆发，军用需求高涨，日本全国的煤矿业得到发展，敬一郎的事业也水涨船高，当时很多煤矿商人一夜暴富后沉迷奢侈的生活，不思进取，但敬一郎怀揣为国家利益培养人才的梦想并付诸行动，1906年在户畑本地成立明治专门学校，专门培养理工科技术人才（投资410万日元，货币价值相当于现在的52亿日元）。东京大学校长山川健次郎担任该校的第一任校长，第五郎也曾在该校任教。明治专门学校是私立学校的佼佼者，当时流传着"西有明专，东有早稻田"的说法①。

明治专门学校计划实行4年制，比普通的专科学校多一年（从全国招收学生，第一年学习文化教养，后三年学习工学知识），所有学生都必须住校，教师宿舍设在校内。

为了给明专的教师子女提供更好的教育环境，1911年另设明治学园作为明专的附属小学。1949年，在尊重校名、校章、建校精神的承诺下，该小学转让给圣母院修道会。

1922年，一战后经济萧条、敬一郎对九州制钢的失败投资导致资金缺口，明治专门学校被捐献给政府，后来发展成为国立九州工业大学。

---

① 1902年，敬一郎在他经营的赤池煤矿建立两年制的私立赤池矿山学校，是日本第一所煤矿技术人员的培训机构。1919年，敬一郎年满70岁时离开实业界，留下名为『子孙に遗す』的文章。"日俄战争使我的资产过多，当时的煤矿经营用不了这么多资金。所以我将本业所不需要的资金全部投入到成立专业教育机构，以满足国家的急需。我真心希望能够报答上天使我挽救失败企业。"参照安川敬一郎手记『撫松餘韻』。

第五郎积极参与了福冈九州艺术工科大学（现九州大学艺术工学院）的设立，担任期成会会长。

安川敬一郎在官办八幡炼钢厂的引进中发挥了重要作用①。明治政府（1894~1895年）计划利用在中日甲午战争中获得的3亿日元赔款投资建设官办炼钢厂，当时吴（广岛县）、门司（北九州市门司区）是有力的厂址候选地，最终却定在八幡。八幡胜出是因为靠近筑丰煤矿，且洞海湾航路已得到疏浚、挖掘后的若松港水深更符合要求，此外，负责敲定候选地的负责人是农商部副部长金子坚太郎，他是敬一郎在藩校修猷馆念书时的同学，据说敬一郎对他的劝说也起到了推动作用。引进官办炼钢厂时，安川和贝岛、麻生等地区主要财阀协同与政府谈判，游说地区有识之士，最终攻克所有招商条件，成功将厂址定在八幡。1898年，明治政府正式决定在八幡建设官办炼钢厂，1902年开始运营。可以毫不夸张地说，安川家族为北九州八幡和户畑地区的繁荣创造了历史条件，支撑了日本近现代工业的发展。

（二）安川电机成立后集团的发展

1913年，安川敬一郎的第5个儿子第五郎从东京大学电气工程系毕业后，先后在久原矿业所日立制作所（现在的日立）和美国匹兹堡的西屋公司各工作1年，后来在敬一郎的强烈要求下，1915年回乡参与成立合资公司安川电机制作所，从事电气生产，并担任总经理。

公司起初为合资企业，1919年变更为股份制企业，成立之初以定制方式为明治矿业生产电动马达，收益并不乐观，后来独揽九州水力电气（九州电力的前身）的杆上变压器生产业务，业绩有所好转，但并未改变公司成立后17年连续亏损的状况。从1933年开始，通过安川的热门产品小型电机的计划生产扭亏为盈。敬一郎始终主张"利润不是目的，应该优先公共利益"，经过漫长的亏损期，事业终于步入正轨。

---

① 参照前述『安川電機100年史』、西日本城市银行官网『株式会社安川電機名誉会長安川寛氏と福岡シティー銀行頭取四島司との対談』（由土居善胤主持并撰写）1991年12月刊、西日本新闻『神田紅講談福岡立志伝』2018年12月16日刊。

以明治矿业为根基，安川参与创办的几家公司都为九州的发展做出了巨大贡献。比如为提高煤炭运输效率成立的筑丰兴业铁道公司（修建筑丰兴业铁路），该公司于1898年被九州铁路股份公司收购，1918年国有化。筑丰兴业铁路将筑丰煤田的煤矿源源不断地输送到北九州地域，为当地炼钢业的繁荣做出了重要贡献。

从明治时代到大正时代，纺织业发展如火如荼，在时代浪潮的推动下，1919年明治纺织合资公司应运而生，设址户畑，松本健次郎担任代表。1940年公司发展为拥有精纺机13万锭、自动织机340台的大厂，专业生产棉纱、棉布和化纤织物（战时与敷岛纺织，也就是现在的敷纺股份公司合并）。

筑丰兴业铁路的建成离不开安川敬一郎、麻生大吉和贝岛太助等人的共同合作，他们还一同推进创办若松筑港股份公司（1965年更名为现在的若筑建设股份公司），目的是建设若松港，以方便将筑丰的煤炭装船运出。为了给八幡制铁供应生铁，安川敬一郎还为中日合资的九州制钢公司花费了大量精力，他的第二个儿子松本健次郎在1917年设立黑崎窑业，作为九州制钢的附属企业生产高炉硅砖。不过九州制钢业务夭折，于1934年被日本制铁收购，重组为八幡制铁第四制钢工厂，黑崎窑业则作为耐火材料和精细陶瓷的综合厂商获得巨大发展。

战时，健次郎就任经济统制团体煤炭统制会会长，第五郎也受托担任电气机械统制会的第一任会长。彼时，安川电机在日本只是一个中等规模的厂家，但由于日立制作所及东芝等大公司坚决推辞，第五郎被直接委任为会长。第五郎后来还担任过煤炭厅长官。

战后，第五郎又接连增加了许多官方头衔，包括日本银行政策委员、九州电力会长、九州山口经济团体联合会第一任会长等，还承担东京奥运会组委会会长的重任，领导东京奥运会取得巨大成功。

第五郎作为毕业于东京大学电气工程系的优秀技术人才，为日本引进核电呕心沥血，成为经济界首屈一指的"核电专家"。1956年1月，负责核能政策的原子力委员会成立，其后不久，所辖机构特殊法人日本原子力研究所（后来的日本原子力研究开发机构，JAEA）成立，第五郎就任第一任理事长，同时担任新成立的日本原子力发电股份公司（日本原电，负责商用核电反应堆的建设和发电）第一任总经理。第五郎凭借其无私奉献的精神，团结来自各电力公司的员工，使日本原电能够上下一心，紧密组织在一起。

（三）脱离安川家族后的安川电机集团

安川电机从初代总经理到第 4 代总经理都是安川家族的直系后裔，从第 5 代开始连续六任总经理都是从任职 30 年以上的老员工中提拔，现在无论是董事会成员还是主要股东都已经没有创业家族的身影。安川电机股份公司创立后历任总经理如下（如从合资公司安川电机成立起算，第一任总经理为第五郎）。

安川敬一郎（安川财阀创始人）

初代：安川清三郎（1919 年 12 月至 1936 年 2 月）※安川敬一郎的第 3 个儿子

第 2 代：安川第五郎（1936 年 2 月至 1942 年 1 月）※安川敬一郎的第 5 个儿子

第 3 代：安川宽（1944 年至 1975 年）※安川清三郎的儿子

第 4 代：安川敬二（1975 年至 1985 年）※安川第五郎的第 2 个儿子

第 5 代：菊池功（1985 年至 1996 年）※第一位非创始家族的总经理

第 6 代：桥本伸一（1996 年至 2000 年 3 月）

第 7 代：中山真（2000 年 3 月至 2004 年 3 月）

第 8 代：利岛康司（2004 年 3 月至 2010 年 3 月）

第 9 代：津田纯嗣（2010 年 3 月至 2016 年 3 月）

第 10 代：小笠原浩（2016 年 3 月至今）

安川宽就任第 3 代总经理后，日本宣告投降，在 GHO 占领政策指导下解散财阀。经历过战败洗礼，1949 年安川电机为扩充资本，在东京、大阪和福冈的证券交易所集中公开发行股票，渡过了经营危机[①]。

---

① 参照前述『安川電機 100 年史』第 68～69 页。

（四）支援孙中山的中国民主革命活动

安川敬一郎曾作为众议院和贵族院议员参与国家政治，强烈主张"富国强兵、殖产兴业"，创办纺织、炼钢、铁路、陶瓷、建筑等企业，将赚来的钱悉数用于日本国家和社会。敬一郎还曾在物质和精神两方面积极扶持呼吁打倒清政府的中国民主革命家孙中山。1895年孙中山策划并掀起了第一次武装起义，失败后逃往日本，辗转于九州、东京等地，直至1911年中华民国成立才回归祖国，流亡日本期间与安川敬一郎的友情加深，得到许多资金援助。1913年3月，重访日本的孙中山特意留宿户畑安川府邸，在明治专门学校为学生们公开演讲，至今传为美谈①。

安川敬一郎对孙中山的慷慨资助，使他受到中国国民党和共产党等多方面的尊敬，慕名前来访问安川电机的团体和个人络绎不绝，不仅有中国中央政府、地方政府代表，还包括来自中国台湾、中国香港等其他中华地区的行政和民间人士。

大正2年（1917年）孙中山先生访问安川家时的纪念照片
①孙文先生 ②安川敬一郎 ③安川清三郎 ④安川宽

孙文笔　世界平和匾额

图3-1　孙中山访问安川府邸（1917年）为敬一郎挥毫赠字以作纪念

资料来源：安川电机官网。

1918年，安川敬一郎步入70岁古稀之年后退出经营管理，不再插手公司事务，直到1934年去世，享年86岁。敬一郎家中世代为儒学学者，从小便受到儒家精神的熏陶，在世时对《论语》等读物爱不释手，深深为儒教

---

① 孙中山在演讲中指出："诸位在本校学习，不仅为日本之进步，更为东洋科学之进步。诸位肩负东洋发展使命，任重道远。"

所倾倒①，与胜海舟、福泽谕吉等知识分子多有往来，在庆应义塾学习的时候，对欧美也产生浓厚兴趣。敬一郎有5个儿子，大儿子和第4个儿子早逝，健次郎和清三郎留学宾夕法尼亚大学，第五郎从东京大学毕业后入职美国著名的综合电机制造商西屋公司，积累了实务经验。三个儿子回日本后都在实业界大展拳脚②。

安川家族活跃在经济、文化、外交和政治等各个领域，是日本近现代产业兴起和发展的先驱，在明治、大正和昭和年代都为九州的经济和文化发展做出突出贡献。

三 立足于"技术立社"之根本的经营战略

（一）公司章程所体现的集团理念

安川电机的经营理念如下。

安川电机的使命是通过自身事业的发展，进而为社会的发展、人类的福利事业做贡献。为了达成使命，提出以下3项并为其努力。

·重视产品品质，致力于研发和提升享誉世界的技术。

·努力提高经营效率，确保企业继续生存和发展所必需的利益。

·贯彻"市场至上"的精神，在满足市场需求的同时，全心全意服务客户③。

这一经营理念后来在敬一郎"兴业报国"的创业精神基础上，于1979年被写入公司章程，每日在晨会上由全体员工宣读并践行至今。本着重视品质、确保利益、市场至上等核心理念，1980年安川电机积极推行TQC（译

---

① 安川敬一郎，字号抚松。在他去世后，『撫松餘韻』（题为"论语漫笔"的546页手记）出版，收录了他1915~1930年撰写的手记和日记。以庄重的文风，引用论语论述时局和国家的未来。最后一章题为，"子曰：知者不惑，仁者不变，勇者不惧"。
② 参照前述『安川電機100年史』第42页。
③ 参照安川电机2019年报第5~8页。对安川电机的企业访谈中他们也多次强调该经营理念，包括与"技术立社"的相关性。

注：全面质量管理，即产品和服务质量满足客户需求）方针，1984年荣获戴明奖。从一开始创业时法人代表安川第五郎便立足"技术立社"原点，将"致力于设计和制作本公司特有的产品"纳入共有13条内容的《备忘录》，并以客户第一为销售准则，这成为后来历届管理层经营实践的指导方针。

安川电机作为全球制造商，在树立长期经营方针时，将以下经营环境状况的变化也纳入考虑范围。

①发达国家少子老龄化趋势，导致人口结构改变。

②能源消耗扩大引发的环境问题及气候变动。

③5G通信和IoT（物联网）等信息通信技术快速发展。

在上述环境因素驱动下，安川电机不断探索开发有利于社会可持续发展的新技术和新产品。2015年，在公司创始100周年之际，安川集团公布其长期经营计划2025愿景（2016~2025年度），"通过提升核心业务，帮助客户解决经营课题，通过应用机电一体化技术拓展新领域，为社会创造新的附加值"。为达成愿景，制定"机电一体化应用领域"战略目标，内容如下。

①通过节能设备减少用电量。

②促进食品和农业领域的自动化。

③开展能源创造、能源储存和能源效率提升业务。

④加快拓展医疗和福利市场。

以中美贸易和技术摩擦为代表，国际形势及宏观经济环境风云突变，安川电机调整长期经营计划2025愿景，重新审视公司发展方向和目标，将以机电一体化为轴心的"工厂优化与自动化"和上述"机电一体化应用领域"设定为新的业务领域。此外，经营目标方面，安川电机明确表示，将进一步加快提升资本利用效率等经营管理质量，比起销售目标，更加重视营业利润，将其放在首位。

安川电机今后的目标可具体总结为：充分发挥百年基业积累的技术经验，为提高人们生活质量，实现社会的可持续发展做贡献（Respect

Life）；通过新技术、新领域、新目标，为人们传递心动之喜悦（Empower Innovation）；通过持续提升业务执行能力，为利益相关方带来实际成果（Deliver Results）。为此，安川电机采取的主要战略方针是，以工厂优化与自动化解决方案 i³ - Mechatronics（译注：i 立方 - 机电一体化。i 立方表示系统化 integrated、智能化 intelligent 和推进技术创新 innovative，安川电机致力于将数据融合运用到机电一体化产品上）为轴心，实现工业自动化革命。

①在机电一体化应用领域，通过融合机电一体化技术和 ICT 技术，提供新的自动化解决方案。

②在现有核心业务领域力争世界第一。争取在工业机器人和运动控制领域获得全球最大市场份额，寻找机电一体化技术的应用领域并进行实证检验，评估其商业可行性。

（二）针对多行业加入机械臂领域（水平分工扩大）的战略应对

机器人工业领域一直以来属于垂直整合模式，即少数企业控制着整个价值链，只有拥有核心技术和零部件的企业才能够制造机器人，目前这种形势已经悄然发生改变。各类企业将购买来的技术和零部件组装为机器人，开始涉足机器人领域，市场正在转变为可自由加入的水平分工模式。新技术的出现，降低了机器人开发的门槛，连难度较高的机械臂领域也陆续有新的企业参与角逐①。家电和计算机等行业的历史正在机器人行业重演，其他行业厂商纷纷借用外部技术，克服技术壁垒，争夺市场。

机器人需求空前高涨，加入机械臂市场可以挖掘新的事业机遇。据国际机器人联合会（IFR）统计，全球工业用机器人的销量正在上升，预计 2018～2021 年的年均增长率将超过 14%（见图 3-2）。

---

① 日本经济新闻『最難関のロボットも水平分業 異業種から参入続々～ロボット産業の転換（上）』2019 年 6 月 5 日刊载。

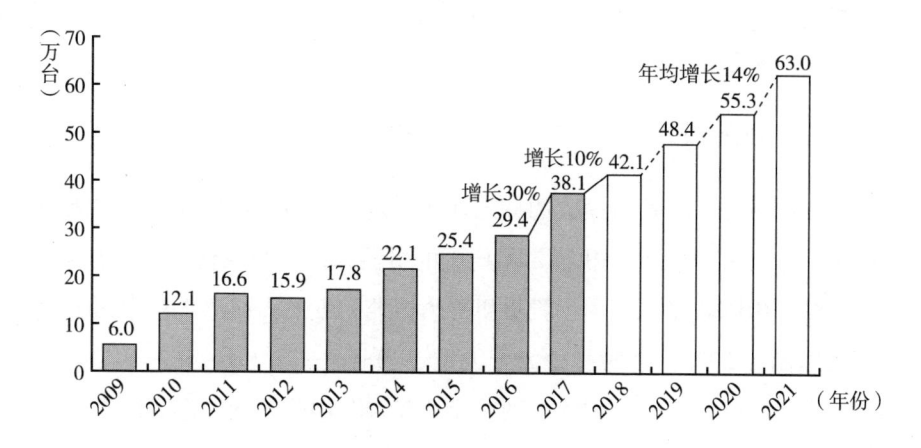

第 3 章 安川电机：贯彻"技术立社"理念的世界龙头机器人制造商

图 3-2　全球机器人销量变化

注：截至 2017 年为实际销量，2018 年以后为预计销量。
资料来源：日经电子。
原资料：国际机器人联合会（IFR）。

一般来说，只有在机器人的成本低于人工时，企业才会考虑引进机器人。不过，随着发达国家的少子老龄化趋势和新兴国家劳动力成本上升，工厂的招工难情况越来越严重，所以即使购买机器人会导致短期成本陡增，不少工厂也只能硬着头皮引进，否则无法维持车间的正常运转。现在，引进机械臂从事生产的情况以大规模量产工序居多，典型的例子包括汽车工厂的焊接及涂装工序等，此类工序对机械臂动作速度和定位精度的性能要求非常严格，目前来说现有机器人厂商还占据一定优势。

另外，今后多品种少量生产和物流等领域对机械臂的需求有望扩大。这些用途要求机械臂能够灵活地进行各种操作，而且需要根据不同作业内容调整机械臂动作。

机床制造商大隈和理光相继加入机械臂（垂直多关节机器人）领域是水平分工的典型事例，这些厂商自身基本上只负责一些基本动作和通信功能，而机器人的心脏部分则从外部采购。在机器人产业从垂直整合模式向水平分工模式转变的过程中，普遍认为其他厂商的涌入会对现有机器人厂商构成威胁，但安川电机却反行其道，其战略举措似乎在有意鼓励其他行业的加入①。

（三）业务模式转换

安川电机开放型业务模式的标志性战略是对外出售可称为镇社法宝的伺服电机，2018 年，安川电机决定向中国的机器人厂商开放伺服电机的销售。

目前，中国正举一国之力推进机器人产业的发展，机器人在中国工业政策《中国制造 2025》中被指定为十大重点产业之一。2016 年，中国家电巨头美的集团收购了工业机器人的领军企业库卡，中国各地的企业纷纷参与角逐机器人市场，可以预见在不久的将来，中国的代表性 IT 企业将在机器人行业崭露头角。

安川电机决意向中国的机器人厂商出售伺服电机，看起来似乎是在培养自己的竞争对手。在现有的机器人厂商中，从外部采购伺服电机的企业不在少数，安川电机能够自主生产伺服电机是巨大的优势所在。从常规角度来看，中国的机器人厂商如果使用安川电机的伺服电机，就有可能制造出性能更好的机器人，甚至成为强大的竞争对手。但安川电机并没有受这种思维模式影响，不仅没有视中国的机器人厂商为抢占市场的敌人，反而把它们当作商业伙伴，期待它们的加入能够促进开拓机器人的各种新用途，扩大机器人市场总量。而且，通过为中国机器人厂商提供伺服电机，还可以提高整体收益，没有必要固守自主品牌机器人的生产②。

电机是安川电机的老本行，伺服电机是机器人的核心零部件，机器人可以说是伺服电机的集大成，是其"衍生产品"。在机器人产业水平分工不断深化的市场环境下，安川电机调整战略方针，最大限度利用自身优势，通过销售核心零部件获取成功，而不是一味硬拼，在竞争白热化的机器人市场抢

---

① 日本経済新聞『安川電機"虎の子"モータを中国メーカーに売る理由～ロボット産業の転換（下）～』2019 年 6 月 6 日刊载。

② 日本経済新聞『安川電機"虎の子"モータを中国メーカーに売る理由～ロボット産業の転換（下）～』2019 年 6 月 6 日刊载。

占份额。安川电机开放伺服电机的销售反过来又能进一步推进水平分工发展。

未来安川电机在机器人方面主要有两个重点领域。第一,伺服电机的对外销售;第二,通过工业物联网(IoT)连接各种设备,提供数据应用支持服务。安川电机已经开发出可有效收集分析各种数据的软件,今后将基于机器人运行数据为客户提供提高生产效率和提升品质的方案。

图3-3为微笑曲线,显示了电机行业价值链各工序和附加值的相互关系。安川电机正在加快业务转轨,将经营资源从附加值较低的机器人成品组装转移到附加值较高的零部件(电机)生产销售和售后服务(数据应用支持)上。如果水平分工继续深化,机器人组装厂商增多,成品组装的收益性可能进一步恶化,安川电机做出一项重大战略决定:为了保证盈利,强化核心零部件和售后服务方面的竞争力。

安川电机坚信,即使向外界出售电机,也能够继续保持自主生产机器人的竞争优势。安川电机在机器人电机的运用上积累了独到而丰富的技术经验,比如根据电机特性减轻机壳重量、优化动作等,通过各种巧妙构思实现与其他厂家的差异化。

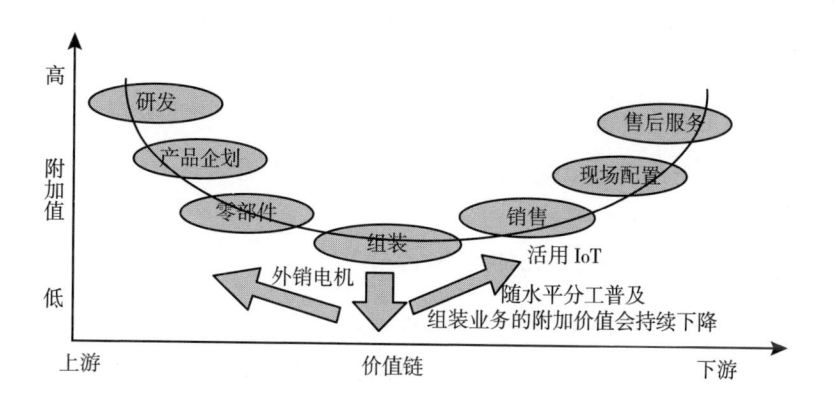

图 3-3 安川电机业务模式的转换(追求高附加值)

资料来源:日经电子 2019 年 5 月刊。

(四) 全球战略下拓展在华业务

安川电机集团创始人敬一郎对海外有着无限憧憬,在敬一郎的影响下,安川家族的历代总经理都曾踏足海外,追逐梦想。健次郎、清三郎、第五郎三兄弟都有美国学习或工作经验,其他接班人在成为总经理之前,也都会被派驻海外,他们都积极践行全球化战略,努力开拓海外市场。

2015年,安川电机喜迎百年华诞。在创业100周年之际,用短短11个月时间在海外设立了21家工厂,在28个国家设立了商业网点,聘用员工超过15000人,海外销售额占比近70%。此外,美国安川电机股份公司、欧洲安川电机有限公司、安川电机(中国)有限公司分别成为地区统括公司,实现了深植于各地区的高效决策和业务运营体制。

在100周年这值得纪念的一年,公司制定了展望未来10年的2025愿景,提出到2025年销售额比2015年翻一番的目标,为实现该挑战性目标,将密切关注中国工厂自动化市场的需求。

安川电机从1967年初次涉足美国市场开始走向海外,彼时距离公司成立已经过去50多年。笔者将重点介绍安川电机在亚洲,尤其是在中国市场的业务拓展,下面按照时间顺序整理安川电机的全球事业及中国方面业务[①]。

1967年,成立美国安川电机股份公司。

1969年,与台湾东元电机股份有限公司合资成立台安电机股份有限公司。

1974年,成立巴西安川电机有限公司。

1980年,成立欧洲安川电机有限公司。

1981年,成立英国安川电机股份公司和新加坡安川电机有限公司。

1984年,成立瑞典MOTOMAN ROBOTICS EUROPE AB公司。

1989年,在北美成立机器人销售公司。

---

① 根据安川电机各年度公布的资料整理。

1994年，成立韩国安川电机股份公司。

1994年，开设上海办事处和北京服务中心。

1995年，开设北京办事处，成立上海安川同济机电有限公司。

1997年，成立工业机器人合资企业首钢莫托曼机器人有限公司（北京）。

1999年，成立安川电机（中国）有限公司。

2001年，成立台湾安川开发科技股份有限公司。

2008年，成立安川电机（沈阳）有限公司。

2012年，成立安川（中国）机器人有限公司（常州），2013年开始本土化生产机器人、投资杭州凯尔达机器人科技股份有限公司。

2015年，与美的集团股份有限公司在工业机器人、服务机器人相关领域合作。

2016年，成立奇瑞安川电机驱动系统有限公司。

2017年，与深圳市长盈精密技术股份有限公司合作。

2018年，安川（中国）机器人有限公司（常州）第三期厂房竣工仪式。

如表3-3所示，安川电机的海外销售额比例之高在电机行业中可谓一枝独秀。尤其在中国市场牵引下，亚洲市场的销售额比重相当于欧美加在一起的比重，近几年人们对中国经济发展减速有所担忧，但从全球市场来看，中国的机械化和自动化领域依然有很大的发展空间，虽然增长率确有放缓，但机器人产业有望继续增长。从2019年底开始，中国政府采取减税措施、投资基础设施建设以刺激经济，中美贸易摩擦亦有所缓解。

表3-3 安川电机海外销售额比例

单位：%

地区\年份	2008	2009	2010	2011	2012	2013	2014	2015	2016	2017	2018	2019
日本	48.3	51.7	48.8	46.6	46.2	41.3	36.0	32.9	34.0	29.9	32.6	36.5
美洲	12.5	13.1	13.1	14.3	16.5	16.1	18.1	20.7	18.9	18.5	17.9	17.8
欧洲	15.1	10.8	10.0	11.1	10.3	11.7	11.7	12.6	12.8	13.6	14.0	14.8

续表

年份 地区	2008	2009	2010	2011	2012	2013	2014	2015	2016	2017	2018	2019
亚洲	23.6	24.0	27.9	27.8	26.2	29.9	33.2	32.7	33.2	37.2	34.6	29.9
其他地区	0.4	0.4	0.3	0.3	0.8	1.1	0.9	1.1	1.1	0.9	0.9	1.0
总计	100.0	100.0	100.0	100.0	100.0	100.0	100.0	100.0	100.0	100.0	100.0	100.0
海外销售比例	51.7	48.3	51.2	53.4	53.8	58.7	64.0	67.1	66.0	70.1	67.4	63.5

资料来源：各年度安川电机有价证券报告。

小笠原总经理表示，安川电机主要关注中国两个方面的情况，一个是"市场"，另一个是"竞争"，需要分别进行宏观分析并采取措施。他认为，中国自动化需求扩大是新一轮"市场"机遇，而《中国制造2025》呼吁加强本国机器人产业则是"竞争"挑战，需要加紧部署能够同时应对这两个方面的战略方针。来自中国的竞争压力主要是其"发展速度"和"卓越的学习能力"。中国厂商的发展速度很快，安川电机没有强行提速来抗衡，而是通过强有力的技术水平和产品定制化灵活应对客户的多样化需求凸显优势，对于来自"学习能力"方面的威胁，安川电机拿出十二分的干劲向正在研发新产品的中国工业机器人厂商兜售伺服电机和变频器，中国厂商有日本厂商所没有的新奇创意，安川电机认为成为商业伙伴更容易了解到中国方面的产品趋势[①]。为了能够准确把握中国竞争厂商的动向，1999年更是成立安川电机（中国）有限公司；2012年又成立安川（中国）机器人有限公司（常州）从事机器人生产，由此确立了在中国的业务体制。安川的业务在中国突飞猛进，即便是在中国经济高速增长呈现放缓迹象的情况下，还于2018年6月新建安川（中国）机器人有限公司（常州）第三期厂房，进一步强化现地生产体制。安川电机从客户角度、竞争角度出发，明确"取舍与集中"方向，制定长期战略，建立了竞争对手无法模仿的稳固组织体制和业务模式。

---

① 参照『日経ものづくり』2016年5月刊。

预计到 2025 年，中国的工业机器人市场将攀升至 2018 年的 2.7 倍，达到约 10000 亿日元（据富士经济统计）①。在劳动力短缺、劳动力成本上升的背景下，智能手机和汽车等行业发展势头依然强劲，需求不断增长，预计中长期内对机器人的需求会持续增多，市场有望稳步扩大，特别是装配和运输机器人或将成为拉动市场的主要动力。

2018 年，受中国环保法规收紧和中美贸易摩擦升级影响，汽车产量下滑，面向汽车焊接及涂装工序的机械臂销售放缓。2019 年，电动汽车（EV）行业的设备投资增加，预计会拉动强劲的需求。清洁搬运系统方面，2019 年底对半导体晶片搬运机器人的需求开始恢复。此外，随着 2021 年平板显示器（FPD）设备投资正式恢复，玻璃基板搬运机器人的需求也有望增加。

在政府主导下，中国本土机器人厂商及零部件厂商正在飞速成长，不仅行业领军企业，中小机器人厂商的业绩也在不断提升，预计未来竞争将更加激烈，新老厂商之间市场份额结构或将有新布局。

1949 年新中国成立后，中国基本上处于对外封闭的状态。直到 1979 年实施改革开放政策，才逐渐对外打开门户。改革开放早期，中国的工业技术水平不高，但工业结构相对完善。通过体制改革及利用海外市场和外资，除 1990 年初有过短暂停滞，2010 年以前 30 多年平均经济增长率高达 10%。

中国政府提出《中国制造 2025》（工业 4.0），旨在通过 IT 高科技，到 2025 年实现世界最高水平的生产能力。中国的机床等产品在这种政策引导下正朝国产化方向迈进，在日企颇具竞争力的机床及 FA（工厂自动化）领域，中国企业的存在感也今非昔比，安川电机等电机厂商面临着巨大的挑战。但由于中国市场对机器人和计算机数控系统（CNC）的需求仍在持续扩大（见图 3-4），日本机器人厂商依然有很多提升业绩的机会，目前形势有利于双方构建双赢关系。

---

① 参照 NewSwitch『中国の産業用ロボット市場、2025 年に 1 兆円の大台迫る~18 年の 2.7 倍に拡大、米中摩擦懸念も中長期で堅調~』2019 年 7 月 3 日刊。

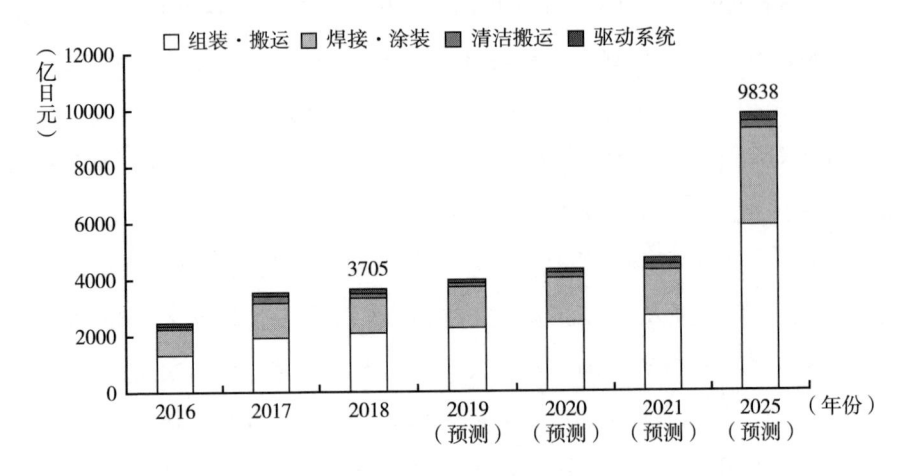

图 3-4　中国工业用机器人市场

资料来源：日刊工业新闻 2019 年 7 月 3 日（机器人）。

智能手机在全世界的流行，极大地改变了个人和企业的行为方式。中国作为 OEM 和 EMS 大国，智能手机的热销尤其促进了制造业向世界工厂中国聚集。此外，重视 IoT（物联网）的企业增多，对控制设备和机器人的需求高涨①，欲强化在华业务的国外大型电气机械企业蜂拥而至。

2017 年决算期之前，安川电机业绩表现强劲，这是因为在《中国制造 2025》号召下，中国企业投入资源提倡推进工厂人力节约，引进相关技术。工业机械控制是日本的代表性技术，安川电机在运动控制和机器人领域更是表现突出，推动了中国人力节约有关投资，为中国厂商建立高效的生产流程做出了贡献②。

不过，从 2018 年开始，受中美贸易摩擦影响，安川电机业绩受到一定打击。中美贸易摩擦包括两个方面：一方面是美国减少对华贸易逆差；另一方面是中美在 IT 等高端领域的争霸。后者渐呈长期持久战趋势，未来的经

---

① 参照 Business Journal「ファナック、中国での受注半減で露呈～中国経済、想定以上の悪化が進行～」真壁昭夫 2018 年 11 月 27 日刊。

② 参照 Business Journal「安川電機の業績悪化と日本経済低迷の予兆～中国、生産内製化で"日本企業不要化"か～」真壁昭夫 2019 年 05 月 10 日刊。

济走向令人担忧①,安川电机等高度依赖中国市场的电气机械、机器人厂商也难免受到一定影响。

四 研究开发与技术创新

(一)重视技术和研究开发

投入研发经费,推动新技术、新产品研发和加强知识产权,鼓励企业技术创新,最终将有利于企业竞争力的提高。以下对安川电机的技术和产品开发过程、现状和挑战进行归纳总结。

表3-4是安川电机近年来研究开发总支出及其在销售额中的占比。研究开发总支出明显上升,集团销售额也大幅增长,反映其良好业绩,研究开发费用在销售额中的占比也有所提升。安川的技术起源于自主研发的三相感应电机,创业以来充分利用北九州的地理优势,生产销售煤矿卷扬机等煤矿用电气设备,为推进产业的电气化和自动化做出了贡献,也推动了系统工程业务的发展。

表3-4 安川电机研发费用及其占比

单位:百万日元,%

项目\年度	2012	2013	2014	2015	2016	2017	2018	2019
研发费金额	10398	10731	14033	15317	16819	17980	19070	20790
研发费用占销售额比例	3.40	3.50	3.86	3.83	4.09	4.55	4.25	4.38

资料来源:各年度安川电机有价证券报告。

为扩大工厂自动化的对象领域,安川电机率先提出并导入机电一体化概念,把机械装置与电子工程结合起来,大幅度提高客户企业机械设备的功能

---

① 对中国经济减速担忧日益增强的理由包括,受中美贸易摩擦影响需求下降(中国企业推迟设备投资);中国经济下行的风险因素,如化解过剩产能等。

和性能，慢慢演化为系统的运动控制业务、机器人业务。后来，安川电机进一步将功率转换、运动控制和机器人等电机及其应用技术作为核心研发对象，成为拥有世界最高控制技术水平的一流厂商①。

安川的长期经营计划"2025愿景"提出要"实现新的工业自动化革命"，提倡嵌入数字化数据管理的解决方案 i^3 – Mechatronics。在这种理念指导下，安川一边为市场提供集合了硬件和软件两方面优势的解决方案，一边加快技术研发，推进机电一体化。

机电一体化技术将电子技术应用于机械控制，提高控制性能，促进各行各业的生产自动化和效率提升。安川电机在创业以来的100多年漫长历史中积累了丰富的技术和经验，催生出大量优秀产品，为社会贡献着自身的力量。

莫托曼（MOTOMAN）的诞生就是一个典型的例子。在1974年的机器人展览会上，安川电机首次对外公布电动机器人"MOTOMAN – L10"，这也是日本国内第一台电动工业机器人。1977年"MOTOMAN – L10"第一笔订单成功签订，专门用于弧焊作业，是第一台全电动的多关节机器人，实现与其他产品的差异化。安川电机的机器人业务从这里起步，后来经历一波三折，最终在2002年达成全球销量第一的夙愿。

（二）新建安川技术中心

在劳动力短缺和制造业日益多元化的背景下，全球FA（工厂自动化）市场的生产设备日益升级且自动化程度越来越高，随着制造业升级和自动化需求的日益高涨，厂商有必要构建能够迅速应对客户要求的新的经营与生产体制。在过去的五六年里，由于生产设备自动化进程加快，智能手机相关设备需求旺盛，安川电机的运动控制部门取得不错的成绩，机器人部门销售额也在汽车、半导体需求的拉动下显著增长。

---

① 现在世界通用的专业技术名词机电一体化（Mechatronics）由安川电机在20世纪60年代后期率先提出，提倡将客户的机械设备与本公司的电气产品相结合，使其发挥更卓越的功能（即融合"Mechanism"和"Electronics"）。

到目前为止，安川电机的技术开发机构分散在4处：机器人研发在北九州市黑崎、基础研发在北九州市小仓北区、变频器研发在福冈县行桥市、伺服电机研发在埼玉县入间市。不过，安川电机今后计划改变对逐个产品进行管理的模式，推进 i^3 - Mechatronics，即利用 IoT（物联网）技术对工厂进行预测性维护管理（Predictive Maintenance），销售体制也由原来的分产品销售，调整为分区域销售，如此一来，因研究开发机构分散造成的效率低下问题开始凸显。

鉴于上述情况，安川电机投资100亿日元在北九州市成立安川技术中心，将研发机构整合到一起，建立从基础研究到量产试制的一体化新体制，提高生产技术研发的效率和速度。此举的目的是应对全球制造业对精密、自动化生产设备的旺盛需求，新体制有利于迅速将研发成果转化为现实生产力。

安川电机还通过AI（人工智能）技术分析反馈收集的大数据，用以提升制造水平。这些举措使生产速度和效率提高为原来的3倍，交货时间缩短为原来的六分之一。

安川电机是世界领先的交流伺服电机、工业用机器人和变频机制造商。自1915年成立以来，从"电机安川"出发，到"自动化安川"，再到现在的"机电一体化安川"，安川电机总是能跻身时代前列，始终如一地支撑着日本工业的发展。安川的核心技术是运动控制、机器人技术和功率转换，这些技术的诞生离不开对设备机械动作精确控制的有关研究。

据说电机用电占全球用电量的50%，安川电机作为电机控制领域的领军企业，市场占有率在全球首屈一指，今后的目标是升级机电一体化技术，掀起"新的工业自动化革命"[①]。

（三）推进地区合作研发事业

安川电机是工业机器人的龙头企业，九州工业大学在机器人技术上具有

---

① 『設備投資ジャーナル』2018年12月5日刊。

优势，两家机构正在开展项目合作，利用新开创的机器人技术，研发可以完成与人类同样任务的自主作业机器人，目的是掀起包括地域中小企业在内的生产性革命。

上述研究开发由安川技术中心和九州工业大学合作开展，北九州学术研究园区（Kitakyushu Science and Research Park）内还计划新建"北九州市生产性向上支援中心"，为地域企业引进最先进的技术，同时在生产现场检验后将研究成果反馈给企业，这样有利于提高研究成果的实用性。九州工业大学与企业合作，利用先进技术推进研究开发，并致力于培养能够活跃在生产一线的人才。

（四）专利情况

通过获取专利，对象技术可以受到法律保护，进而可以垄断使用该技术的商品、服务和利润。从显示专利强度、衡量专利对竞争对手造成威胁程度的YK值来看，安川电机在机器人领域虽然排名靠前，但落后于居首位的日本电产①（见表3-5、表3-6和图3-5）。

表3-5 安川电机的全国专利实力排名

单位：件

年度	申请		获取	
	件数	排名	件数	排名
2010	331	151	228	136
2011	273	160	329	106
2012	255	177	236	161
2013	235	208	311	131

---

① 工藤一郎国际专利事务所（东京·千代田）开发的衡量专利价值的指数。专利由当事人申请，审查通过后注册备案。在这个过程中，允许竞争厂商等要求查阅或获得技术及创意信息。如果对手判断该专利对自身业务不利，会申请撤销该专利权实施攻击，经受大量攻击依然能够留存的专利价值更高。对攻击规模和力度统计评分后的结果即为YK值。YK值可直观表明专利受竞争对手关注的程度，量化"专利强度"，代表了隐藏的专利实力。根据技术创新和时代潮流，各领域对数值有不同调整。

第3章 安川电机：贯彻"技术立社"理念的世界龙头机器人制造商

续表

年度	申请		获取	
	件数	排名	件数	排名
2014	211	216	399	103
2015	223	212	140	214
2016	133	288	169	199
2017	207	248	104	285
2018	66	482	117	248
2019	67	516	65	404

资料来源：笔者根据知識ポータルサイト（知识门户网）IP Force 整理制作。

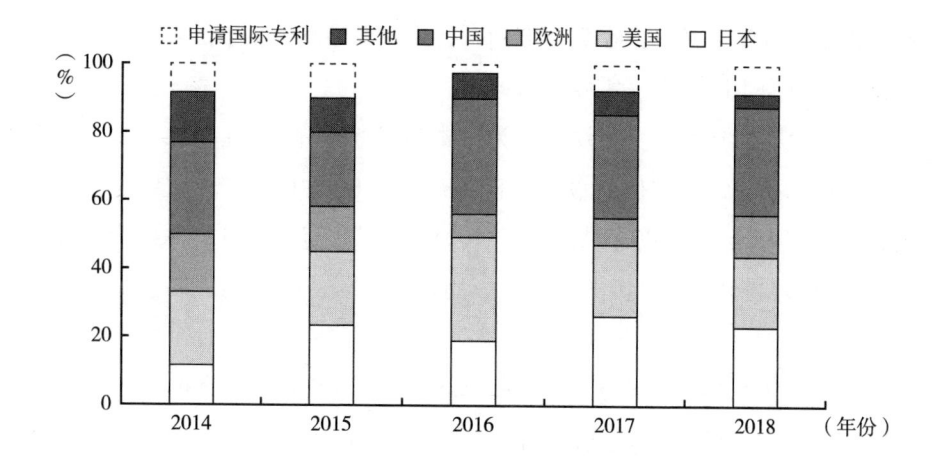

图 3-5 安川电机各年度在各国申请专利的比例

资料来源：安川电机官网。

表 3-6 专利实力：排名前五的机器人厂商 YK 值

公司名称	YK 值（专利强度）
日本电产	1699.52
安川电机	252.92
松下	135.06
三菱电机	116.91
横河电机	103.11

资料来源：笔者根据知識ポータルサイト（知识门户网）IP Force 整理制作。

笔者认为有必要从财务指标上进行比较分析，本文将发那科作为比较对象。发那科 2017 年上半期的营业利润率为 30.9%，而东京证券交易所第一部上市公司的平均营业利润率仅 7.1%，发那科的营业利润率相当高。与安川电机一样，发那科的优势之一是高性能的产品，研发是其强大的背后支撑。发那科为了实现长期盈利，在研发上投入了大量资金和人力，致力于新技术的科研人员占全体员工人数的约三分之一，研发经费支出占销售额的 7.9%，而安川电机的占比为 4.6%，差距明显。

用总人工成本除以员工人数计算平均每位员工的成本，发那科为 502 万日元，安川电机为 394 万日元。安川电机今后有必要强化顶尖人才的聘用，不惜重金招贤纳士并安排在重要部门，人力资源策略上如若后劲不足或将导致公司竞争力下降，今后需要加以留意。

安川电机将自身业务领域定义为"电机及其应用"，在全球体制下开展产品和技术研发，追求世界最早、世界最好。根据中期经营计划的完成情况，修订 2015 年 4 月 20 日制定的"2025 愿景"，将以机电一体化为基轴的"工厂优化与自动化""机电一体化应用领域"设定为具有战略意义的重点业务领域。

工厂优化与自动化即 i^3 – Mechatronics，在现有解决方案的基础上加入了"数字化数据管理"理念，以此为立足点，安川电机通过融合机电一体化技术和 ICT 技术，为客户提供新的自动化解决方案，致力于实现工业自动化革命。同时基于 IoT（物联网）研发新产品和新技术；为把 AI（人工智能）技术应用到产品中，计划进一步加强开放性创新（Open Innovation）。

在机电一体化应用方面，安川电机努力寻找可应用机电一体化技术的领域，并进行实证检验，评估其商业可行性。重点关注节能设备·高效电机、蔬菜生产系统·食品工厂自动化、风能和太阳能发电·电动汽车、康复设备·生物医学机器人等领域的商业化。

2020 年，为快速回应客户需求，安川电机成立研发机构"安川技术中心"，全面承办从基础研究到量产试制各个环节的研发，该机构有望使安川电机在技术创新方面获得显著的竞争优势。

（五）努力研发和普及应用医疗·辅助护理机器人

（1）医疗看护机器人研发动向

关于医疗看护机器人产品研发趋势，日本特许厅（专利厅）关于动力辅助服的案例分析报告值得参考。这个领域已经有一定数量的专利申请（见表3-7），专利技术在产品开发和市场开发中还有利用空间，有望通过研发更贴合用户需求的产品来拓展市场。

日企正在研发和销售用于康复、改进或恢复身体机能的步行辅助产品，在安全性尤其是预防跌倒方面比其他国家更早投入研究和申请专利。今后有必要突出日本的这些优势，推进在全球的推广。不仅日本，海外企业也正致力于研发同领域的产品，部分公司已在日本申请专利，预计今后为争夺全球市场，技术开发和产品营销的竞争将愈演愈烈。

表 3-7　专利权人排名

单位：件

排名	专利权人	专利数量
1	丰田汽车公司	156
2	本田技研工业股份公司	149
3	SAMSUNG ELECTRONICS CO LTD（韩国）	94
4	松下株式会社（松下IP管理股份公司）	66
5	株式会社 EQUOS RESEARCH	63
6	HYUNDAI MOTOR CO.（韩国）	53
7	CYBERDYNE 股份公司	43
7	国立大学法人筑波大学	43
9	大日本印刷股份公司	37
10	EKSO BIONICS INC（美国）	35
11	久保田股份公司	29
12	UNIVERSITY OF CALIFORNIA（美国）	27
13	MASSACHUSETTS INSTITUTE OF TECHNOLOGY（美国）	25
13	OTTO BOCK HOLDING GMBH & CO KG（德国）	25
13	SOUTHEAST UNIVERSITY（中国）	25
16	安川电机股份公司	24

续表

排名	专利权人	专利数量
17	DAEWOO SHIPBUILDING & MARINE ENGINEERING CO LTD(韩国)	23
17	HANYANG UNIVERSITY – (INDUSTRY – UNIVERSITY COOP. FDN)(韩国)	23
19	AGENCY FOR DEFENSE DEVELOPMENT(韩国)	22
19	CHINESE ACADEMY OF SCIENCE(中国)	22
21	SHANGHAI JIAO TONG UNIVERSITY(中国)	19
21	SOGANG UNIVERSITY(韩国)	19
21	UNIV ELECTRONIC SCI & TECHNOLOGY(中国)	19
24	HARBIN INSTITUTE OF TECHNOLOGY(中国)	18
24	纳博特斯克股份公司	18
26	OSSUR HF(冰岛)	17
27	SUNCALL 股份公司	16
27	东芝股份公司	16
29	BOSCH (ROBERT) GMBH(德国)	15
29	ZHEJIANG UNIVERSITY(中国)	15

注：申请国：日美欧中韩；申请年份（优先权主张年）：1997~2016年。
资料来源：特许厅《2018年度专利申请技术动向调查 动力辅助服》2019年2月。

截至2016年，全球动力辅助服市场（按出货量计算）约为158600套。据估，从2016年到2025年的复合年均增长率（CAGR）预计为17.1%，尤其是美国、中国的市场规模正在显著扩大。

从专利申请趋势来看，日本申请人提交的专利申请数量最多，其次是韩国、中国、美国和欧洲，到2011年左右日本的申请数量占总数的多半。但从2010年开始韩国申请数量增多，2012年开始中国申请数量急速增多。

预计未来机器人市场将继续扩大，尤其是服务机器人（见表3-8）。日本的工业机器人市场占有率全球第一，但服务机器人却落后于欧美企业。对厂商来说，需要密切关注市场趋势（见图3-6），制定中长期战略。

第3章 安川电机：贯彻"技术立社"理念的世界龙头机器人制造商　121

表3-8　服务机器人的增长领域（预测）

单位：亿日元

领域	2015年	2020年	2025年	领域	2015年	2020年	2025年
医疗	108	346	700	移动支援	50	1162	6190
看护自立支援	134	397	825	食品	260	1080	2225
看护支援	33	146	414	物流	73	408	1073
健康管理	54	161	440	检查摄像	216	1038	2188
清洁	22	127	541	教育	119	243	361
保安	227	820	1925	趣味	223	716	1485

资料来源：2010年机器人产业未来市场调查（经产省·NEDO）。

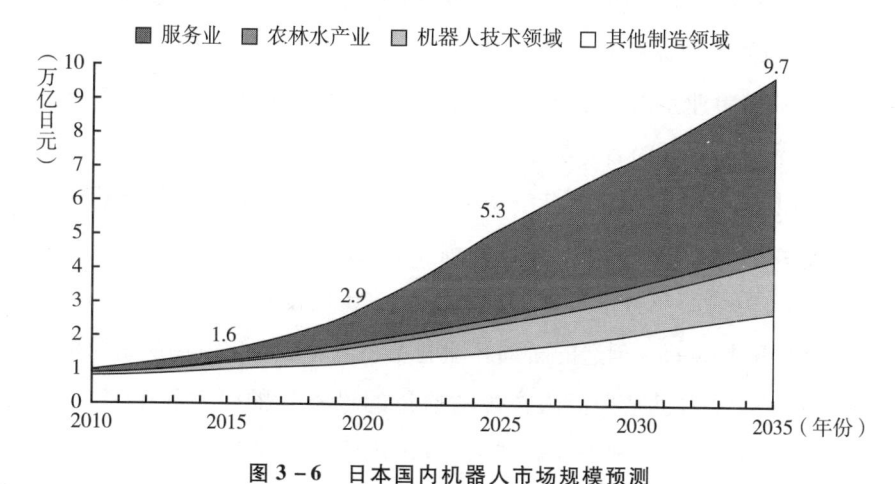

图3-6　日本国内机器人市场规模预测

资料来源：2010年机器人产业未来市场调查（经产省·NEDO）。

（2）安川电机的举措

北九州市是日本国家战略特区，根据特区措置法，被指定为"特区"后政府会放宽政策管控，北九州市利用特区身份，正在大力推进医疗看护机器人实证检验基地的建设，这在日本独一无二，仅此一处。具体措施包括：在看护现场导入机器人进行实证检验；设置"北九州市看护机器人开发联合体"；研发符合现场需求的实用性技术；采取措施减轻看护人员工作负担，提高看护现场工作效率。

日本已经先于其他国家提前进入超老龄化社会，如何应对日益增多的老年人医疗、辅助护理需求是一个亟待解决的社会问题。目前医疗和看护一线因人手不足、人员流动快导致缺乏有经验的员工，亟须引进和推广康复设备。

安川电机是为企业提供生产设备、工业机器人的行业巨头，这是人们对它的第一印象，但其实早在20世纪90年代，安川电机就已经着手运用机器人技术研发康复设备，当时的研究成果虽然最终作为医疗设备在21世纪初早期实现商品化，不过最初阶段该技术因不符合医疗现场实际需求而被否决，在"为时过早""卖不出去"的声潮中事业被迫中止。

安川电机的康复设备事业已经有快30年历史，虽然曾一度搁浅，但在2013年公布的中期计划中，安川强调"开发新事业并作为核心业务推进"，由此康复设备事业重新走上正轨。安川的战略制定原则是"通过重审现有技术和产品，建立新的商业版图"。

安川电机在创业100周年（2015年）之际公布新的长期计划，将医疗·看护纳入主打事业领域，专注开创先进医疗·辅助护理设备市场，并新设机器人人类辅助业务推进室，推进人机一体化设备（Humatronics：结合Human和Mechatronics创造的新词。即利用在工业自动化市场积累的机器人技术，结合人类力量来提高人类生活质量的设备）的研发和生产。其后，安川电机接连推出一系列基于机器人技术的康复、生活辅助设备，过去被嘲"卖不出去"而被迫中断的医疗·辅助护理设备事业一跃成为经营的中流砥柱。

安川电机在2017年度国际福祉机器展（H.C.R）上展示了5款不同的医疗和辅助护理机器人，此后大力推进医疗、看护机器人的研发。代表性产品包括，用于脑血管疾病和骨科疾病的上肢康复装置（AR2）、脑血管疾病患者的前臂旋前旋后运动增强装置、踝关节辅助装置（AAD）、下肢康复装置（LR2）、脊髓损伤患者的步行辅助装置（ReWalk）等。

在医疗一线普及这些设备时，以前的相关设备销售方式由于初期投入较高，阻碍了在短期试验运用及临床研究等情况下的销售，成为推广瓶颈。为解决这一问题，安川电机与 Tokyo Century 和安川机械签署业务合作协议，共同开展医疗和辅助护理设备的租赁业务。

五 财务结构分析

以下依据安川电机的财务报表数据，总结其经营业绩变化和财务结构特色（见表3-9）。

表3-9 发展能力指标的变化（合并）

单位：%

项目＼年度	2008	2009	2010	2011	2012	2013
销售额增长率	-8.4	-35.8	32.1	3.5	1.1	17.1
销售利润增长率	-43.0	-133.5	-284.5	15.1	-11.8	96.6
净资产增长率	-3.8	-8.9	5.1	6.6	12.4	19.1
总资产增长率	-13.9	-3.0	9.5	5.5	8.4	12.6
项目＼年度	2014	2015	2016	2017	2018	2019
销售额增长率	10.1	2.8	-4.0	13.6	5.8	-13.4
销售利润增长率	22.7	16.5	-17.2	78.0	-8.1	-55.1
净资产增长率	25.3	5.0	9.1	18.9	4.7	-7.5
总资产增长率	14.0	-3.8	3.7	13.9	3.3	-3.0

资料来源：笔者参考安川电机有价证券报告整理制作。下同。

从过去12年的集团合并经营业绩来看，受雷曼危机影响，全球经济低迷了一段时间，销售额和利润均出现下滑和停滞。2013年以后，销售、资产、利润均有明显增长，安全性指标（自有资金比例、固定资产比例）、盈利能力指标（销售利润、经常利润、净利润占销售额和资产的比例）均大幅改进（见表3-10、表3-11）。

表 3-10 安全性指标的变化（合并）

单位：%

项目＼年度	2008	2009	2010	2011	2012	2013
固定资产比例	71.0	80.0	72.0	70.0	68.0	63.0
资本充足率	39.0	36.6	35.2	35.9	37.1	39.4

项目＼年度	2014	2015	2016	2017	2018	2019
固定资产比例	58.0	54.0	46.0	48.0	48.0	56.0
资本充足率	44.1	48.5	51.2	53.5	54.1	51.6

表 3-11 盈利能力指标的变化（合并）

单位：%

项目＼年度	2008	2009	2010	2011	2012	2013
销售利润率	5.9	-3.1	4.3	4.8	4.2	7.1
销售经常利润率	5.7	-2.7	4.5	5.1	4.5	7.4
当期净利润率	2.0	-2.5	2.2	2.7	2.2	4.7
净资产收益率（ROE）	7.0	-6.1	7.2	8.7	6.4	13.8
资产回报率（ROA）	2.8	-2.4	2.5	3.0	2.2	5.0

项目＼年度	2014	2015	2016	2017	2018	2019
销售利润率	7.9	8.9	7.7	12.1	10.5	5.4
销售经常利润率	8.5	8.7	8.1	12.3	10.7	5.7
当期净利润率	6.2	5.4	5.2	8.9	8.7	3.5
净资产收益率（ROE）	16.3	12.8	10.7	18.3	17.10	6.10
资产回报率（ROA）	6.4	6.0	5.3	9.0	9.0	3.3

从各部门的销售情况来看，核心领域运动控制部门的销售占比呈稳定态势；机器人部门由于加强在汽车行业的扩销，订单量明显增加。2013~2018 年，运动控制部门的销售利润率连续 6 年超过两位数，机器人部门的销售利润率虽然没有那么高，但也保持在 8% 左右。系统工程部门虽然对销售额增长有一定贡献，但没有盈利基本为亏损状态（见表 3-12）。

表 3-12　销售利润率

单位：%

事业部＼年度	2008	2009	2010	2011	2012	2013
运动控制部门	7.3	-3.0	5.7	3.9	2.3	10.1
机器人部门	2.8	-14.6	2.0	6.9	7.6	7.8
系统工程部门	9.9	13.2	6.0	5.4	4.0	0.0

事业部＼年度	2014	2015	2016	2017	2018	2019
运动控制部门	11.6	12.0	13.2	19.7	16.5	10.5
机器人部门	7.8	9.9	7.3	10.9	9.7	3.6
系统工程部门	-1.9	-1.8	-1.0	-7.2	0.1	0.7

从 2014 年 3 月（2013 财年）决算期至 2016 年 3 月（2015 财年）决算期数据来看，安川电机在汽车和智能手机市场均收获良好业绩。大环境上欧美经济回暖，且日本国内企业收益改善，汇率方面日元趋于贬值，总体上经营环境呈现好转趋势。

从 2017 年 3 月（2016 财年）决算期至 2019 年 3 月（2018 财年）决算期来看，安川集团的经营环境有如下变化。期首，由于生产设备升级和自动化需求高涨，安川业务发展态势良好；从 2018 年中期开始智能手机相关需求萎靡不振，且中美贸易摩擦使中国地区业务受到较大负面影响，制造业普遍对新的设备投资保持谨慎；半导体相关设备投资锐减也给安川造成巨大打击，不过，好在日本、美国和欧洲汽车领域需求稳定增长，销量创下新高。

从各地区销售额、利润情况来看，日本国内的市场份额在过去十年有所下降，而中国等亚洲市场则持续扩大，欧美市场仅有小幅增长，中美贸易摩擦对利润方面也产生了显著负面影响。

六　安川家族成员访谈

2019 年 12 月初，笔者有机会采访到安川电机创始人直系亲属的在职中层员工，接受采访的是安川宽前董事长的孙子安川优①，他目前任职安川电机的知识产权代理人。以下按顺序整理他对笔者所提问题的回答。

（一）创始人安川家族与安川电机现在是什么关系？

以创始人安川敬一郎为代表，安川家族的历代总经理都是九州北部地区的知名人士或实业家，都曾担任国会议员、政府机构代表或企业界代表。日本二战战败后，在占领军的追责下，安川家族的产权受到限制，不过直到1984年，集团、总部的代表都是由安川家族的男性成员担任。从1985年开始，安川家族成员渐渐离开管理要职，自1995年左右担任与德国西门子的合资公司总经理后，安川一族就不再在安川集团核心企业担任董事。

安川优表示，他作为创始家族的一员，为安川电机能成为上市公司，并发展成为世界领先的机器人制造商感到自豪。但他本人对公司既没有产权，也没有经营权，只是作为知识产权管理专家受聘，公司和同事并没有给予他任何特殊待遇。他也没有觉得自己身份特殊。

一手建起安川电机的安川清三郎、第五郎的直系后裔自20世纪90年代后便离开集团公司的经营管理层，一直生活在关东地区，现在他们不会对安川集团产生任何影响。但创始人提倡的创业理念后来被写入公司章程，发展成为安川集团的经营理念，一直传承至今。

（二）安川开展全球事业中对大中华地区的定位：敬一郎与孙中山的深厚友谊对其在大中华地区的事业产生了何种影响

创始人安川敬一郎作为政治社团玄洋社的成员，在资金等方面支持了反对清政府、为民国革命积极奔走的孙中山。孙中山在日本避难期间，敬一郎邀请孙中山到自己家中，并请他为明治专门学校的学生做演讲。感念敬一郎如此情深义重，中国大陆的政治家访问日本时会礼节性拜会安川电机，公司

---

① 2019年12月4日下午，在安川电机小仓工厂会议室接受笔者采访。

内部对这些历史较为熟悉，但外部人士并不见得对此有多少了解。中国现在已经是名副其实的"世界工厂"，安川电机在中国拥有许多生产和销售基地，且在中国市场的销售额占其销售总额的约30%。不过，令笔者有些惊讶的是，安川电机在开拓中国市场的过程中，并不一定会打出"孙中山"这张牌①。

（三）对中国企业作为商业伙伴的看法（评价）

安川电机不断提高研发费用占销售收入比例，机器人相关专利申请总量和申请率均保持行业第一。

近年来，中国对知识产权越来越重视，安川电机在申请国际专利时也一直强调中国的重要性。安川优认为近年中方审查员对专利、商标侵权案的审理水平提高，知识产权得到有效的法律保障。除安川电机以外，世界上还有其他四大工业机器人代表厂商，发那科、川崎重工、ABB和库卡，其中库卡已经被中国的美的集团收购，这无疑是中国企业竞争力提升的表现。

总　结

安川电机集团创始人敬一郎和他的儿子们都是热爱家乡的地方名流和实业家，他们还曾担任国会议员、行政省厅的专门委员会代表或企业界代表，从明治时代到昭和时代，为推动日本工业发展和振兴地域产业做出了重要贡献。

2015年，在安川电机成立100周年之际，公司在总部的厂区内开设了讲述集团发展史的"历史馆"和机器人互动展览馆"未来馆"。在这里，可以看到安川电机如何从传统煤矿开采业务起步，发展成为现今的机器人产业集团，也可以考察各时期的代表性产品。

---

① 位于户畑区的松本健次郎故居，现在是西日本工业会馆，由当地企业管理。1999年安川宽董事长去世后，孙中山曾经留宿的安川故居由亲属继承，后安川电机管理一段时间，目前由北九州市管理。

通过对本案例的研究，我们可以了解到安川与其他长寿企业共同的特点，也能窥见安川作为先进技术的领军企业，如何推动技术创新，又如何规划事业战略。

①事业继承制度是支持长寿企业持续发展的主要因素之一。可以看到长寿企业在保持家族影响力的同时，并不一定绝对重视血缘关系，会采纳非血缘的"养子制度"。安川敬一郎四兄弟中，长子等三人都被送做养子，创始人自身也是如此，他的二儿子松本健次郎也是被收养的女婿，安川敬一郎和松本健次郎父子共同创业办起了煤矿事业。从敬一郎开始到第四代，都是由安川一族担任集团主要企业的代表，1985年左右，安川电机的管理权顺利交接给了长期任职的专业经营人才，并未受到什么阻碍。

②本案例体现了日本长寿企业与地区合作、重视地域、与地域共生的一面。安川家族从煤矿起家，后来将业务范围扩大到电机、铁路、建筑、钢铁、陶瓷等各个产业，这些产业集聚在北九州地域及周边，构成北九州地域工业近现代化的基础，可以说是安川集团带动了日本工业的现代化发展。直到战后日本经济高速增长期，地域的原材料、商业伙伴、客户群体和人脉关系等各种产业资源都存在很强的相互依赖性，但随着钢铁、化学等重化工业的衰退和生产基地向海外转移，地域产业空洞化现象加剧，安川电机尽管已经发展壮大为世界顶级机器人厂商，其总部和主要生产基地却依然驻守在北九州①。不仅如此，甚至斥资100亿日元在北九州建立新的研发中心，不难体会其对地域社会的高度重视。

③作为一家高新科技企业，安川电机一直注重专业化，总体上专注于核心业务，对技术研发和创新秉持着不懈追求的进取之心。安川电机最初通过煤矿用电机和相关产品的研发、生产开创事业，创业后克服连续17年亏损的艰难局面，通过与地区企业相互合作才终于使事业驶入正轨。安川电机重视研发，在运动控制、机器人和电源转换三大核心技术上保持着优势，且在

---

① 二战后经济重建期，当时的安川宽总经理曾有将公司总部转至东京的设想，几经审议，基于对创业地北九州的钟爱，最终放弃了该提案。

伺服电机、机器人、变频器等核心产品领域牢牢占据领先地位。北九州市人口老龄化严重，安川电机团结本地大学、学术研究机构和其他企业，推进医疗看护机器人的研发，为国家战略特区北九州的看护机器人特区建设贡献着中坚力量。从这个过程我们可以了解到，注重客户价值、为客户提供优质的产品和服务是日本长寿企业的共同基因。

④如今的安川电机经营队伍，虽然已经不再有安川家族后人身影，但并不影响他们在管理中继承和发扬安川电机的传统和经营理念，专注于长期目标和稳定发展。而且其组织管理、人事制度也坚持重视专业性、能力和以人为本。

安川电机在公司成立100周年之际，开设历史馆和未来馆，既是作为公司发展百年的里程碑，也是作为加深与当地社会相互理解的一种方式。同时，安川电机还启动调整长期战略，以为下一个百年指明方向。"传统"和"创新"的协同效应对企业存续起到了关键作用，本案例可谓是将此点表现得淋漓尽致的经典案例。

主要参考文献（以日文50音符为序）

［1］特許庁（2019）「平成30年度特許出願技術動向調査－パワーアシストスーツ－」。
［2］西日本シティー銀行（1991年12月）「株式会社安川電機名誉会長安川寛氏と福岡シティー銀行頭取四島司との対談」（西日本シティー銀行HP掲示，司会・構成：土居善胤）。
［3］西日本新聞（2018）「神田紅講談福岡立志伝・安川敬一郎①～④」（12月2、9、16、25日付連載）。
［4］日本経済新聞2019年6月5日付け記事「最難関のロボットも水平分業 異業種から参入続々―ロボット産業の転換（上）」。
［5］日本経済新聞2019年6月6日付け記事「安川電機「虎の子」モータを中国メーカーに売る理由―ロボット産業の転換（下）」。
［6］真壁昭夫（2018）「ファナック、中国での受注半減で露呈…～中国経済、想定以上の悪化が進行～」『ビジネスジャーナル』（2018年11月27日）。

［7］真壁昭夫（2019）「安川電機の業績悪化と日本経済低迷の予兆…～中国、生産内製化で"日本企業不要化"か～」『ビジネスジャーナル』（2019年5月10日）。
［8］安川电机百周年事业室编（2015）『安川电机100年史』株式会社安川电机。
［9］安川电机有价证券报告书各年版 https：//www.yaskawa.co.jp/ir。
［10］YASKAWAレポート2019,2020。

第4章
香兰社：日本顶级瓷器公司的雄起和涅槃

王效平

引 言

　　香兰社总公司坐落于日本佐贺县有田町（译注：陶瓷器传统产地，日本"瓷都"），是日本陶瓷和高级陶瓷器的代表性企业。明治维新（1868年）后不久，香兰社成功研制出电信用瓷质碍子，为日本的工业革命做出巨大贡献。其后在欧美开展的万国博览会上多次出展艺术瓷，并屡屡获奖，享誉海外。这些创举使香兰社声名大噪并促其正式成立法人，奠定了其作为长寿企业持续发展的基础。本次选取香兰社为长寿企业研究案例，旨在探寻香兰社作为日本高级陶瓷器领军企业，作为日本九州地区历史最悠久的法人单位，如何传承地域传统价值和文化，如何实现持续性的技术革新和提升工艺水平，以及深川家族从创业到第15代维持家族经营之秘诀。

　　本章根据对香兰社实地走访①所了解到的信息，结合香兰社成立发展至今的历程，考察该长寿企业发展过程中事业战略的变化和存续要因，主要从

---

① 2017年7月23日，合作研究课题组在香兰社总公司采访了深川纪幸董事长，本章所引用史实依据采访记录和《香兰社130年史》资料。

商务体系结构、重视地域合作的战略举措、家族经营管理和传统价值的传承延续等要素切入，并通过经营财务指标评估其竞争力。

一　香兰社的成立和发展历程

（一）香兰社起源

香兰社的创始人是深川家的祖先又四郎（即初代深川荣左卫门），又四郎从1689年便开始在锅岛藩有田地区制造陶瓷器，但一般认为香兰社的创始时间为1875年合本组织香兰社成立之时，这也是现今香兰社股份公司的前身。由第8代深川荣左卫门牵头，5名创始人立誓分享所有技术和智慧，齐心协力共同奋斗。中国古典《易经》所书"同心之言，其臭（香）如兰"① 正是香兰社名称来源，意寓团结一致，同时"Koulan"（日语香兰）发音与陶瓷器原料"Kaoline"（高岭土）相似，寄托了创始人将香兰社发展为闻名世界的国际化品牌的心愿②。

香兰社据说是"九州最早的公司组织"（也有说法为日本最早的公司组织）。合本组织香兰社的有田瓷自从在费城世博会上获得褒奖后便开始外销美国，1878年又在巴黎世博会上荣获金奖。合本组织香兰社存续时间并不长久，几名创始人经营方针的分歧导致了内部分裂，手冢等陶艺家合伙人从香兰社脱离，单独建立"精磁会社"。从此，香兰社由第8代深川荣左卫门单独经营，并由深川家族传承至今。

深川家族烧制的陶瓷器在日本瓷都有田可算出类拔萃，融合"古伊万里""锅岛""柿右卫门"三种风格，不仅将有田400年烧瓷历史加以升华，更使精致华丽的"香兰社调""香兰社风格"深入人心。1878年参加巴黎世博会一举夺得金奖之后，在众多参展的世博会上又斩获无数金牌大奖，从明治时代

---

① 《易经》原文如下：君子之道，或出或处，或默或语，二人同心，其利断金。同心之言，其臭如兰。
② 香兰社130年史编纂委员会『香蘭社130年史』2008年，参考香兰社官网。

(1868~1912年)开始,作为有田瓷的巅峰,不断吸引着世界的目光①。江户时代(1603~1867年),有田的陶瓷器从伊万里的海港装船出港,由有田的贸易商人卖给长崎的荷兰商馆及中国商人。当时佐贺藩的贸易牌照只有一张,拥有牌照的田代家族垄断了贸易。庆应4年(1868年)春,第8代深川荣左卫门抱着必死的决心闯入佐贺城下的藩厅,请求放宽贸易权限。功夫不负有心人,佐贺藩将贸易牌照数量增加为十张,为有田瓷出口海外打开了门户。

香兰社早期是集结了陶工、画师和陶商的地区新型组织。在明治政府的支持下,从事通商口岸的贸易,并在欧美的世博会上出展,是直接外销欧美的先驱。香兰社将有田瓷特色彩绘融入"香兰社调",同时将生产碍子所获资金倾注到艺术瓷的研发中,作为日本瓷都有田的代表性名窑,与深川制瓷(兄弟公司)、今右卫门、柿右卫门共同守护着传统陶瓷之乡。

(二)发展历程

以下按时间顺序摘录香兰社编入公司发展史的主要事件。a. 公司成立和重大改制;b. 世博会的出展和获奖情况;c. 重大技术创新和设备投资情况等。

1689年,深川家的祖先又四郎(即初代深川荣左卫门)开始在有田制造瓷器。

1870年,依工部省电信局令,成功研制电信用瓷质碍子。

1875年,第8代深川荣左卫门等人成立早期公司形态的合本组织香兰社。一般认为这即是现今香兰社股份公司的前身。

1876年,香兰社瓷器在费城世博会上获得褒奖。

1877年,瓷质绝缘碍子产品参加第一届日本国内劝业博览会,获颁奖状。

1878年,在巴黎世博会上出展并获金奖。

1879年,成立香兰合名公司,是九州最早的法人单位。

---

① "采访香兰社股份公司代表"『和華インタビュー』2018年7月3日。

1888 年，在巴塞罗那世博会上出展并获金奖。

1889 年，第 9 代深川荣左卫门任香兰社社长。

1990 年，在巴黎世博会上出展并再获金奖。

1909 年，在阿拉斯加育空太平洋世博会上获大奖。

1910 年，在日英博览会上出展并获名誉大奖。

1913 年，生产硬质高压碍子，为东芝制作所供货。

1915 年，在巴拿马太平洋世博会上出展并获名誉奖。

1928 年，生产 10 英寸悬垂绝缘碍子，向东京铁道局供货。

1930 年，在比利时列日世博会上出展并获名誉大奖。

1949 年，昭和天皇视察香兰社。

1952 年，获 JIS（日本工业规格）认证。

1959 年，设置绝缘碍子生产用的重油隧道窑。

1961 年，昭和天皇、皇后视察香兰社。重启战后曾一时中断的碍子产品出口。

1967 年，新建香兰社岐阜工厂。

1970 年，新设特种精细陶瓷材料工厂，开始生产工业用滑石瓷，香兰合名公司改组为香兰社股份公司。

1972 年，成功研发高纯度氧化铝陶瓷材料（纯度 99.95%）。

1979 年，香兰社成立 100 周年。

1989 年，香兰社迎来创业 300 周年。新建赤坂艺术瓷工厂。

1990 年，新建香兰社赤绘町工房。

2001 年，获经济产业省颁发的专利技术厅长官奖。

2007 年，香兰社股份公司以及旗下 5 家公司合并。

2010 年，银座香兰社大厦落成。东京银座展厅新装开业。

2019 年，香兰社迎来成立 140 周年。

（三）香兰社主要业务结构的变化

香兰社是闻名世界的陶瓷品牌，从公司发展历程和业绩情况可知，工业用绝缘碍子在其主营产品中占比越来越大（见表 4-1）。

表4-1 香兰社主要业务结构

单位：%

年　度	碍子	艺术瓷	陶瓷器	陶石	总　计
1970	39.4	59.9	0.0	0.7	100.0
1975	40.2	59.5	0.2	0.2	100.0
1980	47.9	51.5	0.6	0.0	100.0
2015	43.0	44.3	12.7	0.0	100.0
2016	46.0	42.5	11.5	0.0	100.0

资料来源：参考香兰社130年史编纂委员会（2008）《香兰社130年史》第122页、TDB调查报告资料制作。

二　持续发展的秘诀

（一）商业模式结构

图4-1为香兰社商业模式结构，构成其核心竞争力的各种要素和框架，可以由此洞悉香兰社发展成长的秘诀。

首先，悠久历史铸就的精湛传统工艺和训练有素的能工巧匠构成香兰社的核心资源。其次，业务多元化战略、艺术瓷和工业用绝缘碍子高效量产体系所形成的业务运营机制，能够明确评估组织内部责任与业绩的成本核算和财务制度等，这些因素有机结合促成了香兰社的可持续发展。

香兰社的业务能够持续发展的外部因素包括：忠实的顾客群体、供应商、客户、地方政府和相关部门等利益相关方的支持。其顾客群体广泛，遍及各行各业，比如喜爱香兰社品牌的国内外大众消费者；电力、电信、矿业公司和皇室等。供应商和客户都是在同行业有长期合作实绩的商业伙伴，政府组织包括负责现代产业政策的中央主管部门和地方行政部门。明治初期，在"殖产兴业，富国强兵"的建国指导方针下，中央主管部门委托香兰社开发供应电力、电信行业的特殊绝缘碍子，为海军部供应专用餐具，战争时期向亚洲其他国家出口绝缘碍子等，香兰社的市场开拓也受到了日本国家政策的影响。

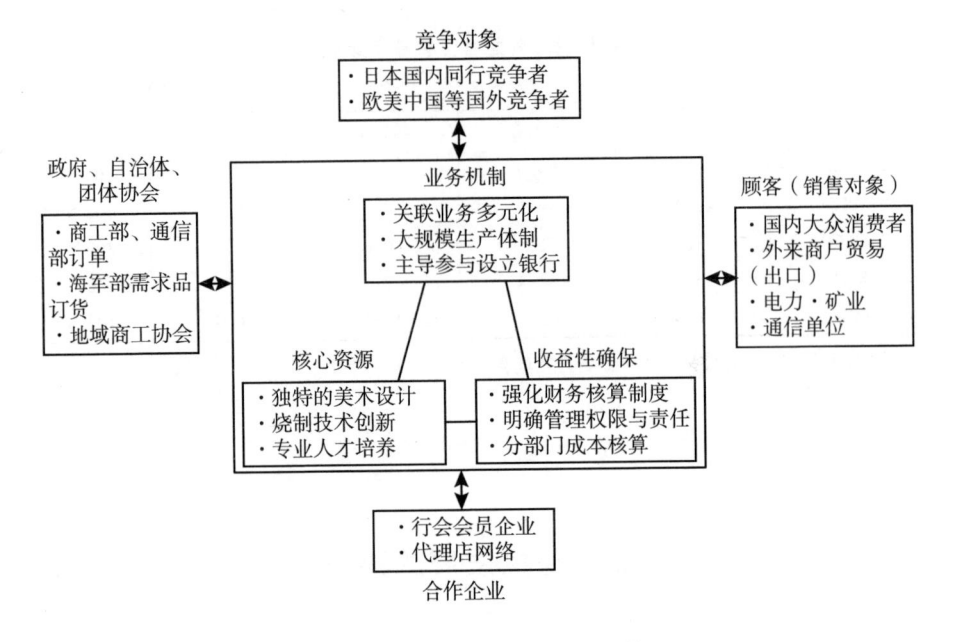

```
                          竞争对象
                    ·日本国内同行竞争者
                    ·欧美中国等国外竞争者

                    ┌─────────────────────────┐
政府、自治体、       │        业务机制          │      顾客（销售对象）
团体协会             │  ·关联业务多元化         │      ·国内大众消费者
·商工部、通信       │  ·大规模生产体制         │      ·外来商户贸易
  部订单             │  ·主导参与设立银行       │       （出口）
·海军部需求品       │                          │      ·电力·矿业
  订货               │  核心资源    收益性确保  │      ·通信单位
·地域商工协会       │ ·独特的美术设计 ·强化财务核算制度│
                    │ ·烧制技术创新  ·明确管理权限与责任│
                    │ ·专业人才培养  ·分部门成本核算│
                    └─────────────────────────┘
                          ·行会会员企业
                          ·代理店网络
                          合作企业
```

图 4-1　香兰社的商业模式结构

资料来源：笔者根据访谈和香兰社所提供资料整理制作。

香兰社现在依然带头推动地域行业协会和有田地域传统陶瓷产业的发展，如建设陶瓷器研发基地、开设陶瓷博物馆、引资创办陶瓷大学等，为地域发展做出巨大贡献。

（二）持续创新的源泉

（1）支持建设地域人才培养机构

香兰社自创办以来，多次获得政府和皇室的表彰，并在国际展会上屡获大奖，这离不开香兰社对产品质量和精细度的不懈追求。在"追求产品质量，永无止境"的经营理念指导下，香兰社以"继承和发扬现有传统，维护传统陶瓷产业的可持续发展"为目标，坚信"唯有保持创新精神，才能使百年企业永久存续"，"继承传统"和"保持创新精神"双管齐下，放眼未来，积极建设人才培养体系。

深川纪幸董事长强调，公司最宝贵的资产是技术部门的工匠和师傅

(Master)，企业存续的关键在于长年积累的技术能有效传承①。香兰社的制瓷技术需要员工们从年轻的学徒时代就开始努力，积极向师傅学习掌握本领。

员工在实际工作中领会公司的理念、方针和价值观，也就是社训或家训，并将其传递给接班人。在传统的学徒体制下，要掌握多个工序的传统技术技能，成为某特定工艺的专业工匠，至少需要七八年时间。香兰社从创始人开始，每一代都能打造极致精美的艺术品，但制作方法并未书面撰写流传，前人留下的作品便是极好的教学素材，一代一代的员工满怀使命感，为了追赶前代步伐不断精进前行。

现在，香兰社有三分之一的员工是技术人员，公司内设专门的研发中心。20世纪70年代以来，公司与高校合作研发，吸引了众多优秀人才。香兰社为了保证产品质量，在原材料开发管理、产品设计、质检和品质管理上投入了大量资金。对因铁含量过高导致的黑斑这种瑕疵也是零容忍，不允许产品存在任何缺陷。正因为这种严谨务实的态度，香兰社在诸多技术领域拥有第一手经验，产品多次在日本和国际上获奖。

现任总经理深川祐次对陶瓷技术部和电瓷部提出"不断开发符合现代潮流的产品"和"不断提高技术开发和产品创新能力"的要求。专业工匠是公司的宝贵资产，香兰社虽然是有田陶瓷的标杆企业，但也面临着人才流失的问题，不仅同行之间互相争夺人才，专业工匠离职还会导致技术流失（据说部分员工离职后成立陶艺班或跳槽到其他同行公司）。

在这种情况下，为了确保人才供应，香兰社的经营者大力支持地区教育，在引进教育机构方面不遗余力。

第8代深川荣左卫门从法国购买机械设备回到日本后，认识到年轻人肩负有田未来发展的责任，培养年轻人尤其重要，于是将所获资金的一部分捐给了有田本地的白川学校。这所学校不仅配备基础教育课程，学生还可以在此掌握陶艺制作的基本技能。之后，有田陶器工艺学校成立，是日本第一所

---

① 前述合作研究时。

工业技校，第 8 代深川荣左卫门一贯支持学校的经营，给予了许多援助和鼓励。这所学校不仅成为有名工匠的摇篮，而且培养出许多现代企业家，带领有田继续向前发展。第 8 代荣左卫门的两个儿子，深川与太郎和深川忠次也是这里的毕业生。与太郎后来成为香兰社第 9 代荣左卫门，忠次则创立了深川制瓷品牌。其他的有名毕业生还有深川六助，他后来成为横滨田代窑的主管。除了知识以外，有田陶器工艺学校还教授东方伦理哲学儒家思想，以及经营者所必备的素养①。

第 13 代经营者深川正总经理也热衷于培养人才和引进学校。作为有田瓷振兴协会副理事长，他一直倡导成立专业的陶艺教育机构，为有田培养优秀的骨干人才。在他的奔走下，1980 年于有田站比邻的丘陵处建造了佐贺县九州陶瓷文化馆，与附近的佐贺陶瓷试验站一起，传授有田瓷生产技艺，推进调查研究以开发新技术；1985 年，佐贺县立有田陶瓷大学成立，专门培养陶瓷设计师和艺术家。

由深川正总经理带头，在第 13 代今泉今右卫门、岩尾新一等有识之士的共同推动下，有田的陶艺教育办得风生水起。有田陶瓷大学在指导艺术瓷制作技术的同时，也教授最新陶瓷设计知识，与有田工业高中一起传授陶瓷专业技术，吸引了许多优秀人才来到有田②。

（2）引进西洋技术和研究开发的结合

第 8 代荣左卫门从巴黎带回制陶设备、西洋餐具样品和颜料等原料，并运用到香兰社的生产工艺中，创造出香兰社特有的格调。同时，充分发挥有田传统匠人工艺优势，研发出大量香兰社风格的产品。有田在幕府末期生产了许多大型外销瓷器，明治时期以后，工匠的技术更加娴熟，工厂在生产贸易用品的同时，也会制作一些富有文艺气息的艺术瓷。

第 8 代荣左卫门开启了香兰社的车间式生产，他从西方引进最新设备和生产机器，积极扩大生产，但仍然使用日本传统手工艺技术，采用有田特有

---

① 参照『香蘭社 130 年史』第 17 页。
② 参照『香蘭社 130 年史』第 142～144 页。

的原料和烧制技术，成功研制出超高强度的陶瓷器，实现了可比肩欧美的生产实力。由于日本国内对绝缘碍子的需求扩大，第9代荣左卫门开始生产绝缘碍子，同时利用西洋技术研发出特色产品，不断开拓新市场，这些举措有力推动了有田的现代化步伐。

（三）业务多元化战略的推进——成功发展绝缘碍子和艺术瓷两大支柱业务

（1）绝缘碍子量产体制的形成

明治维新以前，佐贺藩在长崎的贸易活动做得风生水起，积攒了不少财富，由此建立起强大的军事力量，并积极向西方现代社会学习。通过将佐贺的煤炭、绿茶和陶瓷器倾销给外国商人赚取外汇，在幕府末期乱世中一跃成为新政权的领袖。第8代荣左卫门作为佐贺藩的实力企业家，幕末维新时期在长崎大展拳脚，为推动贸易发展做出了积极贡献，而且获得大隈重信和久米邦武等佐贺藩年轻财政官员们的理解，在明治维新后大胆做出一系列新的尝试。

明治初期，大量新事物涌入日本，其中有一项便是电信技术。当时，通信设施广泛采用玻璃制品绝缘。明治3年（1870年），第8代深川荣左卫门在通信省的要求下，经过反复试验，成功研制出陶瓷绝缘碍子，功能性相比进口产品毫不逊色[①]。由此，日本国产碍子面世，亦名"香兰碍子"，这一创举是香兰社转型为现代化企业的第一步。自此，继通信用碍子之后，香兰社制作出包括用于电车架空线的各种不同的碍子。由于碍子使用环境恶劣，对其品质的要求极为严格，不仅要有良好的绝缘性能，还要求具备耐热性、机械强度和材料稳定性，必须能承受户外用途的苛刻条件。香兰社的碍子技术随着日本的现代化一步步前进，现在依然是其业务的最大支柱。

明治10年（1877年），深川荣左卫门在日本国内劝业博览会上展出了日本首例通信用碍子并获奖，香兰社由深川家单独经营后，碍子的销售额也

[①] 参照『香蘭社130年史』第7页、第20~22页。

持续稳定增长。正值明治政府着手建设通信网的时期,电信局需要大量通信用低压碍子,在为政府供货的过程中,陶瓷碍子业务逐渐成为香兰社的支柱业务①。后来,以东京、大阪等城市为主,通信网得到普及,各种相关领域都开始使用香兰社的碍子类产品,深川家得以成功实现低压碍子的量产。深川家家风严谨务实,在不断提升产品质量的同时,获得了客户的长久信赖,为工业领域提供了大量牢固、不易开裂、经久耐用的低压碍子。香兰社通过严格选用原材料,善用优秀传统生产技术,将最新技术和生产设备有机结合,实现了高质量的生产。此外,香兰社还配备了最新实验研究设施,积极开展新产品的研发工作。

明治时期,香兰社确立了其作为陶瓷器制造商的经营基础。进入大正时期后,继续推进技术创新,作为碍子制造商完善工厂制度,利用最新技术开发高压碍子,引进大规模生产系统,开辟了新领域②。此外,香兰社还尝试引进煤窑,着手研制硬瓷,在总公司建设可批量生产各种碍子产品的生产线,提高工厂运作效率,完善生产体制,巩固了其在工业陶瓷领域的领先地位。

(2)二战期间中国大陆市场碍子出口业务发展迅速

近代中国遭受西方列强入侵,中国门户被打开,香兰社在此背景下推进在华碍子销售。日本扩大对华侵占的二战时期,在中国市场的碍子销售成为香兰社业务的重要组成部分。香兰社彼时在大连和上海设营销点,将销路拓展至整个中国大陆市场,其碍子工厂以量产低压碍子为业务轴心,生产线满负荷运行,扩大对中国的出口③。

战时日本颁布《国家总动员法》后,军用品生产如火如荼,香兰社响应国家政策,在往中国市场大量输送碍子产品的同时,也为日本国内军工厂供货。很快,香兰社作为海军的指定工厂,开始全面生产各种军用物资,并参与了特殊用途军用物资的研制。二战后期,香兰社还生产军部订购的餐具,试做及生产用陶瓷代替金属材料的各种产品等。香兰社通过委托有田和

---

① 参照『香蘭社130年史』第20~22页。
② 参照『香蘭社130年史』第48~50页。
③ 参照『香蘭社130年史』第71~75页。

美浓地区的同行代工碍子产品以扩大产量，确保面向中国的出口供货。此外，在商工省政策下，香兰社作为"技"的指定工厂，集中生产传统艺术瓷，奥川忠右卫门等擅长成型的工匠得以发扬传统工艺，维持了香兰社碍子和陶瓷器并行的生产体制。

（3）二战后亚洲市场碍子出口业务扩大

香兰社东京分公司计划扩大碍子出口业务，并成功拿下台湾电力的大额订单，总公司碍子工厂开始批量生产面向台湾市场的高压碍子。昭和43年（1968年），通过引进X射线分析设备等机械装置，贯彻高压碍子质量管理，导入传送系统等举措完善了高压碍子的量产体制。

随着碍子出口业务的稳定开展，东京分公司开始承接其他海外电力公司的碍子产品大额订单，继台湾之后，成功进入东南亚市场。艺术瓷的生产成本高昂，而碍子作为单一产品，批量生产可降低生产成本，通过承接印尼及泰国等地的大额订单，香兰社进一步降低了生产成本。昭和40年代（1965~1975年）的香兰社，通过扩大出口规模，完善量产体制，大幅提高了总公司工厂的生产能力[①]。

昭和50年代（1975~1985年）以来，香兰社在日本国内市场的碍子销售额迅速增长，碍子工厂的生产线始终处于满负荷运转状态，为了不误工期，对生产计划进行了改进和完善。香兰社由此进一步降低生产成本，能够将单价设定在较低水准，争取到更多海外市场份额。

香兰碍子借日本国内市场劲需一路发展起来，后来广泛出口到世界各地；二战早期香兰社大量低压碍子远销海外，后来又扩大生产线，建设高压碍子量产工厂，获得进一步发展，香兰社通过开拓特有的产品领域，一步步走上了国际化发展道路。战后，香兰社着重高压碍子的研发和质量改进，传统品牌香兰碍子与日本碍子等行业巨头比肩竞争，足见其质量之优秀。

（4）战后的技术研发——与大学合作成功研发特殊陶瓷

第11代总经理深川森武在研究科推进新技术研发，当时日本对新型陶瓷的

---

① 参照《香兰社130年史》第97~98页、第116~118页。

研究方兴未艾，香兰社也紧随时代潮流着手研发原创技术，比如通过研发高纯氧化铝产品，成功将高耐热陶瓷投入实际应用。香兰社以新技术为依托，在碍子工厂内新建新型陶瓷的专业工厂，设置管式煅烧炉和氢气炉，批量生成高纯氧化铝，并推进了钟罩、钢铁厂用氧化铝产品的商品化。研发团队一边从新日铁及九州电力研究所收集信息，一边自行开发各种氧化铝零件，将产品种类扩大到热电偶保护管和测量仪器的零部件生产。由于九州地域的钢铁生产蓬勃发展，对耐热陶瓷产品需求量大，香兰社拿下大量氧化铝坩埚、蒸汽阀订单①。

在新型陶瓷技术领域，香兰社不仅开发出耐用、抗风化性能好的不褪色墙面、路面材料；还与九州大学、东京工业大学工学系开展合作研发，尝试新领域，1991年开发出"Ceralieu""Cerasheath"两种陶瓷颗粒商品并推向市场，但泡沫经济破灭后，房地产和建筑业经济下滑也给香兰社造成巨大打击，进军高级建材市场的计划被迫中断；此外，液晶投影仪中使用的石英玻璃反射镜制造技术是香兰社的独家专利。

（四）经营管理体系的重建和公司结构重组

香兰社成立（法人化）后约140年历史中，历经战争等剧烈的时代动荡，面对不断变化的市场需求，调整组织结构势在必行。二战结束时，为了开展新业务，香兰社致力于组建新的经营体系，将碍子工厂和艺术瓷工厂分离，为战后创建总公司工厂管理体系打下基础。香兰合名公司自明治43年（1911年）开始每年编制财务报表，明确收支情况，为提高生产效率、保证利润，引进更严格的财务制度，将生产部门和销售部门联系起来以实施更为客观的评估，这有效地改善了碍子工厂的经营管理。

1970年，香兰合名公司增资扩股，将公司结构更改为股份制，整合经营管理部门，进入管理发展新时代。在更名为香兰社股份公司后，计划扩充生产、销售部门，强化总公司职能，对两部门进行统一管理，努力打造香兰

---

① 参照『香蘭社130年史』第142~144页。

社品牌。由合名公司重组为股份公司的香兰社，虽然沿袭传统结构框架，但通过碍子和艺术瓷的同步研发，提升了各部门效率，量产体制的确立，降低了生产成本，扩大了主要产品的销售渠道。

1990年以后，艺术瓷销量呈下滑趋势，香兰社为提高艺术瓷生产效率，同时改善碍子工厂整体生产效率，提高竞争力，采取了一系列措施，包括缩减工厂员工人数、引进最新生产设备等。前文曾提到香兰社面向电力公司销售碍子，伴随这一时期日本的电力自由化，各电力公司开始削减成本，为减少定期更换碍子的次数，需要更加耐用的碍子，在客户需求的推动下香兰社对碍子进行了升级改进。

2006年，深川纪幸接任香兰社总经理后，响应董事长深川进一的发展方针继续推进香兰社品牌重建，并与副总经理深川祐次一同大刀阔斧地改进香兰社的经营管理结构，强化管理体制。具体来说从以下三个方面着手。a. 将所有旗下公司收归香兰社股份公司统一管理，确保经营战略集中执行；b. 加强生产部门与销售部门的合作，促进产品开发；c. 重组销售部门组织结构，以迅速应对市场变化，推进调整市场营销战略。由此，香兰社建立起灵活的经营模式，各业务部门分别讨论经营战略，可灵活应对时代的变化。

随着IT革命的发展，经营管理体系更加网络化，平成19年（2007年），香兰社旗下6家公司合并后，公司着手统一进行财务管理，制定经营战略，完善公司网络平台建设，在线确认各部门经营动态，针对各事业部开展战略讨论。香兰社通过将原本由各部门独立核算的财务核算体系归拢，掌握从生产到销售各环节的公司整体资金流向，结合产品研发进度，契合公司实际情况，向经销商开展营销活动。深川纪幸总经理在陶瓷领域取得丰硕成绩，在他的带领下，香兰社焕然一新的经营方式也步入正轨。

（五）提升品牌力[①]

如前所述，香兰社自成立以来，多次参加世界各地的国际博览会，并获

---

① 参照『香蘭社130年史』第131~137页。

得诸多顶级奖项。历史上，香兰社作为出口大户，引领日本陶瓷业的发展，向世界各地输出日本陶瓷业的先进技术。明治时期以后，横滨一跃成为陶瓷器出口大港，香兰社当时以横滨为中心开展出口业务，时任横滨分公司贸易部门主管的深川与太郎（后来袭名第9代深川荣左卫门）除了向欧美商人销售艺术瓷以外，也向中国商人推销相关产品，并委托 Monosale 商会等国外贸易公司代理销售，提升了香兰社产品的知名度。

香兰社的历任代表为了开拓市场，提升品牌力，勇敢挑战各个时代所面临的课题，制定了各自的市场营销战略。日本泡沫经济破灭后的近30年来，香兰社以艺术瓷等陶瓷器为主打产品，同时在碍子部门中追加精细陶瓷产品，供应电力公司。

20世纪50年代开始，日本进入经济高速成长期，内需扩大，各地工厂相继扩充设备，改善经营管理，以建立量产高效的生产体制。战后经济复兴时期，香兰社大力拓展碍子类产品的批发销售，争取到东京电力等各地电力、通信公司大额订单。艺术瓷方面，通过研发新产品，挖掘用户需求，提升了高端领域产品的销量，在东京和大阪等地的高级百货商场占据一席之地。在经济形势大好的社会环境下，香兰社碍子产品和艺术瓷的销量节节攀升，为其发展为中坚企业奠定了坚实基础。

1960年以后，香兰社经营规模扩大，第10代荣左卫门的弟弟深川森武就任香兰社合名公司总经理，二战后将品牌推广到日本全国各地，推动了香兰社在日本经济高度成长期的发展。1978年，深川森武就任香兰社股份公司董事长，深川正成为香兰社总经理，亲自负责日本国内的艺术瓷和碍子类产品销售。

在石油危机阴影下，日本的经济高速增长局势崩盘，由于经济停滞和物价上涨，香兰社的经营也受到不小冲击。乘着经济高速成长浪潮扩大了艺术瓷销量的香兰社，在经济衰退的大环境下，调整经营战略重点，转而生产礼品等大众消费品，并采取各种措施宣传有田品牌，树立有田品牌的形象。香兰社在二战前就与众多百货商场有密切业务往来，为应对市场紧缩局面，通过东京、大阪、福冈等地百货商店举办各种活动，提升品牌形象，建立强大的销售体制，积极向日本国内顾客推销产品。

在各大商场的礼品专柜，各家供货商为了销售自家产品，往往八仙过海、各显神通，竞争异常激烈，身经百战的香兰社在这场角逐中没有放松，一番努力后其艺术瓷不仅成为逢年过节的抢手货，而且作为婚庆赠品也大受欢迎，香兰社以此为契机，声名大噪。在大城市的热销产生辐射效应，地方商场也开始摆放香兰社的商品，香兰社的艺术瓷被奉为日本名品，深受消费者的喜爱。鉴于当时很难购买到西洋餐具和饰品，香兰社为满足消费者的欲求，在其高级餐具中融入西洋设计和灵感，成功获得不同年龄段顾客的青睐。

随着各类器皿在百货商场销量一路上涨，香兰社乘胜追击将其作为主打产品，进行统一设计，作为系列产品强化香兰社的品牌形象。在器皿上绘制以兰花为基调的图案是其代表性的设计，有效加深了大众消费者对品牌的印象。兰花设计图案柔和细腻，在香兰社生产的其他日用品中也被广泛采纳。

1980年，第二次石油危机后，随着节能技术发展，消费者的生活方式改变，对高级商品的需求旺盛。百货商场也是在这一时期迅速普及，普通工薪家庭也可以轻松购买品牌产品和高级生活用品，百货商场的高级商品市场变得更加有前景，颇受瞩目。香兰社知名度进一步提升，以地方百货商场为主，销量不断上升，直营店展厅的销售也十分火爆，很快便成为家喻户晓的大众品牌。香兰社通过满足各个时代的不同需求，研发出各种实用性产品，深耕细耕艺术瓷领域，一次又一次收获如潮好评。

如上所述，香兰社在新时代陆续推出与时俱进的市场营销战略。1970年以后，与城市酒店合作，以婚庆等各种活动为重点，推动礼品的销售。有田瓷在全国知名度的提升也有效促进了香兰社在地方城市的销售。地方百货商场需要备齐各种品牌产品，而香兰社作为艺术瓷的代表性商品往往成为不二之选。

1985年"广场协议"引起国际经济环境的变化，日本经济出现空前的繁荣，泡沫经济迅速扩张，市场对艺术瓷的需求快速增长，香兰社调整经营战略，在日本各地扩大销售网点以增加收益。

香兰社一方面在陶瓷印刷技术上取得进展，为大批量大规模生产创造了条件，另一方面如何持续创作香兰社代代传承的独特高级艺术瓷成为一大挑战。深川进一总经理经过深思熟虑，决定在精细陶瓷试产工厂附近场地新建艺术瓷工厂，投入最新设备，为生产高级艺术瓷建立了一套新的工厂系统。

香兰碍子获得世界各国的认可，香兰社也成为公认的日本顶级特高压碍子制造商。碍子事业部主要为九州电力、东京电力网、本州的中国电力等电力公司提供特高压碍子、高压碍子、低压碍子、通信碍子、架空线、绝缘管、碍子附件等产品。目前，电力领域对耐弧、穿弧、耐高压碍子的需求走低，但高分子碍子的销售仍稳定增长。关东以北以及海外地区的销售曾经由分公司香兰社商事负责，现在该业务收归总公司，实现了销售一体化。今后，在碍子产品出口过程中，将从长期扎根亚洲各国的中小型商社获取宝贵市场信息，用于指导生产并根据海外需求动向推进产品研发。由此，碍子事业部得到稳定发展，艺术瓷事业也得到切实推进，香兰社根据公司发展情况重新调整经营结构，将自身定位为综合性的陶瓷企业，新增精细陶瓷事业部，在三大业务板块依托下推进经营改革，维持技术主导型的经营体制。

艺术瓷事业部生产赠礼用餐具、花瓶、摆件等工艺品，主要销售给高岛屋、三越伊势丹等全国有名的百货商场。只对福冈、京都、大阪、神户、东京圈地区的百货商场进行直销，其他地方城市的百货商场自2013年3月起全部改为由专业商社经销。从各事业部销售占比来看，艺术瓷部分一直不甚景气，香兰社为此开设公司网页，意欲通过加强网络销售提高艺术瓷销量。此外，还通过加强碍子事业部OEM产品的销售和强化陶瓷事业部成套设备的销售保持业绩。

（六）应对国际化潮流

有田瓷伊万里瓷技术最早由朝鲜半岛的陶工李参平传授而来。早期的伊万里瓷器主要模仿中国明朝风格，受明末传入日本的嘉靖、万历（1522~1620年）"唐诗画谱"影响，很多直接照搬画谱里所描绘的花鸟、山水、汉字、亭台楼阁等装饰图案，图案结构大多沿袭了元、明朝的瓷器设计风格。

17世纪50年代，肥前的瓷器工匠向移居长崎的中国工匠学习彩绘技术，并尝试着从朝鲜流派转变为中国流派，由此，色彩鲜艳的彩绘瓷器逐渐成为日本外销瓷的主流，后来，又进一步融入了日本的风景与和文化元素①。

1644年，明末清初的内乱时期，中国勒令禁止贸易活动，瓷器之乡景德镇的出口中断。荷兰东印度公司转而引进17世纪40年代有田出产的彩绘瓷作为替代品。闻名遐迩的彩绘瓷"柿右卫门瓷"就是在这个时期诞生并与古伊万里金襕手瓷器一起被输往欧洲，那里的王侯贵族纷纷为之倾倒，大量采购用来装饰宫殿。时过境迁，1684年中国废除锁国政策重返国际市场，有田瓷出现强有力的竞争对手；1709年，德国迈森烧制出欧洲最早的硬质瓷，开始威胁到有田的地位，有田在国际市场上的竞争优势渐去，往日风华不再，于是开始将目光转向日本国内市场。

1879年香兰合名公司（香兰社前身）成立时，正值日本工艺品在欧洲大放异彩，深受文化人士的喜爱。长期奉行闭关锁国政策的日本在明治时期终于开始有了走出国门的强烈意识，当时日本的工业还未成形，香兰社为了通过出口赚取外汇，加大了外销瓷的生产力度。香兰社自成立初期就率先生产外销瓷，并配合日本国家的殖产兴业政策，与有田其他陶瓷厂一起积极参加欧美世博会，考察西方贵族的喜好和品味。在将有田瓷推广到全世界的过程中，香兰社发挥了重要的先驱作用，其主营的碍子业务也在战时国家政策的推动下，扩大了在中国大陆的市场份额。

中日建交后，香兰社历任总经理都热心于与中国瓷都景德镇的友好往来，热情接待来自中国的研修考察团，积极与中国开展交流项目。每年，景德镇都会举办陶瓷博览会，来自意大利、法国、俄罗斯、朝鲜、泰国、新加坡和日本等陶瓷产地的贵宾携展品齐聚一堂，互相交流。作为有田町的代表厂商，香兰社每年都会争取到一个展位，并把这当作开拓中国市场的机会，致力于提高在中国的知名度。

---

① 安琪「伊万里の四百年：磁器生産とオリエンタルスタイルのグローバル化」2018年10月10日，日本科学技术振兴机构网站 https://spc.jst.go.jp/experiences/change/change_1807.html。

近几年，中国的访日游客人数持续增多，百货商场出售的香兰社高级艺术瓷因其浓厚的中国文化艺术气息受到青睐，中国游客常常买回去送给亲朋好友。不管是日本国内市场，还是经由代销商出口中国的外销市场，香兰社都维持了不错的销售业绩，在中国的零售价甚至比日本国内高出好几倍。泡沫经济破灭后，日本国内企业客户对高级品的需求锐减，赠礼的文化习俗也趋于淡化，故而对中国市场给予了更多的期待。不过，中国的电子商务飞速发展且日渐成熟，香兰社为了避免高昂的艺术瓷价格跌落，迟迟未能采取有效措施跟进这一趋势。

三　家族经营的维系和传统价值的传承

（一）创始家族维系经营

2019年底，香兰社迎来成立140周年。自第8代深川荣左卫门成为香兰合名公司（香兰社前身）第1任总经理，到深川祐次成为法人化后的第8任总经理，香兰社的所有权和经营权由深川家族代代相传。

从公司主要股东的结构也可以看出，香兰社基本为创业家族深川一族所持有，占据绝对主导权，始终维持家族经营（见表4-2）。

表4-2　香兰社历任总经理

代　数	姓　名	亲属关系	任期	成果业绩·战略举措
初代～第6代	深川又四郎 深川荣左卫门		宽文～庆应	从小城迁居有田，长年在佐贺藩治下从事陶瓷生产
第7代	深川荣左卫门		明治初期	成功开拓无须经由伊万里商人的直销渠道
第8代	深川荣左卫门	法人创始人	1880～1890年	成功在欧美世博会上参展和开展外销，成立合本组织香兰社
第9代	深川荣左卫门	上一代的儿子	1890～1935年	在通商口岸贸易中成功开拓直销欧美的渠道
第10代	深川荣左卫门	上一代的儿子	1935～1960年	供应战时需求，实现各种碍子量产和出口

续表

代 数	姓 名	亲属关系	任期	成果业绩·战略举措
第11代	深川森武	上一代的兄弟	1960~1978年	扩大经营规模，有力推广了香兰社品牌
第12代	深川正	上一代的女婿	1978~1988年	致力于大有田烧振兴协会的活动；努力打造有田瓷品牌
第13代	深川进一	第11代的儿子	1988~2006年	重构高级艺术瓷生产体制，推进经营创新
第14代	深川纪幸	第11代的儿子	2006~2013年	利用在百货商场工作的经验拓展销路并做出成绩，将旗下公司重新整合到香兰社，推进香兰社品牌力的提升
第15代	深川佑次		2013年至今	

注：代数不是指辈分，而是依据总经理更替来计算。有几位总经理为兄弟或姻亲关系。
资料来源：根据『香蘭社130年社史』第19、181~188页图表和采访所获信息整理。

第8代深川荣左卫门在1879年投资创办香兰社。后来与共同出资人经营理念出现分歧，为强化管理，深川把亲戚朋友持有的股份全部买下，开始独家经营。日本有长子继承的传统，一般多由长子继承全部或绝大部分股份，其他兄弟持极少一部分股份。女性亲属有时也会持股，出嫁后将股份转让给其他亲属换取现金。香兰社至今未上市，目前公司股份由20余位亲属成员持有，表4-3数据为截至2017年9月的公司主要股东、持股数及持股比例的情况。

表4-3 主要股东及持股数（截至2017年9月有23位）

单位：股，%

主要股东	持股数	持股比例	属性
A氏	92139	16.6	社长亲属
B氏	47170	8.5	社长亲属
C氏	45100	8.1	社长亲属
D氏	45099	8.1	社长亲属
E氏	34129	6.1	社长亲属

资料来源：依据香兰社和TDB的访谈调查资料整理。

2017年7月，笔者与中大课题组有幸在有田町香兰社总公司采访了现任董事长深川纪幸（前任董事长长子），纪幸于2006年担任总经理，2013年成为董事长。大学毕业后，纪幸在三越工作了7年，后来应父亲的要求回乡继承家业。入职后，从生产一线做起，又在其他各个部门轮岗积累经验，后来去东京担任销售总监。纪幸在工作期间没有享受任何特殊待遇，在东京工作时也是乘坐地铁等公共交通工具上下班。经历各个部门的中层管理职位，全面熟悉各部门业务之后，纪幸才终于升任为总经理（从回到香兰社到成为总经理花费了20多年时间），这是典型的日本家族企业继承风格。由于纪幸董事长没有子女，他的弟弟也就是现任总经理深川裕次的子女将成为下一代总经理人选，目前香兰社正在有意识地培养他们以为将来接班做准备。目前他们还是大学生，香兰社愿意为培养接班人花费很长时间。

依照《公司法》设立的董事会、股东大会和审计委员会均按规定运作，主要人员为深川家族成员，但公司的重要决定皆采用董事会合议制，即使是拥有代表权的董事长和总经理也不会行使独裁和专断的酌处权。除了定期的董事会之外，家族成员还会在每年婚庆丧祭礼仪场合聚会，这是加强亲属缘戚关系的机会，通常每年至少有两次此类聚会。

（二）传统价值的传承

从江户时代开始，有田町香兰社所在的街道就被称为"赤绘町"（皿山路），这里聚集了今泉今右卫门和其他赤绘（Akae）工匠的窑场，现在这些老铺的房顶上还保留着当年画师们泼洒的红色颜料残迹。专卖瓷彩颜料的老铺"辻绘具店"也坐落在这里，这家店保留了用研钵手工调制颜料的古老技法。

伊万里、有田是日本传统瓷器产地，香兰社保持了家乡的传统和风俗习惯，继承了家训、社训等代代流传的价值观和经营理念，以及前辈留下的技术、工艺、技能和客户资源（这些是传统的经营资源，本质上也是当地的地域资源）。当然，香兰社也从未忽视对传统技术、工艺、技能的改进，以适应时代变化。深川董事长指出，"传统中总有一些部分是我们想保护也保护不了的。所以，如果我们有 10 个人，那么 9 个人去研究新事物，有 1 个人专心维护传统刚刚好"①。

香兰社总公司展厅由明治初期建造的土库房（译注：一种四面被石灰涂抹的建筑）和明治 38 年（1905 年）建造的现代西式建筑组合而成，是屹立在有田町中心位置的地标性建筑。2 楼陈列着香兰社珍藏的江户末期至明治中期的有田瓷器，包括柿右卫门、锅岛、古伊万里瓷器共计 200 件。2 楼的后面设有用于招待天皇和外宾来访洽谈商务的贵宾室，这里展示着曾供应给皇室的有田瓷产品。第 8 代深川荣左卫门建造的碍子工厂，作为香兰社的象征性建筑物，至今仍在持续运转。

香兰社作为一家具有代表性且历史悠久的长寿企业，它与兄弟公司深川制瓷一起守护着传统技术，同时生产了许多顶级艺术瓷。其艺术瓷工厂以及工艺部（译注：战前香兰社为保存技术将优秀的工匠集中在一处生产高级瓷器的部门）长期坚持生产传统的有田瓷器，甚至会不计利润生产绘图精美的大型陶壶和陶盘等珍品。传统艺术瓷的生产能够延续，也侧面说明有田匠人的手艺得到社会的高度认可。即使在战争年代，香兰社也从未忘记为大众提供精致、极具艺术品位的产品，其一贯始终、坚持保留传统价值和技能的经营姿态值得称赞。

当今社会，及时了解消费者喜好的变化、行业技术创新的趋势和竞争对手的动向，努力去改善商品的设计和生产工艺，对企业来说是理所当然的事情。以香兰社为代表的有田长寿企业，也在根据时代的变化调整方针，决定自身必须在哪些方面做出改变，而又应该保留哪些方面。换句话说，他们一直在践行"不易流行"理论（译注：出自日本俳圣松尾芭蕉《奥州小道》。"不易"，不改变，是无论世间怎么变化都坚持不变的真理；"流行"指跟随当下的状况与感受，连续不断变化的东西）。香兰社代代坚持"让产品质量精准，让造型和色彩美观，让生产成本低廉，保持信誉，追求持久利润"

---

① 「140 年の歴史を持つ有田焼の老舗香蘭社を支える"伝統"と"革新"株式会社香蘭社代表取締役会長深川紀幸氏インタビュー」『和華インタビュー』，2018 年 7 月 3 日。

的经营理念，以此为经营之根基和指导方针，立足老牌长寿企业的定位，就能够应对任何时代的变化。

四　经营业绩的低迷和今后展望

（一）财务指标显示出的业绩变化

关于香兰社 2011~2016 年的主要经营业绩情况，根据对 TDB 的采访了解得知，公司的销售额在持续下滑，营业损益、经常性损益和当期净利润基本都处于连续亏损状态，但现在下滑和亏损幅度逐渐缩小，经营改善措施的成果开始显现。

近几年，作为主打商品的艺术瓷在日本全国各地百货商场的销售情况持续走低，且此类产品缺乏流通性，大量库存无法得到消减；碍子事业部也受电力公司减少设备投资牵连，销售情况不佳；2016 年九州中部发生的熊本地震更是让香兰社雪上加霜；连在销售额中占比并不高的陶瓷事业部的业绩也在下降，主要受中国经济增速放缓影响，铁路建设、太阳能发电和机床等方面需求疲软。

不过，香兰社通过结构重组减轻债务的举措收到一定成效，财务安全性指标表现良好。这有赖于 2007 年第 14 代总经理深川纪幸的努力，他将旗下 5 家公司合并并致力于精简财务，如出售闲置不动产，取消定期存款，大幅减少借款等。

（二）改善财务结构的举措及其效果

成本削减方面，香兰社曾尝试裁员，但事与愿违，裁员产生的经费（退休金与离职补偿金等）反而成为公司的负担；资金周转方面，公司合并解除了资不抵债的危机，出售自有资产的举措也大幅减轻了债务负担；业务调整方面，由于百货商场的艺术瓷需求日益减少，意欲通过挖掘外销需求及开拓邮购渠道，扭转销售业绩沉底局面，目前销售额有所增长。

碍子事业部领域，虽然电力公司在减少设备投资，但电力公司的需求本身强劲，针对东海道新干线研发的聚合物碍子维持了营销业绩。精细陶瓷事业部除了加强对现有客户的销售以外，也在推进氮化硼烧结架（BN Setter）的扩销。此外，面向节能环保市场的零部件销售也呈稳定增长趋势。

损益方面，陶土等原材料价格持续上涨带来成本压力，香兰社艺术瓷事业部正在努力提高岐阜工厂生产流通效率以缓解压力，在碍子和陶瓷的生产工序中也引进烧结炉降低成本，同时改进黏合夹具提高生产效率，提高了销售总利润率（毛利率）。

如上所述，为解决财务问题和改善收益，香兰社采取中长期战略，一边应对现有客户的订单，一边争取新客户新订单以稳定销售业绩，保持设备运转率，同时通过进一步降低成本改善收益率。

总　　结

通过本案例分析可知，香兰社在漫长岁月中维持了高级品牌地位，而且配合明治以来历届政府的产业政策，灵活拟定自身业务发展战略，通过研发创新和技术引进建立优越的生产体制，产品品质卓越。为了保持竞争优势，注重人才培养，作为扎根地区、与地域共同成长起来的代表性长寿企业，深川家族的历代总经理在公司业务之外，还通过担任当地商业团体代表、当选国会议员等公职积极参与社会活动，致力于促进地域发展。香兰社与地域社会共存，并通过享受地域文化和产业资源实现了公司发展，作为一家长寿企业，传承传统价值和文化，保持了创业家族的事业承继，也可以说保证了家族经营的延续。

陶瓷业是日本传统的地方特色产业，与漆器、竹木器、酿造等一起构成典型的日本生活文化，加上茶道、花道（插花）等精神文化，吸引着全世界的目光。香兰社和深田制瓷都是有田的量产窑，而柿右卫门窑、今右卫门窑是由窑主和一批工匠作坊组成的功能一体化窑，这些窑带领有田陶瓷业发展至今。香兰社集结了传统有田彩瓷的各种图案，升华了有田传统风格，受到高度评价。除此以外，香兰社出产的陶瓷器被称为"香兰社风格""香兰社调"，得到广大客户的认可，至今依然是日本最知名的老字号艺术瓷品牌。

在日本国内的高知名度是香兰社的优势所在，尤其是餐具和艺术瓷，长期以来一直销往全国各地的知名百货商场。明治初期，香兰社为了打开外销市场，建立集成化工厂，积极运用量产技术，效法西式工业生产，可以说是早期引进先驱性生产方式的典型案例。不过，近20年来，由于日本人口老龄化加剧，人口结构性下降和通货紧缩导致高端陶瓷的需求量下降，加上销售渠道的变化，香兰社的销售业绩出现下滑，近年来甚至无法保证销售管理费的回收，重建事业结构与改善利润结构势在必行。香兰社目前的业绩情况，也可以说是地区中坚中小长寿企业的缩影，虽然根据行业种类具体表现会略有不同，但总部扎根地域的这些企业目前都面临着相似的课题和挑战。

1980年，为纪念香兰社成立100周年，深川正总经理牵头出版发行《有田窯業の流れとその足おと—香蘭社百年の歩み》（《有田窑的发展和足迹：香兰社百年史》）；2008年，深川纪幸总经理（访谈时任董事长）带头发行《香蘭社130年史》。自1990年日本泡沫经济破灭后，国内消费几乎陷入停滞，香兰社作为老铺品牌厂家，现在正处于从战略上重新考虑如何另辟有田瓷市场，调整商业模式，重塑香兰社品牌以顺应新时代潮流的阶段。

主要参考文献（以日文50音符为序）

[1] 安琪「伊万里の四百年：磁器生産とオリエンタルスタイルのグローバル化」2018年10月10日，日本科学技術振興機構ウエブサイト https://spc.jst.go.jp/experiences/change/change_1807.html。

[2] 『有田窯業の流れとその足おと—香蘭社百年の歩み』株式会社香蘭社，1980年。

［3］株式会社香蘭社公式 HPhttps：//www. koransha. co. jp/koransha/。
［4］株式会社香兰社深川纪幸—日本の社长. tv（http：//j‑president. net）。
［5］『香蘭社 130 年社史』株式会社香蘭社，2008 年。
［6］「主張/有田焼，今こそ攻め‑香蘭社社長（有田商工会議所会頭）深川祐次」日刊工業新聞 2017 年 1 月 16 日付け記事。
［7］「まちの解体新書」日商 Assist Biz 日本商工会議所 https：//ab. jcci. or. jp/article/3103/。
［8］水津陽子「衰退する『やきもの』一子相伝の里に見た活路」2017 年 8 月 18 日。
［9］「140 年の歴史を持つ有田焼の老舗香蘭社を支える『伝統』と『革新』：株式会社香蘭社代表取締役会長深川紀幸氏インタビュー」『和華インタビュー』2018 年 7 月 3 日。

第 5 章
泡泡玉：环境商务的小巨人

前田知

引 言

　　泡泡玉石碱股份公司总部位于福冈县北九州市，1910 年在若松区成立，2020 年迎来创业 110 周年。现任总经理森田隼人是创始人森田范次郎的孙子，家族企业的第 3 代掌门人。在日本经济高速成长期，泡泡玉以销售合成洗涤剂为主，业务发展顺利。1974 年，第 2 任总经理森田光德（森田隼人的父亲）由于自身一直受湿疹困扰，下定决心"不能卖对身体有害的产品"，不顾周围人的反对，全面停止当时销量最好的合成洗涤剂的生产和销售，决定专营无添加肥皂。之后，泡泡玉实质上持续亏损 17 年，原本约 8000 万日元的月销售额减少 99%，只有 78 万日元，员工人数也从 100 人锐减到 5 人。即便这样，秉持诚实经营的坚定信念，光德始终没有放弃销售无添加肥皂，直到 1992 年终于扭转盈亏。本章将创立 110 周年的长寿企业泡泡玉石碱股份公司作为代表环境未来都市北九州市环境商务的成功案例加以分析，基于对该公司代表的访谈和考察，探讨该公司在"守护健康的身体和干净的水"经营理念下所践行的经营管理之路。①

---

① 本章基于 2017 年 7 月 22 日中大与北九大合作研究课题组对该公司的访问考察和对森田隼人总经理的访谈，2018 年 8 月 9 日对木原总务部长的访谈及工厂视察整理。

表 5-1 泡泡玉基本信息

公司名称	泡泡玉石碱
总部地址	福冈县北九州市若松区南二岛 2-23-1
创业年份	1910 年
设立法人	1949 年
注册资金	3 亿日元
员工人数	127 名（2018 年 3 月）
主要业务内容	无添加肥皂的生产、灭火剂的研发

资料来源：笔者根据泡泡玉石碱股份公司官网（https://www.shabon.com/）信息编制。

一 发展历程和创业家族

（一）创业

泡泡玉石碱股份公司的前身为森田范次郎商店。1910 年，现任总经理的祖父森田范次郎在北九州市若松区开了一家个人商店，一开始主要经营纸张、鞋子、肥皂等生活日用品。当时，由于煤炭业蓬勃发展，若松作为煤炭装运港口，人来人往非常热闹，森田范次郎商店也因此生意兴隆。若松区有很多煤炭公司，工人的身体和衣服很容易弄脏，所以肥皂和洗涤剂尤其畅销，迅速成为森田范次郎商店的主要商品。

后来，泡泡玉受销售代理和经销商的委托，开始从事肥皂生产，转型为生产厂家。随着业务的扩大，1949 年 5 月正式法人化，成立泡泡玉石碱股份公司，森田范次郎担任第一任代表董事总经理。

20 世纪 60 年代，日本进入经济高速成长期，随着电动洗衣机的普及，合成洗涤剂应运而生。森田范次郎正是在这一时期将经营的接力棒交给下一代，当时泡泡玉判断"未来是合成洗涤剂的时代，肥皂即将落伍"，所以放弃肥皂产品，转而全面生产销售合成洗涤剂，由于比其他同行公司更快地实现轨道转换，泡泡玉的业绩扶摇直上，员工人数迅速增加到 100 人。

时任总经理光德一直为湿疹所困扰，尤其是夏天，脖子、后背、腰部等容易出汗的身体部位症状更为严重。虽然去皮肤科请医生看过，也尝试过温泉疗法，但都没有太大效果，光德已经对治好湿疹不抱多大希望。巧合的是，当时泡泡玉为门司铁道管理局提供合成洗涤剂，但用合成洗涤剂清洗机车会造成车体生锈，所以铁道管理局委托泡泡玉生产一款符合JIS规格、无添加的高纯度皂粉，看是否能够避免生锈。那个时代要生产无添加的肥皂，而且是皂粉，技术难度相当大，泡泡玉迎难而上，与长崎县关联工厂一起反复试验，终于功夫不负有心人，成功研制出无添加皂粉。

光德把样品带回家亲自试用，不管洗澡还是洗衣服都用新研制出来的这款皂粉，没想到过了4、5天之后，困扰他10多年的湿疹竟然慢慢好转，而用合成洗涤剂只要1天就会复发。由此，光德开始考虑会不会是自己公司的合成洗涤剂有问题，做了多番调查后发现，合成洗涤剂果然含有有害成分，与此相对，无添加肥皂不仅有益身体健康，而且不会对环境造成污染。

话虽这么说，当时泡泡玉的良好业绩毋庸置疑是得益于合成洗涤剂（员工100人，月销售额8000万日元），要突然将业务重点切换为肥皂，各方面都很困难。光德认为，虽然现在合成洗涤剂是主流，但无添加肥皂确实是好东西，今后一定会受欢迎。泡泡玉在20世纪70年代试做了大量小样品分发给小仓地区的市民使用，并通过问卷调查收集反馈信息，"宝宝的尿布疹消失了"，"我的皮肤过敏症痊愈了"，"哪里可以买到"？市民对无添加肥皂的好感度超乎预想。于是泡泡玉的销售人员拿着方案奔走各个药店和超市，但屡屡碰壁："肥皂已经过时了，不好卖。"20世纪70年代是化学品应用发展突飞猛进的时代，而且人们对大量生产大量消费习以为常，在这样的时代背景下，只能人工小批量生产的肥皂难以被商家接受。虽然无添加肥皂亲肤温和，绿色环保，但缺少商业渠道的支撑没办法形成市场，光德也只能暂时放弃。

过了一段时间之后，光德由于身体不适紧急住院，当时40多岁的上一代总经理，第一次深刻地思考生死的问题，"人生只有一次，要做自己认为正确的事情"。抱着这种思想，光德出院当天就赶回公司，召集全体员工并坚定宣布"今后我们转换轨道，专做肥皂！"这便是著名的"肥皂宣言"，那时还是 1974 年。

员工们强烈反对总经理的方针，停止生产畅销产品合成洗涤剂，专做没有商家愿意经销的无添加肥皂，当时几乎没有人能够理解。但光德压下所有人的反对，坚决实施自己的计划。在转换轨道之前，泡泡玉的月销售额达 8000 万日元，转换后的当月直降为 78 万日元，员工们以为总经理看到这种结果会知难而退，重新经营合成洗涤剂，但没想到总经理毫不让步，决定继续按原计划实施，"并不是完全没有销量，有销量就说明有需要，只要大家了解到肥皂的好处，销量一定会比以前还要好"。光德也明白，肥皂要被消费者认知接受需要时间，他做好了亏损 3～5 年的准备。但实际情况是，从 1974 年到 1991 年，整整 17 年泡泡玉连年亏损，靠当初销售合成洗涤剂时的留存收益，加上生意兴隆时从银行获得的贷款、员工的自行离职等，艰难度过了 17 年。因为不看好公司，员工最少的时候只有 5 人。

1991 年，泡泡玉的资金周转已经捉襟见肘。光德在这一年出版了《自然流肥皂读本》，明确了肥皂和合成洗涤剂的区别，说明无添加肥皂的好处。这本书的特点是将肥皂和合成洗涤剂的区别简单地写成一本教材，书本最后没有宣传自己的公司，而是从环保和振兴"肥皂产业"的角度出发，列出了日本各地肥皂厂商的地址、联系电话和环保举措。这种做法在日本全国引起巨大反响，可以切实感受到许多从事环保活动的个人、企业家以及关注产品安全的人们开始接受无添加肥皂。最终，这本书提升了公众对无添加肥皂的认知度和好感度，全国各地订单纷至沓来，出版后的第二年，也就是 1992 年在转换轨道后泡泡玉首次实现盈利。

泡泡玉能在 17 年连续亏损的情况下坚持下来，据说是受顾客真诚的感谢信的鼓舞，这让员工们感到肩负使命，"不可以放弃"。现在，泡泡玉依然保持传统，将邮购等渠道获得的反馈信息在全公司共享，从总经理到一线员工，通过传递用户的声音，使大家对产品充满自豪和热爱。

（二）发展历史

下面按时间顺序列出泡泡玉石碱股份公司发展至今的重要史实。

1910 年，森田范次郎商店在现福冈县北九州市若松区开业。

1931 年，森田光德出生。

1949 年，改名为森田商店股份公司，成立法人。

1953 年，森田范次郎就任董事长，长子森田清就任代表董事。

1959 年，森田清突然去世，次子森田重义就任代表董事。

1965 年，更名为森田商事股份公司。

1974 年，宣布专营无添加肥皂。

1976 年，森田隼人出生。

1987 年，新工厂落成，更名为"泡泡玉石碱股份公司"。

1991 年，出版《自然流肥皂读本》。

1992 年，专营无添加肥皂后首次实现盈利。

2000 年，森田隼人入职。

2006 年，发售液体皂系列。

2007 年，森田隼人就任代表董事，总经理森田光德去世。

2009 年，成立传染病对策研究中心。

2011 年，成立肥皂调研中心。

2013 年，参与 JICA 项目，着手研究可应用于印度尼西亚泥炭、森林火灾的灭火剂。

2014 年，专营无添加肥皂 40 周年。

2019 年，泡泡玉与北九州市签订"SDGs 综合合作协定"。

（三）创业家族的事业继承及特征

从创始到现在，泡泡玉石碱股份公司历经 3 代，继承方式为世袭制。本节将考察从初代到第 2 代，再由第 2 代到第 3 代的事业继承具体经过及其特征（见表 5-2）。

表 5-2　泡泡玉石碱股份公司的历任代表或接班人

初代	2 代（森田范次郎的三儿子）	3 代（森田光德长子）
森田范次郎	森田光德	森田隼人

（1）从初代范次郎到第 2 代光德

光德 1931 年出生，是森田范次郎 7 个儿女中的第 3 个儿子。光德这样形容父亲，"父亲出生在明治年代，是一个不多说话的倔强老头，行动力很强，做得比说得快"。当时，范次郎经营森田商店，以肥皂批发生意为营生，生活虽然很富裕，但没有对孩子们娇生惯养，尤其是包括光德在内的三个儿子，从早到晚都帮忙打点生意，是家业的好帮手。当时光德还小，却也帮忙擦窗、送货、装袋，哪怕出一点点小差错就会被骂得狗血淋头。也因为父亲如此严苛，光德对家业并不感兴趣，去了东京的大学读书，不过刚毕业就被强行带回。范次郎希望光德能与已经在公司工作的另外两个儿子相互竞争，提高公司的业绩。然而好景不长，1959 年 2 月，原本要继承森田商店的长子因为心肌梗死突然去世，失去了家庭的顶梁柱，全家人一片茫然，范次郎表现得很坚强，联系客户、安排丧事都办得干脆利落。头七的晚上，范次郎用不容否定的口吻对光德说道，"光德，以后肥皂的业务全靠你来操办了"。在长兄去世的时候，其实光德就已经做好了心理准备，"总有一天要为家业献身"，所以他坚定地回答父亲，"明白了，就交给我吧！"光德在泽边克己的著作《森田光德闻书好信乐》中提到当时的心境，"说实话，那时候我帮家里做事接近四年，开始明白其中的乐趣，自己越努力，业绩就越好。而且为了招待客户，几乎每天晚上都可以喝到我喜欢的酒。如果回东京，没办法马上成为剧评家（曾经想做的），需要先找一份新工作维持生计，这些很现实的判断，也许让我最终选择了与过去分道扬镳"。

光德在 32 岁的时候被父亲范次郎提拔为总经理，交接后范次郎便不再插手公司的事务，不管问他什么事，他总是会说，"就按照你的想法去做吧"。光德接手之后，公司也遇到过一些危机，比如供应商关闭工厂、新业务的拓展与撤离等，不过当时合成洗涤剂作为主要业务进展顺利，非常畅销，经营情况良好。光德说父亲曾教导他"作为领头人所需要的觉悟"，这是父亲给他留下的宝贵精神遗产。范次郎每天早上 6 点一定会来到小仓仓库，查看光德是否在店面洒水，反复叮咛，"这是为了让员工上班时能够心情愉悦，有时候赢得人心的正是一些看似微不足道的小事"。

（2）从第 2 代光德到第 3 代隼人

1974 年，也就是隼人出生两年前，光德抱着"想生产对人类和地球友好的产品"的信念，全面退出经营多年的合成洗涤剂事业，转而经营不含任何香料、色素和抗氧化剂的无添加肥皂。新业务走上轨道花费了漫长的时日，如前文所述，整整 17 年连续亏损没有盈利。光德的儿子隼人在上初中的时候便立志继承家业，那时候经营举步维艰，隼人为什么反倒想接下这个"烫手山芋"呢？当时，光德开始着手写书向人们宣传肥皂的好处，他把大量的书稿交给隼人做草稿纸，隼人读了父亲的文字，切身体会到父亲对无添加肥皂的热衷，"我想为更多人提供这种亲肤又环保的好产品"的热爱之情溢于字里行间。隼人后来提及，"我感到非常自豪，父亲做的肥皂很了不起"。大学毕业后，隼人立刻入职泡泡玉，当时光德已经 68 岁高龄，隼人"只想尽量多和父亲一起工作，向父亲学习"。2007 年，隼人在年满 30 岁时就任总经理，之后仅过半年，光德便抱憾而终。

作为父亲的光德又是如何看待儿子的呢？泽边克己的《森田光德闻书好信乐》一书记录了光德的原话，"儿子大学毕业后就进了公司，2002 年 1 月让他做了副总经理。我原本就打算早晚要让他继承家业，所以采用精英教育方式培养。与我当年相比，他现在可年轻多了。（中略）我跟他一样 26 岁的时候，从早忙到晚，扎扎实实提升了业绩。他是看着父亲的背影长大，自然而然养成了经商的本领。不过我儿子可能会说'时代不一样'，但我还是希望他能从我的经历中有所感悟"。

综上，泡泡玉事业继承的特征总结如下。

①光德从小就受到范次郎的熏陶，帮助家里做生意，自然有了经营的素养，在业务一线也能游刃有余。

②长兄去世后，光德下定决心保护家族和公司，很早就萌生作为经营者

的自觉。

③范次郎通过让 3 个儿子在公司内互相竞争,根据他们各自的能力分配工作,提高了业绩。

④隼人从小就接触并认同光德的坚定信念,早期就有经营者的自觉。

⑤隼人在光德身边,亲眼看到父亲在业绩不振的时候也从未改变信念,最终获得成果。

⑥光德很早就考虑让儿子继承家业,采取精英教育(据说非常严格)。

范次郎和光德虽然性格迥异,但在父亲和商人的两种角色中,他们都取得了很好的平衡,成功把儿子培养为优秀的经营者。光德曾用过"父亲的背影"这个词,即使时代不同,对儿子来说,"父亲的背影"总是具有如此非凡的影响力,父亲的言传身教也可以形容为一种"文化资本"。不可否认,语言、行为、意识等都是在正规教育以外培养出来的,是从小到大受到的家庭和周围环境潜移默化的影响,对于世袭的家族企业来说"文化资本"发挥着重要的作用。

(四)董事成员结构和决策

泡泡玉的董事成员有 4 人,包括 1 名审计人员。除了现任代表董事森田隼人和他的母亲森田千津子以外,还有从非家族成员中启用的现任专务董事高桥道夫。1978 年 4 月,在公司只有 5 名员工的情况下,为了扭转颓势,聘用了 10 名应届毕业生,高桥就是其中之一。原本学工科出身的高桥在泡泡玉 40 年的职业生涯中,经历了销售、工厂管理等许多职位工作,获得全方位的历练,现在担任厂长,他跟随上一任总经理打拼,又全力辅佐现任总经理,多年来为泡泡玉立下了汗马功劳。

泡泡玉的主要股东是代表董事森田隼人、他的母亲森田千津子和关联公司泡泡玉销售股份公司、泡泡玉本铺股份公司。公司共有 33 名股东(截至 2017 年 4 月),虽然具体持股比例不详,但估计森田家族及关联公司持有大部分股权(见表 5-3)。

表 5-3 泡泡玉销售股份公司现任董事成员

职务	姓名	负责业务
董事(代表)	森田隼人	公司整体
专务董事	高桥道夫	厂长
董事(代表)	森田千津子	
审计	神崎诚一	

资料来源：笔者根据访谈与该公司提供相关资料整理。

根据前期回收的"长寿企业经营管理调查"问卷，泡泡玉对"由谁（或由哪个部门）做出重要决策"的回答是，"公司内部召开的部门负责人会议"。由此可见，重要决策不是由总经理个人、股东大会或董事会决定，而是根据现场各部门负责人的判断。

二 事业结构

（一）事业内容和市场开拓

泡泡玉专业生产无添加肥皂，包括液体皂、固体皂、洗涤剂等（见表5-4）。在"守护健康的身体和干净的水"的企业理念下，生产易溶于水、对皮肤温和的自主品牌肥皂，原料"100%无添加"，不含任何人工香精、色素、抗氧化剂等化学物质及合成添加剂。

表 5-4 主要产品结构

单位：%

商品	2015年8月	2016年8月
液体皂	40.0	35.0
固体皂	40.0	30.0
其他洗涤剂	0.0	20.0
皂粉	20.0	15.0

资料来源：笔者根据TDB的调查报告整理。

2016 年销售总额中液体皂占比 35%、固体皂占比 30%、其他洗涤剂占比 20%、皂粉占比 15%。产品用途广泛，包括洗衣、厨卫、洗浴洁面、洗发、刷牙等各种家用清洁剂，除此之外，泡泡玉还不断推陈出新，开发新产品。近年来，皂粉的销售额占比有所下降，用起来更加方便的液体皂比重则不断增高。泡泡玉的产品只销售给两家关联公司，一家是批发商泡泡玉销售股份公司，另一家是邮购商泡泡玉本铺股份公司，前者占总销售额的 60%，为日本全国各地的百货商场、生活协会、超市、折扣店和药妆店等零售店供货，后者通过传真和互联网渠道售货。

虽然泡泡玉总部只销售给关联公司，但整个集团正在大力拓展销路，由于折扣店和药妆店积极扩大规模、店铺不断增多，面向这类店铺的产品销售情况越来越好。除此以外，随着网络的普及，邮购销售的业绩有所增加。泡泡玉不仅在日本国内有销售渠道，在韩国、中国内地、中国台湾、泰国、马来西亚、俄国、美国、新加坡也有市场。目前，泡泡玉正致力于推广森林和泥炭火灾的灭火技术，投入事业费约 1 亿日元（计划），2018 年 5 月至 2020 年 3 月（计划）将在印度尼西亚实施实证检验。

泡泡玉是有 110 多年历史的长寿企业，又是一家生产不含任何化学物质和合成添加剂的纯天然无添加肥皂厂商，加上电视宣传效果，在日本全国家喻户晓。泡泡玉还设立会员组织"泡泡玉友会"，与用户进行交流，听取用户的反馈意见帮助开发和改进产品，获得大量用户支持。近年来，人们的健康意识和环保意识越来越强，而很少有公司做"无添加的纯天然肥皂"，因此其受到越来越多的关注，尤其是家庭主妇等各年龄段的女性、患过敏性皮炎儿童的家长非常支持泡泡玉，销售势头强劲。收益上，利润率相对可观的化妆品系列产品很受家庭主妇欢迎，销售额稳定增长，为保证收益做出了极大贡献。

近年来，原材料价格不断上涨，运费成本也居高不下，相比其他合成洗涤剂，泡泡玉的定价原本就偏高，要通过提价转嫁成本不是一件容易的事情。今后泡泡玉亟待与供货商和运输商进行苛刻的价格谈判，目前主要通过全面扩大销售以提高生产效率，维持并逐步提高收益性。

（二）市场战略贯彻执行提升消费者意识的活动

"如果没有人知道，就没办法开始"，从光德时代开始，泡泡玉就非常热衷于广告宣传，即使连年赤字也一定会坚持在地方电视台打广告。作为无添加品牌的业界先驱，泡泡玉引用"传道师"一词，将自身比喻为意识文化的传播者，通过各种方法提升消费者的意识，热心向人们解释无添加肥皂的特点、与合成洗涤剂的差别、公司对产品的态度、对环保的看法等。为了宣传"无添加肥皂"的特点，还积极出版相关书籍①进行介绍。

除了报纸、电视广告以外，泡泡玉还通过写作、讲座、地域小学教育活动、全国性会员会刊、工厂参观②、直销店等各种方式做推广宣传，现在依然在持续开展此类活动。

泡泡玉向全国各地免费派送讲师，每年都会开展60多场讲座。在地域小学，会专门去课堂讲解肥皂的历史、制作方法、对环境和身体的好处、肥皂和合成洗涤剂的毒性对比试验等。同时，与渔业协会合作举办"保护海洋生物亲子课堂"，深入居民生活开展生态活动。泡泡玉在日本全国的会员人数超过2万人，面向会员免费发放《泡泡玉友会》杂志，介绍产品的使用方法、刊登宣传广告，在投稿栏征集用户对肥皂的感想及解决烦恼的办法、对公司的意见等。2010年2月，在北九州本地的商场内设立名为"Salon de Shabon"的直营店，展销只有通过邮购才能买到的商品及周边产品，提供以有机橄榄油为原料制作的橄榄皂。店内设有洗手区，顾客可以实际体验不同种类的肥皂。这样做不仅可以与顾客面对面交流，宣传泡泡玉的理念和产品，还能够直接收集到顾客提供的一手信息。

笔者在2018年8月访谈了泡泡玉高管，并参观了工厂。由于正值暑假，当天参加活动的家长和孩子约有30人，每小组10人左右分别参观，参观行

---

① 论文末尾列出泡泡玉石碱股份公司有关书籍作为参考。
② 一年约接待16000人参观工厂（2017年度实际数据）。

程事先已经安排好。在会议室，泡泡玉的工作人员为我们介绍了公司的历史、肥皂的起源、无添加肥皂的意义、合成洗涤剂的危害，在作业现场直观讲解工厂概况、肥皂的制作方法、进行科学试验、介绍泡泡玉肥皂的特点，还有试销活动和提问环节，活动安排紧凑有序，并通过试验直观展示对人体和环境会造成危害的肥皂类型，生动形象，让人印象深刻。笔者认为，泡泡玉的工厂参观简明易懂，可以让平日少有机会接触这个领域的人们对肥皂的特征有一个清晰的认识。

（三）由财务指标分析经营状况

依据访谈及参考帝国数据银行所提供有关泡泡玉的部分报告，总结泡泡玉近几年的经营状况如下。

截至2014年8月的财务年度，消费者的生活方式接近东日本大地震灾前水平，对健康和安全又重新开始重视起来，无添加肥皂在日本全国的生活协会及超市的零售情况渐渐回暖，邮购销售也稳定上升。年销售额同比增长5%。利润方面，由于原材料单价没有明显变化，毛利率同比持平。由于人工费和运费成本增加，销售管理费比上一年度增加，但同时销售额增加，经常收益同比增长37%。

截至2015年8月的财务年度，泡泡玉重点拓展医院及福利设施等销售渠道，并取得成果，有效推动了液体皂等常规产品的销售。对皮肤温和的有氧漂白剂引起广泛关注，成为热销产品，销量比上一年度翻了一番，年销售额也因此同比增长10%。利润方面，由于棕榈油、油脂等原材料价格略有上涨，毛利率同比稍有下降。销售管理费受人工费和运费等固定支出增多的影响，同比增多。受惠于销售额的进一步增长，经常收益同比增长61%。

截至2016年8月的财务年度，泡泡玉面临其他公司的激烈竞争，被迫调价，销售价格小幅下降，不过由于具备无添加产品的品牌优势，零售店及邮购销售稳定增长。除了常规产品以外，无添加的浴用及洗发用液体皂、牙膏及洗衣皂液等在药妆店等很受欢迎，订单纷至沓来。其中，以有机橄榄油为原料制作、面部和头发也可以使用的沐浴液成为明星商品，为销售额增长做出了巨大贡献，年销售额同比增长13%，达20.5亿日元。

利润方面，尽管收入有所增加，但营业利润及经常利润与前一年度相当，纯利润自2013年度以来明显增加。

泡泡玉的优势之一在于有充足的自有资金，以前泡泡玉工厂投资建设新的生产线时，并没有通过金融机构等筹措外部资金，而是自行支付，由此可以推测泡泡玉拥有一定的留存收益。泡泡玉手头持有现金相当于2个多月的月均销售额，虽然有库存方面的资金需求，但基本不需要其他营运资金，自有资金完全可以满足所需。资金回收方面，由于只与关联公司交易，不用担心呆账，确保了稳定的收益。工厂的土地和建筑等房地产也是泡泡玉自持，有充足的担保能力，与金融机构也有良好的合作关系（接受银行人员调职），必要时筹措资金不成问题。

三 企业理念

（一）第2代总经理光德的信念和企业理念

泡泡玉的企业理念是"守护健康的身体和干净的水，通过生产对人类和环境友好的产品，贡献社会，保护地球环境，努力为下一代留下宜居的地球和社会"。这个理念与1974年光德做出"肥皂宣言"时的信念一脉相承，当时就任总经理的他出院后对全体员工宣布"合成洗涤剂对身体有害，对环境也有害。不管利润多高，我们都不可以卖这种有毒的产品。与此相对，无添加肥皂对身体和环境都很温和，今后我们转换轨道，专做肥皂！"如前所述，在泡泡玉"肥皂宣言"后，公司连续17年亏损，这也丝毫没有动摇光德的信念，关于当时的心境，光德在采访中曾言及，"支持我走过那段艰难岁月的是一种信念，即作为厂商，'不生产、不销售对身体和环境有害的东西'；有许多人与我一样受到合成洗涤剂的危害，更有许多心系环境，一直使用泡泡玉肥皂的忠实粉丝，他们给了我无限的鼓舞"。泡泡玉的企业理念是经营者信念的具体表现，揭示了光德钟情于无添加肥皂事业的来龙去脉，倾注了他希望接班人不忘初心、砥砺前行的美好心愿。

泡泡玉企业理念的基本概念是生产对身体有益、对环境友好的产品，与自然和谐相处，让所有生命都能安全放心地生活，为社会做贡献。这种理念简单明了，员工容易理解和接受，也有利于经营管理。第3代总经理森田隼人现在依然忠实地实践着上一代人留下的理念，并在经营中不断加以改进。隼人明确表示"追求社会价值最终将推动经济价值的提升"。换句话说，泡泡玉的企业理念"守护健康的身体和干净的水"也有利于健全企业管理，为将企业理念付诸实践，泡泡玉提出了如下经营方针。

泡泡玉石碱股份公司作为环保示范城市北九州的地方企业，在生产和销售无添加肥皂、化妆品，销售日用品的过程中，也致力于如下环保活动，为地域社会、保护并持续改善地球环境做贡献。

①遵守环境法律、法规、条例，遵守本集团认可的其他要求。

②减少排放并对废弃物进行恰当处理，限制将污染物排放到空气和污水系统。

③促进节能和对原材料的高效利用，以缓解气候变化及实现资源的可持续利用。

④扩大环境友好型泡泡玉商品的生产和销售，为保护生物多样性和减轻环境负担做贡献。

⑤为实现上述方针，制定与事业进展相统筹的目标并定期审查，不断提高环保实践能力。

泡泡玉通过具体描述事业目标，反复向公司内外传递泡泡玉的精神和价值取向，实现了认识的统一，每一位员工都能够通过工作唤醒自身的使命感，明确目标，安心工作。

隼人在2007年3月就任总经理之后仅过半年，时任董事长光德就遗憾离世。隼人回忆说，"刚就任总经理时，我以为不管有什么事情，问父亲就好了。可是父亲去世后，所有的事情都得自己去考虑，很不容易。但因为有企业理念的指引，总算是支撑我走到现在。有信念的根基，即使掌舵手改变,船行的方向也不会改变,是企业理念使我们朝着一个方向前进"。隼人目前正在努力与100多名员工进一步共享价值观。

从泡泡玉案例可以看出,对于企业,尤其是长寿企业来说,通过经营理念明确事业宗旨,提出体现理念的具体行动指南对推进企业的永续经营来说必不可少。

(二)座右铭

第3代总经理森田隼人极为珍视第2代总经理森田光德留下的座右铭,"好、信、乐"(喜欢、相信、享受),原话出自光德生前常常阅读的小林秀雄《本居宣长》一书,意思是"做学问一定首先要喜欢,相信做学问对社会有用,如果不'喜欢'就难以长久"。光德深受教益,并对照自身,领悟到"做一件事最好的方法是喜欢,然后相信,哪怕再苦再累也能享受才是最好的状态"。现在,在公司内部,"喜欢泡泡玉,相信泡泡玉,享受泡泡玉,大家一起努力扩大泡泡玉的影响力"的想法深入人心。

四 人力资源管理

(一)招聘现状

近几年招聘应届生的人数情况如下,2015年3人(含2名女性)、2016年3人(含2名女性)、2017年7人(含3名女性)。同年度应届生离职情况:2015年1人、2016年没有、2017年1人,离职人数相对较少(见图5-1)。

图5-2为泡泡玉近3年应届毕业生的起薪与全国平均水平、北九州市内企业平均水平的对比。硕士研究生的起薪比全国平均水平低28400日元,但本科、专科、短大应届生的起薪均略高于北九州市的平均薪资。

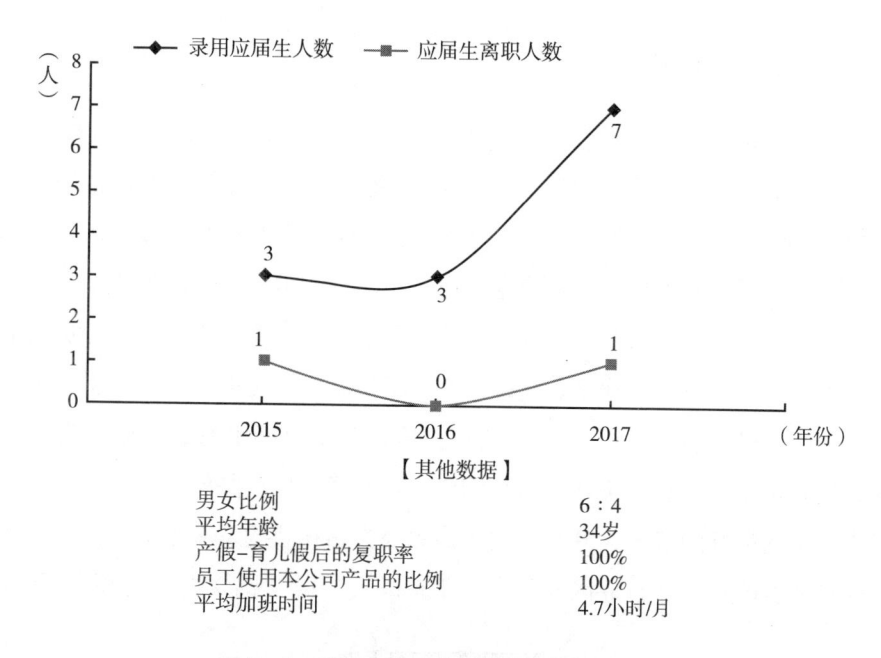

```
         ◆ 录用应届生人数    ■ 应届生离职人数
（人）
  8
  7                                              ◆ 7
  6
  5
  4
  3  ◆ 3           ◆
  2              3
  1  ■ 1                           ■ 1
  0              ■ 0
    2015         2016           2017        （年份）
```

【其他数据】

男女比例	6∶4
平均年龄	34岁
产假-育儿假后的复职率	100%
员工使用本公司产品的比例	100%
平均加班时间	4.7小时/月

图5-1　2015~2017年招聘人数和离职人数

资料来源：笔者根据泡泡玉石碱股份公司官网和访谈记录整理。

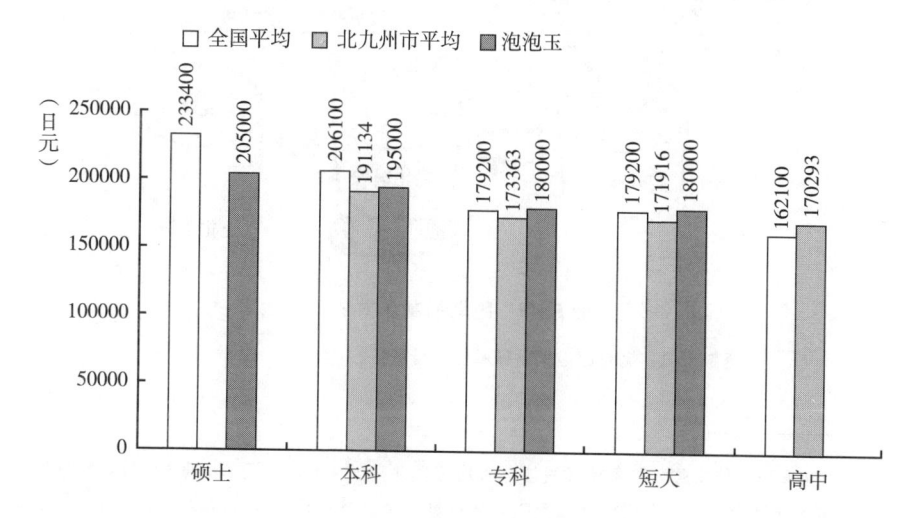

```
           □ 全国平均   ▨ 北九州市平均   ■ 泡泡玉
（日元）
 250000  233400
                205000
         
 200000         206100 191134 195000
                        179200 173363 180000  179200 171916 180000
 150000                                                       162100 170293
 
 100000
 
  50000
 
      0
         硕士      本科      专科      短大      高中
```

图5-2　新聘员工薪资比较

资料来源：笔者参考访谈记录整理。

（二）技术传承

泡泡玉的制皂工艺延续了传统的生产技术，由职业工匠一代代传承而来。普通肥皂一般采用"中和法"①，但泡泡玉坚持沿用费时费力的皂化法（亦称铁锅制法）②，中和法生产的肥皂容易使皮肤留下紧绷的感觉，皂化法生产的肥皂不仅无添加、质量稳定，而且用起来非常舒适。皂化法生产工序对工人的技术和判断力要求很高，需要用大型铁锅蒸煮一周，蒸煮时从锅下方注入蒸气，锅里加入油脂、烧碱和水，根据温度、湿度和皂基状态，适时加入水或烧碱进行调和（见图5-3）。检查时不仅要眼观，还要听音、闻味，充分运用五官感觉确认味道和手感，不忽视任何皂基的细微变化。有时候为了达到最好的状态，甚至会用舌头去舔尝黏稠状的皂基来进行判断。从事这种业务的工匠在行业内被称为"肥皂匠人"或"锅炊匠人"，需要具备

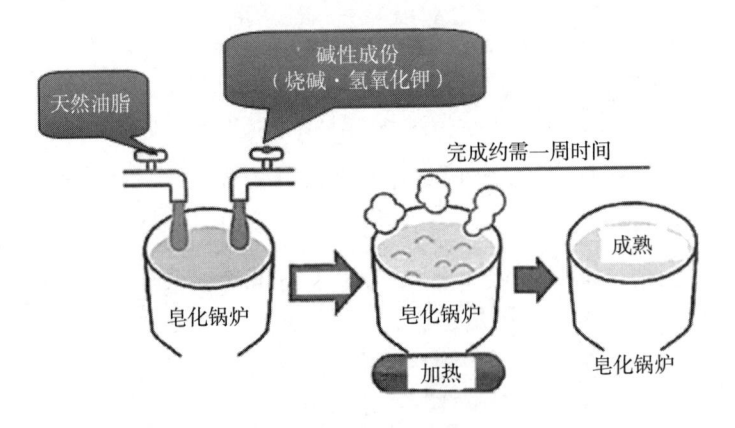

图5-3 肥皂的制作方法

资料来源：摘自泡泡玉石碱股份公司官网。

---

① "中和法"使脂肪酸和烧碱（液体皂时用苛性钾）发生反应，可以在短时间内制成肥皂，适合大批量生产。中和法制皂用脂肪酸代替油脂，不含甘油，有时会另外添加各种保湿成分。

② "皂化法"在油脂中加入烧碱进行搅拌，使其发生化学反应，进而使皂基发生变化。这种方法费时费力，但油脂中所含保湿成分"甘油"能够保留下来，所以有保湿效果，洗完后肌肤滋润。

熟练的技术和丰富的经验，类似"锅炊 10 年"的名号也体现了他们的深厚功底经历了漫长的岁月打磨。为了能够持续提供高质量且品质稳定的产品，长寿企业的"锅炊匠人"需要具备随机应变能力、丰富的知识储备和长年积累的经验，泡泡玉有一位资深锅炊匠人，已经在皂化工艺领域从业 60 多年，在日本也很少见，但正是通过他们，传统工艺技术和经验才得以一代代传承下来。

五　新业务开拓和发展战略

（一）与日本国际协力机构（JICA）的合作

日本国际协力机构（JICA）与泡泡玉合作，研究将泡泡玉肥皂应用于泥炭火灾灭火剂的可行性。泡泡玉产品由于不含添加物，对环境友好而被 JICA 采纳，消防用产品的订单增多。今后，如果与 JICA 的共同研究取得进展，泡泡玉肥皂在泥炭火灾灭火剂中的应用获得国际认可，则消防领域的销售额有望大幅增加。此外，随着健康和环保意识的不断提高，泡泡玉无添加纯天然肥皂的安全性得到高度评价，成为日本全国家喻户晓的品牌，预计今后一段时间将保持稳定增长。从中长期来看，原材料价格和运费成本居高不下，是今后亟待解决的课题，暂时难以通过单价谈判削减成本，从泡泡玉的营销动向来看，目前正在通过扩大销售渠道提升业绩，以继续维持和提高收益。渠道方面，不仅在日本国内，泡泡玉还将业务拓展到海外地区，如泥炭火灾灭火剂研究地印度尼西亚等，今后也有意向开拓新的国际市场。

财务方面，泡泡玉不仅有长年累积的留存收益，而且由于近年来零负债经营，基础稳固，需要设备资金和营运资金时完全有实力获得金融机构的融资。由于没有资金的后顾之忧，泡泡玉一直积极致力于研发新产品，预计今后也能持续增收。综合来看，笔者推测泡泡玉将继续维持现有业务模式。

（二）创新举措

根据 TDB 协助的问卷调查结果与课题组对泡泡玉公司代表的访谈内容可知，该公司近几年每年都在推出新产品（2014 年度 5 个品种，2015 年度 3 个品种）；最近 3 年泡泡玉的研发投资在销售额中的占比（同比）逐年增加（研发投资同比增长率具体如下：2016 年度 102%，2017 年度 103%，2018 年度 103%）。

目前泡泡玉持有以下 3 项专利（没有公开待批专利申请的内容）。

①加水型灭火剂组合物及水性泡沫灭火剂。

②加水型表面活性剂类组合物。

③抗病毒剂洗涤剂。

前文提到的利用肥皂特性研发的灭火剂尤其受到媒体及大众的关注，泡泡玉从 1999 年便开始着手研发尽量不使用水，而是使用无添加肥皂的灭火剂。1995 年 1 月阪神·淡路大地震带来的深刻教训是其研究契机，地震发生后迫切需要消防车尽快灭火，然而由于建筑物和道路的坍塌，普通的消防车根本无法靠近现场，只能使用小型消防车灭火，但小型车可放出的水量，无异于杯水车薪，几乎没有办法顺利灭火。当时灭火普遍需要大量用水，如果发生大规模火灾或多地同时发生火灾，难以保证充足的水源。国外也面临类似的问题，消防用水成本巨大，亟待找到少量用水即可灭火的有效办法。在这种背景下，2001 年，北九州市消防局正式委托泡泡玉研发使用无添加肥皂的灭火剂。当时，北九州市消防局带头从美国引进使用合成洗涤剂的灭火剂，并进行了灭火试验。试验结果显示，这种灭火剂确实可以在短时间内迅速灭火，且用水量较少，然而事后残留的大量泡沫是一个问题，合成洗涤剂产生的泡沫对环保不利，也会对消防人员的身体造成危害。笔者推测，由于当时北九州市已经公布"环境首都宣言"，明显有害环境的这种灭火剂自然难以被接受。由此，使用无添加肥皂，对环境危害甚小的灭火剂的研发正式启动。2003 年，北九州市立大学上江洲一也教授的研究小组参与进来，历时 7 年终于研发成功并实现产品化（译注：这种由产业、学校和官方三方合作推进机制，在日本被称为"产学官连携"）。2007年，这项研究成果，即泡泡玉名为"奇迹泡沫"的产品被应用于一般建筑物灭火用途，其主要成分为低毒肥皂，可快速分解，而且它与自然界中丰富的钙、镁等矿物质结合后会失去表面活性，对生态环境的影响小，用水量仅为普通灭火剂的1/17。由于用水较少，在公寓等住宅小区灭火时，对下层住户的影响可降到最低程度，也有利于实现消防车的紧凑化和轻量化，好处多不胜数。此外，扑灭建筑火灾时，由于泡沫会自然消失，无须再次冲洗，这一优点也获得一致好评。2007年，上江洲教授、北九州市消防局获得内阁府授予的"产学官连携功劳者表彰总务大臣奖"。

现在，用于森林火灾及泥炭火灾的无添加肥皂材料的灭火剂，在土地面积广阔的国家，如俄罗斯、中国及东南亚各国备受关注。由于森林火灾中水源难以确保，且地下引燃的煤炭火灾难以用水扑灭，越来越多的地方选择使用泡沫灭火剂。尤其是印度尼西亚发生的泥炭火灾危害巨大，生成的二氧化碳相当于日本的年总排放量14亿吨，虽然空洒美国产的灭火剂，但火灾面积巨大给喷洒带来许多困难，且药剂对动植物产生的不良影响难以估量，存在的问题很多。泡泡玉通过JICA的民间技术合作项目，2013年9月至2016年3月，投入约6000万日元经费，在印度尼西亚巴厘巴板市实施泥炭和森林火灾实际情况调查。北九州市及北九州产业学术推进机构（FAIS）、森田控股等也共同参与了该项目。图5-4为与JICA合作，在印度尼西亚加里曼丹岛帕朗卡拉亚市演示使用泡泡玉安全灭火剂时的情景。

2018年2月，北九州市消防局公布投入1亿日元项目经费，在印度尼西亚普及森林和泥炭火灾灭火技术并进行试验，2018年5月至2020年3月在印度尼西亚实施实证检验。2018年2月，东瀛快递（Japan Video Topics）[①] 以"环保型皂基泡沫灭火剂"为题，专门介绍了北九州市消防局

---

① 外务省的一项举措。通过时长3~4分钟的短视频，以通俗易懂的方式介绍日本社会、文化、流行、产业等领域。使用7种语言（英语、法语、西班牙语、阿拉伯语、汉语、葡萄牙语和日语）制作，通过大使馆及其他驻外机构提供给全世界100多个国家的电视台，并通过YouTube等互联网平台发布。

图 5-4　喷洒泡泡玉石碱灭火剂

资料来源：节选自《雅加达报》2016 年 7 月 26 日刊。

和地方企业、大学合作研发的环保型皂基泡沫灭火剂，以及使用该灭火剂开展海外援助的有关举措。

（三）与环境未来都市北九州市签署"SDGs 综合合作协定"

如今，环境问题受到日本及全球的重视，各国为了实现社会的可持续发展开展各种活动。泡泡玉原本就以提供有益地球环境的产品为宗旨，这是泡泡玉的事业根基所在，在光德时代就致力于通过生产环保、安全、放心的产品为社会做贡献。现任总经理隼人也说，"现实情况是，目前流通的很多产品都无益于社会的可持续发展，甚至会产生危害。我希望今后好的产品能够留下来，不好的产品被淘汰掉，这样才能实现社会的可持续发展"。

2019 年 1 月，泡泡玉宣布将致力于 SDGs①（联合国可持续发展目标），努力建设可持续发展的社会。泡泡玉一直关注环境保护，通过此次宣言，进一步向全社会表明了这种决心。截至目前，泡泡玉与北九州市合作开展了一系列活动，如推动产业观光旅游、为北九州市内儿童食堂捐赠产品、推广环保教育、研发皂基灭火剂等。泡泡玉所在北九州市过去有战胜环境

---

① SDGs 为 "Sustainable Development Goals"（可持续发展目标）的缩写，是 2015 年 9 月召开的联合国可持续发展峰会中各国首脑联合通过的国际社会共同目标。

污染的历史背景，因此积极将 SDGs 理念纳入环保政策，2018 年被日本内阁府认定为 SDGs 未来都市①。北九州市正是在推进普及 SDGs 的过程中，于 2019 年 12 月与泡泡玉联合签署"SDGs 综合合作协定"。泡泡玉是北九州市在环保领域与企业界签署该协定的第一家企业，北桥健治市长说，"理解、推广 SDGs 离不开企业界的合作，我想做出一个成功示范"（见图 5-5）。

图 5-5　与北九州市建立战略合作关系

注：森田隼人（左）和北九州市北桥健治市长（右）。
资料来源：摘自泡泡玉石碱股份公司官网。

泡泡玉与北九州市签订的该合作协定主要包括以下内容。

（1）推进 SDGs

通过与北九州市共同举办"我的 SDGs 竞赛"，让市民了解 SDGs，促进对 SDGs 的理解和认识。通过为市内中小学生和高中生提供学习 SDGs 的机会，努力增进市民对 SDGs 的理解和认识。

（2）促进健康

与北九州市、北九州市立八幡医院、企业、市民携手（译注：日本称"产学官民连携"），以"快乐学习"为主题，宣传传染病预防对策，学习和强调洗手的重要性，开展各种活动促进传染病预防措施。

---

① SDGs 未来都市指内阁府地方创生推进室所认定的致力于达成 SDGs 目标的城市。

(3) 灾害·防灾措施

已经与北九州市及北九州市立大学共同研发环保型皂基灭火剂，目前致力于该产品在日本的普及以及面向印度尼西亚泥炭、森林火灾的灭火剂研发和推广。同时，一起合作为受灾地区提供物资援助。

(4) 故乡纳税

泡泡玉产品已经成为故乡纳税的回馈礼品。为纪念本次综合合作协定的签署，泡泡玉推出了新的回馈礼品目录。今后泡泡玉也将继续提供富有吸引力的故乡纳税回馈礼品。

北桥健治市长在小仓经济新闻的采访中提到与泡泡玉签署协定的目的，"我想证明对环境的重视会带来经济效益。通过与市内屈指可数的环保领先企业合作，在企业界也会产生良好的连锁效果"。泡泡玉方面则表示，"2020 年我公司迎来成立 110 周年，通过带头与政府签署综合合作协定，加强我公司与北九州市的合作，大力推进环保举措"。泡泡玉言出必行，2020 年 7 月，为共同抗击新冠肺炎疫情，为北九州市捐款 100 万日元，并捐赠总计约 4600 件瓶装及液体皂补充装。泡泡玉今后将进一步强化与地方政府的合作，推进实现社会可持续发展的相关战略。

最后附带介绍泡泡玉的最新动向。2020 年新冠肺炎疫情发生并蔓延后，泡泡玉的液体皂需求明显增加，尤其是洗手液的销售额同比增长约 5 倍之多，为了满足急剧增长的市场需求，泡泡玉计划在 2022 年斥资 30 亿日元建设新工厂。

总　结

2017 年 6 月，泡泡玉现任总经理森田隼人在电视节目《北九州人图鉴》中谈到，"父辈打造了泡泡玉的品牌，从无人问津的时候我们便从事着无添加肥皂的生产，这一直是我引以为豪的，也是顾客的不离不弃成就了现在的泡泡玉。把泡泡玉做大做强是我们这一代人的使命，今后也要扎扎实实做功课，认真告诉每一位顾客无添加肥皂和合成洗涤剂的区别，传递背后的理念。我想尽可能多地增加泡泡玉的粉丝，推广泡泡玉的产品。虽然'泡泡玉'的名号已经慢慢深入人心，但究竟什么是对身体和环境都友好的肥皂，无添加肥皂与合成洗涤剂相比究竟有什么不同，现在人们对这些依然不甚了解。我希望今后能突出无添加肥皂的特点，帮助消费者根据用途和需要去选用产品，而不是将所有清洗剂混为一谈"。

森田光德在任时，连续 17 年亏损，连银行都快要放弃他们的时候，光德没有放弃，而是出版了肥皂有关书籍，大力向市场宣传无添加肥皂与合成洗涤剂的区别。通过坚持开展提升消费者意识的活动，泡泡玉在第 18 年终于得以扭转盈亏，获得巨大发展。以通俗易懂的方式告诉顾客产品的特点，加强宣传推广今后也将是泡泡玉的业务重点。

2011 年，泡泡玉迎来创业 100 周年时，与北九州产业学术推进机构、九州大学、九州工业大学、北九州市立大学等合作成立"肥皂研究中心"，旨在对肥皂进行学术性研究，明确对人体安全、生物可降解的肥皂的优越性。面向下一个 100 年，泡泡玉正在采用各种方式，利用肥皂技术，进一步推广"守护健康的身体和干净的水"有关举措。

从父辈那里继承下来的坚定信念和不可动摇的使命感，已经成为泡泡玉的"继承基因"，公司不断前行，一代又一代接班人也将不断继承并做出新的尝试，继承－尝试－成熟－继承的循环发展模式，将推动泡泡玉在不同时代迎接转折机遇，获得持久发展。

泡泡玉石碱股份公司正是以上述"继承基因"为依托，力争成为立足于北九州市的肥皂技术领域的世界领军企业。

主要参考文献（以日文 50 音符为序）

[1] 天明茂（2015）『なぜ、うまくいっている会社の経営者はご先祖を大切にするのか』致知出版社。

［2］沢辺克己（2003）『好信楽 – シャボン玉石けん社長森田光徳聞書』西日本新聞社。
［3］ススメ！石けん生活製作委員会（著），森田光徳（監修）（2006）『ススメ！石けん生活』幻冬舎メディアコンサルティング。
［4］田中真澄（2015）『百年以上続いている会社はどこが違うのか？』致知出版社。
［5］鶴蒔靖夫（2012）『シャボン玉石けんの挑戦』株式会社 IN 通信社。
［6］森田光徳（1987）『シャボン玉と家康の人生訓』シャボン玉企画。
［7］森田光徳（1991）『自然流「せっけん」読本』農山漁村文化協会。
［8］森田光徳（2005）『環境浄化石けん―健康な身体ときれいな水をとりもどそう！』サンマーク出版。
［9］森田光徳（2005）『自然流石けん読本』サンマーク出版。
［10］森田光徳『講演録「生き方を変えようよ」』シャボン玉企画。
［11］森田隼人（2010）『無添加を科学する』シャボン玉企画。

第6章
龙角散：回归国内本业主义的成功案例

古田茂美　翟　月

一　发展历程

龙角散于1871年在东京神田创业，是历史悠久的传统老铺。根据官方网站记载，早在江户中期，龙角散就已经作为当时久保田藩王佐竹侯的家传秘药传了下来，直到江户后期藤井家第3代正亭治对药方进行改良，正式取名为"龙角散"。

相传在文政年间（1818～1830年），藤井家首位创业者藤井玄渊创制了藩药龙角散。玄渊据说是居住在出羽国（现秋田县）的久保田藩王佐竹侯的御用医生，在该地域种植草药。现存的秋田县六乡町史料对龙角散有这样的记载："有一种称为龙角散的名药，由六乡出身的医生藤井父子制作。藤井玄渊（1827年12月逝世）生于医生世家，原居住在六乡东根（秋田县仙北群美乡町），后来搬到了江户（现在的东京）。他的儿子藤井玄信学习了兰学的知识后对龙角散进行改良，形成了今日龙角散的雏形。"由于原材料使用动物化石的龙骨、龙脑树的树脂结晶而成的龙脑和以鹿角为原料的鹿角霜，所以取名为"龙角散"，生药处方开始普及后，也有用植物性生药取代动物性生药的趋势。

确如史料记载，藤井家族代代都是藩王御医。藤井家第2代和第3代专门到长崎学习兰学,后对龙角散的处方进行了改良。第 2 代藤井玄信结合西方药理知识,在药方中加入了西方草本。第 3 代的藤井正亭治是当时藩主佐竹义宣的御医,也是明治时期的名医。他为了治疗藩王的哮喘,将龙角散再次改良为治疗哮喘的处方。这两次改良为如今的龙角散处方奠定了基础。

明治维新时期,在废藩置县的政治变革浪潮中,藩王国被消灭,作为藩王御用药的龙角散也被下赐给藤井家族。藤井正亭治随着藩王移居江户,开始在东京神田一带开设药店,销售用于治疗哮喘的龙角散。御用药由此流传到民间,很快便获得大众喜爱,开启了龙角散的现世传奇。

藤井正亭治的长子藤井得三郎(第 4 代)就学于当时的东京帝国大学医学院(现东京大学药学系),后就职于东京卫生研究所。他从政府为推动西化而招聘的德国医生朗伯特(名字为音译)那里学到了制药技术,于 1893 年成功研制出 $10\sim20\mu m$ 精细粉末制剂,也就是目前大众熟知的"龙角散",所用加工方法传承至今。这种将数种生药研磨成均匀的极细粉末技术在当时极为罕见,是龙角散现代化和科技化道路上的重要转折点。

得三郎把小林制药的三儿子收为养子作为第 5 代接班人。之后藤井家第 5 代从三井家族招赘女婿,成为第 6 代接班人。由于第 5 代的任期很长,第 6 代并没有担任总经理,但也算是第 6 代传人,他的儿子藤井康男成为第 7 代传人,康男先后在千叶大学药学部和大阪大学理学研究科进修。当时,普遍认为龙角散的成分还有现代化改良空间,但康男经过调查研究,发现完全没有改变成分的必要,并证明了传统工艺手法的药理性和科学性。

康男 63 岁时因病去世,藤井隆太(第 8 代)于 1995 年 36 岁时子承父业,成为龙角散的新一代总经理,当时隆太入职不过短短 1 年时间。在热爱音乐的父母的熏陶下,隆太 7 岁开始学习小提琴,后来又学习长笛,中学时立志成为一名音乐家,高中、大学升入音乐专业学校,后留法一年取得音乐教师资格证,实现了音乐家之梦。虽然在音乐的道路上不断前行,但是作为藤井家第 8 代传人,隆太还是有继承家业的意识。也正因如此,他大学毕业后先后进入小林制药公司和三菱化成工业公司（现在的三菱化学）工作，积累了经验。父亲康男生病后，隆太毅然接班成为龙角散第 8 任总经理。

作为持续经营 200 年的老铺，其接班人竟然是学音乐出身，当时有很多人提出质疑，但藤井康男深信自己的儿子不仅具有音乐天赋，而且兼具经营者的才华，作为藤井家的传人，有与生俱来的家族责任感和对家族企业的热爱。后来龙角散的曲折发展史也恰恰证实了这一点，隆太不仅让龙角散转亏为盈顺利渡过经营危机，同时在公司的经营理念中，实现了音乐和经营的完美结合。

1995 年，隆太在公司负债 40 亿日元的严峻状况下，从父亲手中接管公司。虽然内部矛盾重重，元老级员工对这位年轻总经理的政策横加阻挠，但隆太依然坚持不懈地站在商业领域的最前沿，为父辈们代代传下来的百年老店掌舵。通过市场调查，他坚定信念要将龙角散打造成一家"专注于呵护咽喉"的企业。由此，龙角散回到"呵护咽喉"这一原点，相继于 1998 年、2008 年、2011 年推出"服药用吞咽辅助果冻系列""龙角散清喉直爽颗粒""龙角散草本润喉糖"，结果不负众望，这几款产品都成为当时的人气产品。龙角散同时强化核心产品在亚洲市场的出口和供应，加大宣传力度，不断扩大公司的销售额。这一切努力，不仅让龙角散还清了债款，还创下 2017 年销售额达 176 亿日元的非凡业绩，是当初接手公司时的 4 倍以上。隆太在抵抗老铺固有僵化体制的同时坚守百年来的传统，并进行着与时俱进的改革，不断开发出适应市场需求的新产品，堪称百年老铺中坚持传统与创新的典范。

二 企业存续与地域资本的关联性

通常，我们称创业 100 年以上的长寿企业为"老铺"。在亚洲乃至全球，日本的长寿企业数量都是名列前茅的。2017 年东京商工调查机构的数据显示，日本创业 100 年以上的长寿企业大约有 3.3 万家。如算上个人店铺类微型企业，大约有 10 万家。世界上创业超过 200 年的企业中，56% 为日本企业，其次为德国企业。是什么理由让日本家族企业的持续经营领先世界呢？本章以汉方药商龙角散为例，探讨长寿企业的延寿要因。

首先，根据中日合作研究课题组的研究成果，除去企业经营的三大资本（劳动、土地、金融）以外，首要因素就是"地域资本"，即对企业有利的各种地域资源：劳动力、生产原料、资金等具体资源的总称。例如日本酒产量为全国第一的兵库县，拥有多家著名的酿酒老铺，这首先得益于兵库县的地理位置，该县海洋、山川等自然资源丰富，水源的矿物质含量很高，能种植出香醇的稻米，所以自然盛产醇酒。除此之外，"地域资本"也包括各种商工业团体的信息获取渠道和可共享的学习资源。"一方水土养一方人"，"地域"同时孕育了"顾客"，在企业还未走向全国及全世界的阶段，当地的顾客对企业的存续来说是最重要的市场资源。那么，"地域资本"在龙角散的发展历程中怎样发挥作用，又对其后续的发展有着怎样的影响，本节将做特别探讨。

（一）龙角散与其发祥地日本秋田县的渊源

创始人藤井玄渊的居住地就是龙角散诞生的地方——秋田县美乡町，秋田县和龙角散一直都很重视这段历史渊源。据史料记载，藤井家代代为久保田藩主佐竹侯家的御用医生。佐竹家历代骁勇善战，属于上层武士阶级，其历史最早可以追溯到 850 年的清和天皇时代，原居住于茨木县常陆，佐竹义宣（1570～1633 年）转封至秋田后开始其藩制统治。义宣 17 岁时继承家督之位，在丰臣秀吉的小田原征伐战役中立功，受到丰臣一派的嘉奖并获得了一定地位。1591 年义宣把据点从太田城迁移到水户城（现在的茨城县水户市），战功显赫的他凭借 54 万石俸禄名列全国大名第 7 位。丰臣秀吉去世后，德川家康开始把各大名编属于自己的门下，会津的上杉家由于不服从指令，被家康率兵讨伐，引发会津之战。与上杉家交好的义宣态度始终模棱两可。后来，德川大胜开启德川时代，消极对战的义宣受到处罚，1602 年义宣被转封至仅 20 万石俸禄的东北秋田，于 1604 年建成久保田城（译注：因领地关系亦称"秋田城")作为居城。

久保田藩王佐竹侯一族带着家臣来到秋田,藤井家的先祖作为佐竹侯家的御医,一同跟随义宣辗转来到秋田。这一历史背景,为江户中期龙角散在秋田的诞生提供了良好的地域资本。日本的秋田以丰富的农产品闻名,尤其盛产大米,这是因为秋田的土壤肥沃,夏天日照时间长,有干净的水源和空气,适合水稻的生长。优越的自然环境同样为生药的栽培提供了得天独厚的条件,玄渊亲自种植草药并研制配方,龙角散雏形诞生。

秋田与龙角散有着深厚的渊源,因为佐竹氏的转封,藤井家迁居秋田并在此栽培生药。为了治疗藩王的哮喘,第2代和第3代先后去长崎学习兰学,最终研制出龙角散。这片地域为龙角散的诞生提供了丰富的创业资本——生药原料、藩王及家臣等忠实"顾客"以及研发资金(游学长崎的费用等)。

秋田与龙角散的缘分一直延续到现在,秋田藩主佐竹氏的第21代传人是秋田县现任知事,他特意为龙角散出演了宣传片。2015年,龙角散与秋田县八峰町签订"促进生药栽培的相关协定",在该地种植龙角散清爽喉糖及其他产品的生药原材料——桔梗和甘菊。在这之前,生药大部分依赖中国进口,但是随着中国工业的发展,生药有可能被污染,价格也飞速上涨,成本压力巨大,所以龙角散开始考虑回到最初诞生的地方,从原材料国产化中另寻出路。早在260年前创业之时,玄渊就已经开始在秋田县栽培草药,足以说明秋田的土地适合生药栽培。而且秋田是历史悠久的农业地区,未受明治以后近代工业化浸染,优良的土壤和水质得以免受污染。龙角散的回归同时解决了八峰町闲置耕地越来越多的问题,为当地农民提供了安定的营生和稳定的收入。与此同时,龙角散还着手规划在藤井家的发祥地美乡町开展生药栽培。

(二)龙角散与其发展地东京神田的渊源

藤井正亭治随着藩王移居江户,于1871年在东京神田一带开设药店,销售被下赐到民间的"龙角散"。神田位于皇居的东北方向,和著名的东京站共同隶属于东京都千代田区，位于东京的中心位置。千代田区的区名缘于江户城的别名"千代田城"。据说1590年（天正8年）家康刚刚建立统治之际，出于战略位置考虑，在皇居西部、北部高地安排有权有势的大名居住建宅；商人、手艺人则被集中安排在东部、南北部低湿带。从皇居东部的日本桥经过东北部的神田一带一直到镰仓沿岸，由于水运条件便利，兴起了一些鱼市和蔬果市场，这是商人和手工艺人会聚的闹市雏形，亦即"下町"。

日本桥到神田一带是江户时期最早兴起的商业带，从1603年幕府统治拉开序幕，至今被传承下来的长寿企业仅日本桥附近就有200多家。神田学会对神田百年企业的调查统计结果显示，现阶段神田创业超过100年的老铺有170余家，仅次于日本桥。其中，从事酒水商品产销的丰岛本店历史最为悠久，1596年便创业面世。神田—日本桥—京桥—银座这一带老铺鳞次栉比，且各自拥有独特的地域特色。虽然历经明历大火、关东大地震以及二战三次大灾难的洗礼，有些老铺外形建筑受损严重，但是最根本的手艺、技术以及经营理念得到传承，使得这些老铺屹立不倒。经历了挫折和劫难的老铺，会更加珍视精神领域的传承，无论之后再发生多大的灾难，也必能劫后余生，这显示出一种永续的精神力量。不仅如此，神田的老铺经营者们遵奉"不易流行"理念，无论外界怎么变化，都有坚守的东西，同时又顺应时代潮流，做到以不变应万变。正是这种坚守与顺应，使得百年老铺能够存世百年之久。

龙角散诞生在秋田，但是真正传入民间是在神田，如今龙角散总公司仍驻守神田，足以见证龙角散与神田深厚的地域之缘。这个有着数百年历史的商人集聚地，为企业提供着各种有形和无形的优良产业资本，比如繁荣的商业环境、鳞次栉比的商业街、卓越的经商之道、富裕的顾客群体，临近皇居的地理位置也为打造商品品牌提供了有利环境。可以说藤井家选择在神田开展商业活动，是一项非常明智的经营决策，不仅为龙角散源远流长的发展提供了稳定据点，也为龙角散一跃成为家喻户晓的亲民品牌奠定了基础。

三 企业长寿与家族资本——对家族机能的考察

龙角散由初代藤井玄渊确立雏形，直到当今第8代传人藤井隆太继承家业，发展跨两个世纪之久。自创业以来，一直是藤井家族一手经营管理公司，属于典型的家族企业。市面上可见的龙角散产品包装设计灵感也来源于藤井家的家纹"下行藤"，藤井家族与龙角散密不可分。

为探寻龙角散的长寿秘诀，有必要对作为其载体和传承机制的"家族"进行重点研究和探讨，从江户时代到当今的全球化时代，龙角散的销售市场、消费人群不断扩大，从被江户一带的百姓接纳到被全世界人民认可，传统汉方药龙角散实现了传奇式发展，在以往的任何时代，都无一例外地满足了消费者的需求。藤井家族代代经营者的哪些决策和努力使龙角散能够如此长盛不衰呢？

（一）历代医学出生的龙角散经营者（第1代至第7代）

藤井玄渊是江户时期的优秀御医，为了治疗久保田藩王佐竹氏的久咳不愈，他和医官们联合会诊并讨论后，一致认为由龙骨、龙脑、鹿角等配制的处方可以化痰止咳，治疗佐竹氏顽疾，龙角散雏形由此诞生。江户中期以后，专门研究西洋最新科学和文化，横跨医学、数学、天文学、动物学等众多领域的学问——兰学诞生，当时幕府为了抵御外敌入侵实行闭关锁国政策，只有长崎作为幕府的直辖地准许对外开放，可与荷兰和中国（清）贸易通商。幕府末期，长崎作为先进科学文化的集聚地，向日本全国各地辐射最先进的科学知识，对当时的日本有很大影响。在这种历史背景下，第2代藤井玄信不远万里从秋田奔赴长崎学习兰学，可见藤井家的远见卓识与对先进西方知识的强烈渴求，不仅如此，玄信学以致用，将学到的兰学知识运用到汉方药调配中，通过加入西洋生药改良了龙角散处方。第3代藤井正亭治为了治疗藩主的哮喘，再次远赴长崎学习兰学，进一步改良龙角散，形成了更近似当今龙角散的处方。藤井家对龙角散疗效的追求和对藩主的衷心，使得御医出身的藤井三代传人不满足现状，在寻求最佳药方的路上不断前行。

第3代正亭治随藩王到了江户一带，于明治四年（1871）在神田创业。正亭治的长男得三郎与父亲同样出身医学部，从东京大学毕业后进入东京卫生实验所，在这里向德国技师学习了制剂技术，并成功完成了微粉制剂的开发，也就是今天的"龙角散"，微粉制剂是龙角散发展史上的转折点。由于细微的粉末可以直接作用于喉咙黏膜，服用时无需用水，大大提高了龙角散止咳化痰、镇定消炎的药效，其原理类似中药的吹喉散。这种当时非常罕见的微粉制剂技术，为龙角散走上现代化之路提供了保障。

第4代藤井得三郎收养小林制药的儿子作为第5代接班人，第5代又从三井家招赘女婿作为第6代传人。第5代担任总经理时间较长，直至昭和9年（1934）直接由第7代藤井康男接任（第6代的儿子）。在第5代的任期里，第6代在公司担任什么职位无据可考，他虽未担任过总经理，但可以肯定他对推动龙角散的现代化起到了一定的积极作用。当年在大阪大学读研究生的康男受父亲委托对龙角散进行了科学验证，他尝试从科学角度分析龙角散的处方，分别委托三所专业机构实施调查，所有调查结果都印证了现有龙角散药方的有效性，无需进行任何改良。藤井家祖辈们代代相传的高超医技并非虚名，问世几百年来，其功效不仅得到各个时代忠实用户的肯定，同时也通过了现代医学和药学的科学检验。

康男与祖辈同样研究药学，获得大阪大学理学博士学位，是一位高学历的企业家。与祖辈们不同的是，他的人物色彩丰富，多才多艺，且热衷教育。除了本职工作，他还是生化学者，擅长写作、精通古典音乐，担任过北里大学副教授和东京千代田区教育委员。写作方面，仅1974年至1996年的著书就达57本，如加上其他发表在杂志上的散文、采访类文章，则数量更多，著作内容涉及药学、病理学、社会学、文学、商学等诸多领域，他的文学功底深厚，是一位当之无愧的优秀作家；音乐方面，他在龙角散室内管弦乐团担任独奏，音乐造诣非同一般。作为企业家的康男又是怎样一种人物形象呢？他的儿子隆太（第8代）这样评价自己的父亲："'他是典型的公子哥',大部分时间不来公司,公司的事全都交给各位资深董事成员,正是这种散漫的经营导致1994年(隆太入职时)公司濒临倒闭"。关于第7代康男如何经营公司,目前找不到更多资料,但是单从负债40亿日元的结果来看,龙角散当时确实面临巨大危机。可见长寿企业的发展并非一帆风顺,也是在逆境中不断历练不断适应环境成长起来。

(二)音乐家出身的第8代经营者——龙角散的转危为安

藤井隆太就任总经理时龙角散面临史上最大危机,与40亿日元营业额几乎等额的负债使得龙角散濒临倒闭。作为百年企业,龙角散不可避免存在长寿企业的弊端。当时公司内部氛围消极懈怠,不思进取,认为只要有龙角散这个核心商品,公司就能一直存续下去,在这种思想影响下,员工工作态度散漫,缺乏动力和激情,没有人去开发新产品,也没有人去积极推广宣传。俗话道大树底下好乘凉,员工普遍认为即使业绩不好,靠藤井家的资产也能渡过难关,最终导致隆太接下一堆烂摊子。沉重的债务下是应该申请破产还是应该负重前行,这对年轻的隆太来说是个艰难的抉择,他和妻子商量后,最终决定继续坚持,不能辜负公司的百名员工和忠实的顾客,不能轻言放弃。坚定决心后,藤井迅速行动,采取了如下措施:权衡利弊后卖掉父亲经营的子公司优先还债,进行市场调研,研发新产品,扩大宣传力度等,一系列努力使得龙角散最终转危为安。

在父母的耳濡目染下,隆太从小学习音乐,他不仅是一位经营者,同时也是一位出色的音乐家。身为音乐家的他有着自己的一套独特经营理念,为公司引入管弦乐团的管理模式。管弦乐团人数有100人,和龙角散企业正好同等规模,表演者演奏欠佳的时候,指挥者会挑选4名最佳小提琴手或大提琴手进行四重奏表演,给其他演奏手造成危机感,激励他们努力提高自身水平。他把这种机制运用到缺乏危机感的员工和气氛散漫的会议上,先由少数人成立创新团队并取得业绩,再将小团队的成功展示给其他员工,刺激他们提高创新意识并做出努力。正是因为他将一系列音乐知识和理念运用到公司的经营管理上,守旧的内部环境不断活泛,从而使企业转危为安。

龙角散作为拥有200多年历史的汉方老铺，藤井隆太接班后成功渡过经营危机，总体销售额扩大4倍，海外销售额占比50%以上，成功实现了国际化。龙角散用事实证明了百年老铺也会经历挫折，而抵抗挫折和克服危机的能力是可以让企业绝地反击的原动力，这种能力恰恰源于家族资本对接班人的影响——对家族企业的热爱，长久经营的责任心，以及努力不辜负员工（像家人一样）和顾客的态度。有了这些精神支撑，相信今后的龙角散也能长久地经营下去。

家族资本给龙角散的存续与发展带来的积极影响表现于诸方面。

首先，藤井家八代传承为顾客持续放心使用龙角散创造了条件，细观每一位家族经营者的人生轨迹，我们可以发现许多共通之处，祖辈们医技高超自不必说，直到第7代康男几乎都有药学背景，他们孜孜不倦地渴求医学知识，尽职尽责为消费者提供最好的产品，永无止境地追求着改良和创新，所以龙角散身为"老铺"，经营理念却并不守旧。

其次，家训所体现的经营理念。日本很多长寿企业都有自己的家训，例如有300多年历史的老铺"半兵卫麸"遵循"先义后利""不易流行"的价值观；同样经营了300多年的"堀金箔粉"的价值理念是"适度规模和坚守主业"。和这些百年老铺一样，龙角散也有类似家训代代相传：一是不要奢侈，二是不追求额外利润，三是贡献于社会。虽然并没有在公司内部明文记录下来，但是每一代接班人确实是本着这样的原则进行经营。

最后，在龙角散的传承中可以看到日本家元文化的缩影。第5代、第6代并非藤井家族血脉，收养子和招赘女婿都体现了传承的开放性。中国有"富不过三代"的谚语，家族中没有合适人选时强行将家业传承给没有经营才干的子辈，这很有可能导致公司因经营不善而倒闭。但在龙角散的传承中，无论是收养小林制药家的儿子作为养子，还是招赘三井家的女婿，接班人选都具备药学相关知识与背景。可以说日本式家族传承在龙角散的发展中发挥了举足轻重的作用。

四 企业长寿与坚守主业的关系考察

课题组在本次调研中，按照长寿企业对待传统和现代的战略行为将长寿企业划分为以下三种类型：第一类是一直坚守传统主业的长寿企业；第二类是坚守传统与转型并举的长寿企业；第三类是积极拓展或转型其他行业经营的长寿企业。

纵观龙角散的发展史，可以看出龙角散属于上述第一类传统主业型长寿企业。一直坚守专业化发展，以延续祖辈们的基业和传统为己任。虽是百年企业却几乎始终聚焦在咽喉产品上，第7代康男的多元化战略遭受挫折后，第8代隆太坚持自己的经营理念，专注于回归主业。

第1代玄渊始终坚持改良龙角散，第7代康男经过科学验证实现了龙角散的科学化转型。但是，隆太就任的时候，公司面临破产危机。他35岁入职后不久，父亲康男便身患癌症，生命垂危。在这种情况下，并不被公司元老看好的隆太只能硬着头皮接手经营，同时揽下公司40亿日元的巨额负债。身处进退两难的境地，隆太虽不知公司负债的原因，但是他没有放弃，亲自视察工厂，进行市场调查，在消费者中寻找答案。经过调查发现，传统咽喉药因为没有副作用，深受消费者的喜爱，他敏锐地意识到这是龙角散提升竞争力的关键优势。为了专注于生产没有副作用的安全药物，回归初衷，他调整父亲曾经实施的多样化医药产品路线，中断所有不成熟的产品研发，并停止生产已经销售44年的咽喉药"Kurara"。由于该产品含有速效性成分，孕妇不能服用，隆太不顾公司上下的强烈反对，毅然做出这一决定，一系列决策使龙角散保持了安全放心无副作用的优势。隆太带领员工研发出免水服用龙角散，目前已经渗透到老年人市场，非常畅销。之后一次性条形包装免水服用新产品的面市，又使龙角散受到年轻一代的欢迎，成功打入年轻人市场，销售额迅速上升。

第7代康男投资多项新事业是导致公司负债的主因，这促使隆太认识到必须忠于本业——打造专业生产护喉产品的企业。在这种思想指引下，他一边着手整顿与主业无关的业务，一边回归"护喉"原点，不断研发新产品。从吞咽辅助果冻到龙角散清喉直爽颗粒（薄荷味、水蜜桃味），再到龙角散草本润系列（口香糖、含片、夹心糖）的上市，龙角散迎合时代需求，不断投放新产品。虽然产品在不断变化，但龙角散守护咽喉、打造健康生活的理念从未改变。

龙角散是传统的坚守主业的长寿企业，江户末期全心全意治疗藩王的咳嗽顽疾，到现代则专注于呵护广大消费者的咽喉，他们的"护喉"理念从未改变，虽不断开发咽喉领域的新产品，却并未涉足其他行业和领域。即使已经成为享誉全球的"护喉"良企，员工人数依旧维持在100多人的规模，隆太始终坚持"不盲目扩大业务规模，不以赚取利润为第一目标"的家训。他曾在采访中谈道："我从不追求企业扩张，我认为比起企业扩张，更重要的是企业进化，迎合时代，创造符合时代的产品。虽然龙角散有很长的历史，但是我会有意识地使其回春，保持活力。我想正因为我们能保持年轻，与时俱进学习新的技术，进行符合时代需求的产品研发，才能跨越时代持续到现在。"

从龙角散的事例中，可以看到坚守主业让企业更具有坚定的发展方向和核心凝聚力。本次问卷调查数据显示，共有298家长寿样本企业为传统主业型，占比46.49%，在三种分类中占比最高。坚守主业、有道德责任感的企业注定会更具生命力。对比日本的长寿企业，中国的部分企业似乎更偏向于追求规模化和利益最大化，容易忽视企业的长久发展和可持续性，对获取社会信任没有足够重视，这有可能是导致企业难以长久维系的一个原因。

五 龙角散的创新机制

通过对日本百年老铺的调研发现，与"成长性"相比，多数小型企业更加注重"可持续性"。龙角散并不只满足于企业的延续和传承，在产品研发和研究市场策略上不遗余力，努力适应市场的变化，不断研发出满足顾客需求的新产品。这些努力使得龙角散不断与时俱进，在咽喉领域占有日本市场很大的份额，同时在国际市场上也取得不菲的成绩。本节首先逐一分析龙角散在制造研发、市场推广及国际化方面的创新表现，继而探寻促使其创新的内外因，从而深入了解龙角散的创新机制。

（一）龙角散在不同领域的创新表现

【制造研发】

藤井家第1代到第7代主要针对龙角散传统的止咳药进行不断改良和科学化，第8代隆太在新产品的开发和市场战略上做出了突出贡献。主要开发了以下三种产品，其中服药用吞咽辅助果冻获得了很多奖项，在世界36个国家享有专利。龙角散清喉直爽颗粒不仅在日本咽喉市场的销售量排名第一，在海外市场也好评如潮。

（1）吞咽辅助果冻

这是一款由小团队开发成功的产品，用于辅助服用药物。病人及孩子可以借助果冻轻松咽下医生所开处方药，比用水吞服更快，能够帮助减轻咽喉负担。这款产品无农药、无糖、安全可靠，面市后成功申请到世界36个国家的发明专利，并获得日本药剂学会"制剂学奖励奖"、食创会安藤百福奖之"发明发现奖励奖"和发明协会"发明奖励奖"等诸多奖项，广泛应用于医院、护理和托儿托管机构，目前年销售额达30亿日元。这款辅助服药产品在咽喉用药领域为社会做出贡献，符合且实现了龙角散"贡献社会"的经营理念。

（2）龙角散清喉直爽颗粒

传统的龙角散咽喉产品作为化痰止咳的功能产品，冬季销量比较大，主要消费群体是中老年人。要扩大消费群体和突破季节限制，研发保护咽喉的全方位健康产品，龙角散亟待转换品牌形象，刺激活跃的年轻消费者。鉴于此种考虑，隆太领导下，龙角散推出了方便服用及便于携带的条状包清喉直爽颗粒，味道有薄荷、桃子和芒果三种口味，销量都很好。清喉直爽颗粒可免水服用，提高了粉末黏附咽喉的能力，龙角散为此研发了全球仅有一台的生药粉碎机器，能将粉碎单位精确到0.02微米（μm）。清喉直爽颗粒一投放到市场便受到消费者的热烈追捧,原本是多受中老年人喜爱的龙角散,通过转变形象进一步渗透到年轻人市场,销售额迅速增长。

(3) 龙角散草本润喉糖

这款产品保持了龙角散仅用4种中草药的传统工艺制法,聚焦于保护咽喉。除了传统的袋装,还研发了类似于口香糖的便携式包装,在日本的药妆店和便利店都有销售。龙角散上市后短时间内知名度大大提升,现在龙角散的润喉糖系列销售量傲居日本首位,日产量达300万粒。

此外,2019年4月18日由龙角散与田泽湖啤酒合作研发的"DRAGON HERB WEISS"啤酒开始限定发售。田泽湖啤酒厂成立于1997年,是秋田县第一家啤酒厂商,2006年后接连获奖,成为日本广为人知的酿造厂。2018年,日本国会通过新《酒税法》,可以将更多农作物用作啤酒酿造的副原料,田泽湖啤酒厂由此开始在秋田县寻找可以在本地使用的副原料。当时,龙角散正好也在寻找秋田产香草原料,两家公司以此为契机开展合作,推出了添加龙角散香草粉的啤酒(见图6-1)。这款啤酒是地地道道的秋田制造,在各大渠道限定发售,短期内迅速提升了品牌知名度,也为秋田县博得许多关注,为地域发展贡献了一份力量。图6-2为龙角散从1982年开始代理销售的虎标万金油,龙角散结合日本人肌肤特质对其成分进行改良,将需要用手涂抹的盒装改为可直接涂抹的圆管状,对原料和外形的改进使产品更加便于消费者使用。2015年8月,龙角散将虎标油的销售权转让给CMIC CMO公司。

图6-1 龙角散啤酒   图6-2 虎标万金油

注:引自龙角散官网。下同。

【市场推广】

为了把龙角散从地域热销的产品推广到全国范围,龙角散从第 4 代得三郎起就开始利用报刊和广告牌等媒体推广宣传治疗哮喘的龙角散。图 6-3 为明治后期的报纸广告,图 6-4 为明治时期的裹金广告牌,广告牌包裹有金光闪闪的金箔,被精心保存了下来。

图 6-3 明治后期的报纸广告　　图 6-4 明治时代的裹金广告牌

二战后期的 1951 年,日本电视广播刚刚出现,第 7 代康男以其先见之明,自昭和 30 年代(1955~1965 年)便开始通过电视广告宣传产品,走在时代前列。当时社会大众对电视的评价时好时坏,没有定论,龙角散的竞争对手一边假意为龙角散拍手叫好,一边虎视眈眈,想趁此机会打败龙角散。不管社会风评如何,第 8 代隆太依然延续了父亲的想法,坚定地认为通过全国报纸和电视报道能使秋田地方产品迅速升级为全国知名品牌,成败在此一搏。果不其然,龙角散经典广告语"咳咳,就会想到龙角散"成功为大众所熟知,收获了良好的宣传效果。

隆太刚刚接手家业的时候,公司负债累累。为了挽救处于水深火热之中的龙角散,隆太在很多方面做出了尝试,比如改变市场运作模式,调整广告宣传策略等。以前龙角散的宣传广告虽然获得过 CM 大奖,对销量却没有起到多少促进作用,隆太将宣传重点从"止咳化痰,缓解喉咙干燥"改为"呵护喉咙"后,销量明显提升,广告效果在日本市场得到实证检验。后来,隆太对中国台湾地区的广告策略也进行调整,从强调功能性转变为突出其保护咽喉、四季皆宜的特性。广告标语的改变刷新了消费者对龙角散的认知，为提升销量敲开了一扇窗。

促进龙角散销量提升的另一契机是近年来访日游客的"爆买"。龙角散不仅质优物美，推广宣传工作也做得很到位，提升了龙角散在中国消费者群体中的知名度，并通过用户好评和良好的口碑效应，进一步刺激了访日游客的购买需求。2010年，日本政府放宽了中国游客赴日旅行签证限制，为更多中国游客来日爆买创造了便利条件。龙角散在昭和20年（1945）便已打入台湾地区和韩国市场，所以隆太深信龙角散在访日游客中也一定会有市场。在对访日游客进行调查后发现，多数游客往往在出行前就已经明确要购买的商品，隆太据此加强了针对这些特定人群的产品推广。比如在中国免费刊物上投放广告，在日本各大药妆店显眼位置张贴外文广告等，在日本观光厅实施免税政策后，通过努力协商，使龙角散作为药品列入免税范畴，还在免税店设置专门柜台并备注产品中文说明。通过一系列努力，龙角散成功跻身中国游客来日必买清单之列，大幅提高了销量和知名度。

【国际化】

龙角散于1928年法人化，1945年开始面向海外出口，走在国际化前沿。主要出口地区有韩国、美国、中国台湾和中国香港。日企主要通过两种方式进入海外市场：一种是对外出口产品及服务；另一种是直接在海外投资办厂生产本公司的产品及提供服务，或寻找代工生产厂商。两种方式都是企业开拓海外市场和降低生产成本的办法。由于中医在中华圈有一定的历史背景和市场基础，二战后龙角散首先将目光着眼于韩国和中国台湾，由此开启了其海外拓展步伐。

中医在韩国被称为"韩医学"，是以中国古代医学为基础，结合韩国的风土、气候和韩国特有的医学体系发展而来的传统医学。韩国的韩方医院和西医医院有着同等的地位，不仅韩国民众看韩医、喝中药的传统根深蒂固，韩国政府更是很早就开始大力扶持韩医学的发展。1951年在韩医界人士的推动下，韩国开始制定韩医学有关医疗法案，保障韩医地位，促进医疗体系的发展。次年，医师制度正式恢复。韩医的教育考核相当严格，门槛高，收入高，只有小部分优秀人才能够成为韩医，优秀人才的供给直接推动了韩医学的发展。韩国政府在法律、政策、经济等各方面的扶持，推动了韩医学的现代化发展。上述社会环境为龙角散打入韩国市场提供了强有力的基础，最初龙角散将产品出口韩国并交由本地代理商销售，时机成熟后，将生产也委托给当地厂商，合作关系长达 50 年之久，跨越三代总经理任期。

龙角散在中国台湾同样采用代理销售模式，和韩国一样维持着三代合作的关系，在台湾市场好评如潮，名列台湾十大非处方药排行榜，销量排名第 6。龙角散不仅在日本历史悠久，进入韩国和中国台湾市场的时间也很长，深受当地消费者的喜爱。

不仅如此，隆太还积极在韩国、美国、澳大利亚、中国大陆及台湾、香港地区开展产品推广活动。如联合参展、协同销售等，并致力于与政府协商，争取政策支持。在广告投放上也花费了巨大精力，不仅在旅行刊物上刊登广告，还与业内同行合作宣传，推广力度大，范围广。尤其 2010 年日本政府放宽中国游客签证政策后，面对大批游客涌入日本市场，隆太再次推行一系列推广活动。如在中国免费刊物上投放广告；在日本店铺摆放产品宣传册；在游客经常光顾的约 300 家店铺投放产品，并标注中文解说；与日本观光厅交涉，成功将药品列入免税范畴；为方便游客返国后继续回购，与中国最大社交平台微信合作，开设微信公众号；与各大跨境电商合作宣传与销售。一系列努力使龙角散海外销量不断攀升，一步步走入全球千千万万普通家庭，诞生于江户时代的日本家庭常备药成功迈入全球化发展阶段。

龙角散企业规模在 100 人左右，近几年员工人数没有增长，销售额却在大幅增长。2018 年 3 月的年度结算中，销售额达 204 亿日元。其中，日本市场占比 33.6%，其他均为海外市场的销售额，说明龙角散企业的海外市场战略非常成功。龙角散护喉效果好，制药过程严谨，方便服用，无副作用，受众群体广泛，这些因素是龙角散能够获得成功的原因，但最重要的是，隆太敏锐地抓住全球化机遇，因地制宜推行稳打稳扎的市场战略，从消费者角度出发，做出了一个又一个领先时代的英明决策。

(二)促进生产创新的内外因

坚守传统,不断创新是"老铺不老"的奥妙所在。上一节分析总结了龙角散在制造研发、市场推广和国际化方面的创新与变化。促使隆太率领企业不断创新的内外因究竟是什么?这一节从以下四个方面分析龙角散不断适应市场需求,开拓新产品、新服务的动因。

(1)社会因素——推动龙角散走向科学化和现代化

日本自明治维新起全面实行西洋化,汉方药和中医师的地位一落千丈。日本政府在1874年规定只有学习西医才能拿到医师执照,现今也是如此。日本没有土生土长的中医师,那汉方药又是怎么来的呢?有一种说法是,日本汉方医学通过整理中医药典发展而来,著名的药典有《伤寒论》和《金匮要略》,人们从中找出有效的药方,加以科学验证,然后为己所用。日本没有中医的把脉诊疗,汉方药亦不像中国中医那样灵活多样,但由于长寿企业将信誉放在第一位,忠于职守,不会牺牲信誉来换取利益,为了判断药效,会对药方的各种草药成分、比例及其加工方法、商品化形式等进行细致研究和反复验证;同时日本政府也严格把控汉方药的生产,没有科学数据支持,不允许量化生产。这些社会因素客观上促进了龙角散不断创新,用科学数据证明汉方药的药效,不断实现科学化、现代化。

另一个外部社会因素也推动了龙角散生产方式的转变。随着国际化销量的不断扩大,尤其是近年来访日游客的激增,产品需求量不断增长,但龙角散员工人数与20年前相比基本没有变化,如照旧完全依靠人工生产方式,恐怕龙角散会一直处于断货状态。隆太在2017年投资约15亿日元实现设备的完全自动化,从原料称重到充填、包装、捆扎,各个工序的生产效率都得到大幅提升,解决了供不应求的问题。龙角散千叶工厂坐落于千叶县多古町,专门生产龙角散清喉直爽颗粒、润喉糖等主力产品。这里拥有最先进的生产设备,同时配备严格的卫生管理系统,生产效率之高令人叹为观止,可以平均每秒1盒的速度充填打包装有16个条形包的龙角散清喉直爽颗粒,设备持续全天候24小时运转,一年365天全年无休。

(2) 人才资本——第 8 代藤井隆太的经营战略

龙角散从江户时代发展至今,从初代的藩王御医到第 8 代的商业精英,每一代都对龙角散产品做了进一步完善。隆太就任 20 年,将龙角散的营业额提高 4 倍,创造了辉煌历史。一桥大学的名和教授对隆太给予了高度评价,并认为龙角散在长寿企业中属于异次元存在,不仅注重公司的持久性,同时注重企业的成长性。公司能取得惊人的成绩缘于隆太的"Pivot"经营策略。所谓的"Pivot"经营,指的是保持一个轴心不动,另一个轴心可以进行 360 度自由旋转。隆太的经营战略立足"呵护喉咙"这一核心理念,同时研发一系列富有创意且深受消费者喜爱的产品,如"轻松服药果冻"系列。同时,与同行其他企业合作,采取措施刺激访日游客消费欲望,并积极推动日本现今医疗理念的改革。

隆太实践的"Pivot"经营,使龙角散成长为新一代长寿企业。以本公司理念为轴心,以解决社会问题为目标持续"扩业",名和教授称其为"Pivot"经营的真谛。隆太在经营过程中践行这一战略,并用龙角散的成功经验证明了它的正确性,推动了龙角散在研究开发领域的持续创新。

(3) 企业文化——以贡献社会为己任

隆太倡导"不赚多余的钱"的理念。他认为担负消费者健康的责任是一项神圣的使命,不能只想着赚钱。而且医药品必须严格遵照法律法规提供,并非高收益类业务。公司的销售人员曾经向隆太提出,有一款止咳药的包装对销售没有帮助,隆太反而请这名销售人员担心一下是否有过销情况。追逐一时的利益可能会使企业失去消费者的信任,这在隆太看来得不偿失。

龙角散成为访日游客的人气产品后,隆太接受了很多中国记者的采访。在一篇报道中,隆太这样谈到自己的金钱观:"我对钱没有太多欲望,我觉得钱和幸福没有关系。像现在一样,生产对大家有利的产品,做好宣传,让大家购买我们的商品,赚的钱足够发员工的工资,我觉得这就够了。赚得多了就把钱投资给未来,投资人才、技术、品牌。历史和信赖是无法复制的。

如果一心只想赚钱,很难培养出信誉高的企业。"隆太的这种意识形态及龙角散质朴的企业文化,员工普遍具备的兢兢业业做好本职工作的态度,是促成该企业不断创新、不断创造出精细优质产品的另一个内在因素。

(4) 挫折资本——负债激发的彻底创新

龙角散自 1871 年创业(1928 年法人化)以来一直发展顺利,但 1970 年以后销售额开始呈下降趋势。作为有传统沉淀且有知名度的长寿企业,公司内部缺少危机意识。1995 年隆太就任总经理的时候,负债已高达 40 亿日元。在小林制药和三菱化成积累了一定业务经验的隆太看过财务报表后判断"公司在 5 年以内,快的话 3 年就会倒闭"。隆太随即加大广告力度,意欲提升传统产品销量,然而并没有什么成效,部分高层甚至曾提议停止生产传统产品,转向其他制药领域,幸亏当时隆太立即采取行动把握大局,否则当今呵护咽喉的龙角散可能不复存在。隆太在后来的采访中形容 20 年前公司的状态就像"温水煮青蛙",第 7 代康男任职期间,公司发展日渐式微,是龙角散发展史上的低谷时期。

正是这样的挫折经历,使隆太不得不"从零做起"。他多番巡视工厂,亲自前往销售一线,倾听消费者的声音,一切行动亲力亲为,由此了解顾客最真实的心愿和需求。经过考察,隆太最终得出结论:不能辜负广大龙角散厚爱者的信任,龙角散需要回归原点——做专注于呵护咽喉的企业。在这种理念指引下,隆太进行了大刀阔斧的改革,致力于推翻守旧的思想意识,让员工摆脱不思进取、故步自封的工作态度,鼓励创新和开拓。具体来说,如成立小团队研究新产品,并成功升拓出一片新市场,通过成功示范争取到全体员工的信任。隆太还坚信开发产品不能只从产品本身出发,要从产品的社会属性来着手思考。正是隆太对经营局势的准确判断,使得"轻松服药果冻"系列研发成功,并获得广泛关注和消费者好评,使龙角散渡过因经营散漫而濒临破产的危机。

本节总结了龙角散企业在制造研发、市场推广及国际化方面的创新表现,同时分析了产生创新机制的内外因。通过龙角散事例,可以得出即使是有历史传统和知名度的企业,随着时代的变化,现有知识和服务也会因陈腐而脱离实际需求。尤其是像龙角散这种深入人们日常生活的产品，如果不紧随大众生活方式改变的步伐，与时俱进，对产品和服务做出必要调整和创新，企业的使命也将终结。隆太临危不乱，果断决策，重新审视龙角散的存在意义，回归原点，从零出发，使龙角散由内而外焕然一新，挣脱瓶颈。在内外因相互作用下，龙角散成功实现了保持传统与不断创新的完美结合。

总　结

本章选取拥有数百年历史的长寿企业龙角散作为研究案例，第一节介绍其发展历程，第二节至第四节分别从地域资本、家族机能与坚守主业三个方面探究了企业保持传统的原因。第五节分析了龙角散在第8代传人藤井隆太时期的创新表现及产生巨大变革的内外因。

日本存在大量长寿企业，近年来有关长寿企业奥秘的探讨和研究也日益盛行。本文主要从李新春教授主张的地域因素、家族因素及坚守主业三个方面进行分析总结。地域上，200多年前龙角散受惠于秋田县得天独厚的地理环境优势，培育出优良的中草药；如今的龙角散则得益于秋田县优秀的水稻种植等农业技术经验、良好的水源条件及大量的闲置土地，这些使龙角散迅速与地域特色结合，将国外高价且不稳定的原料供应一点点地转移到日本国内，实现了双赢。

在论述家族因素的小节，主要分析了龙角散历任总经理的人才特质及为守护龙角散所做出的努力。众所周知，在日本的家族企业传承中，收养儿子或招赘女婿作为接班人选有利于形成内部竞争机制，这一特点在龙角散的企业传承中也有所体现。从第1代藤井玄渊至第8代藤井隆太都是藤井家内部家族制继承，至于第9代是会延续家族内继承还是会继承给家族外的人选，则非常耐人寻味。坚守主业是日本长寿企业的主流动向，龙角散也不例外，经历经营危机后，隆太还是回归初心，把公司重新定位为专注于呵护咽喉的企业。相比之下，中国的企业发展到一定规模后，往往会积极转换轨道实行多元化战略，跨界发展多种业务，然而失败的案例不胜枚举。不过，中国近年来也诞生了一批成功的企业家，例如华为的创始人任正非曾经在采访中说过"中国现在有很多企业，和华为一样，也是专心致志做一件事的。一个人一辈子能做成一件事已经很不简单了……我们13亿人每个人做好一件事，拼起来就能促动祖国富强壮大"。笔者认为，在卓越的创业家影响下，中华大地也一定会涌现出一大批坚守主业的长寿企业，持续为社会提供优质产品和服务。

龙角散历经200多年的时代洗礼，同其他日本长寿企业一样，如涓涓细水，源远流长。不一样的是，隆太1995年继承公司后，做出一系列改革，涓涓细流渐成滔滔河水，呈现高速增长趋势，尤其海外市场硕果累累，海外市场份额是日本市场的2倍以上。在员工人数等规模不变的情况下，千叶工厂实现了365天24小时自动运行，其他部门也与IT公司合作实现系统全面自动化，最大限度节省了人力资源。隆太为公司做了很多贡献，其中最重要的一点是在危机时刻，他明确了公司的未来发展方向，并立足于这个发展方向进行产品开发。试想如果当时龙角散没有改变发展方向，那么如今的市场就可能与呵护咽喉且没有副作用的龙角散产品失之交臂。对市场、对顾客都是极大的损失。

藤井家族的第2代和第3代对龙角散成分进行改良，第4代开发出粉末研制技术，第5代开始走现代化和国际化路线，这些是龙角散在每一个具体历史阶段的创新表现。第8代藤井隆太在任职总经理期间做出的创新举措具体体现在制造研发、市场推广和国际化方面。同时，隆太作为公益社团法人东京生药协会会长和日本家庭药协会副会长，对日本的医疗保险制度提出质疑。他认为现在的制度使得处方药泛滥，医疗资源浪费严重，在老龄化趋势下，应该普及属于非处方药的家庭用药，不要一点小病就马上去医院，过度依赖医院，不仅会增加国家财政负担，对患者自身来说，西药的副作用也令人担忧。在隆太的努力下，日本厚生劳动省于2017年1月制定自我医疗税收制度（Self‐medication税制），规定购买非处方药的个人，可以按照条件申报抵免所得税。这项新制度促进了国家医疗费用的削减及个人健康管理理念的形成，对整个日本社会的意义重大。

以上是本文对长寿企业龙角散案例的分析。从龙角散发展历程中的"不易"与"流行",我们看到了一个优秀的长寿企业在历史长河中的摸索与蜕变。相信保持传统与不断创新是企业存续的永久课题,希望中国企业也可以经得住历史的推敲,像日本长寿企业一样源远流长,在时代变迁中留下跨世纪的印记。

主要参考文献(以日文 50 音符为序)

【中文资料】

[1] 李新春、邹立凯、朱沆:《长寿家族企业的传统与创新——中日长寿企业调研报告 2019》,中山大学家族企业研究中心。
[2] 龙角散企业访谈翻译资料。
[3] 龙角散中文官方网站 http://www.ryukakusanchina.com。
[4] 专访龙角散第 8 代总经理藤井隆太:中国人为何来日爆买汉方药?(2016)。
[5] http://www.livejapan.cn/news/news_interview/news_interview_economics/20160401/1537.html。

【日文参考网站】

[1] 龙角散公式 HP https://www.ryukakusan.co.jp。
[2] 藤井康男 Wiki https://ja.wikipedia.org/wiki/藤井康男。
[3] 賢者の選択(老舗家庭薬メーカーが考える日本の医療制度を守る家庭薬の役割とは)https://kenja.jp/8942_20181113/。
[4]「のどの専門メーカー」、その蘇生と進化【前編】外から家業を見続けた8代目 https://www.foresight.ext.hitachi.co.jp/_ct/17168625。
[5]「のどの専門メーカー」、その蘇生と進化【後編】200 年貫いてきた「のどを守る」使命 https://www.foresight.ext.hitachi.co.jp/_ct/17168648。
[6] 神田の老舗 − − 東京大学 http://ud.t.utokyo.ac.jp/research/publications/_docs/img-Y20155446.pdf。
[7] 佐竹家の歴史 http://www.ne.jp/asahi/home/sata/rekishi/rekishi/rekishi.htm。
[8] 朝日新聞秋田)田沢湖ビールが「龍角散」とコラボ限定発売 https://www.asahi.com/articles/ASM4856QFM48UBUB00Q.html。

第7章
龟甲万：酱油的国际名牌

古田茂美　翟　月

引　言

在中山大学与北九州市立大学联合开展的中日长寿企业合作研究中，中方课题组对酱油行业表现出极大兴趣。中方希望探究符合中国起源、家族创业、长寿、传统与创新兼容等条件的企业之成功因素，而龟甲万正是不二之选。自1661年高梨兵左卫门在千叶县野田市开始生产酱油以来，龟甲万已有360年历史，是名副其实的长寿企业，高梨家族和邻近的茂木家族、堀切家族从最开始的地域合作，逐渐通过联姻等方式结为一体，并在后期发展中持续家族属性，同时排除家族企业弊端，维护传统，作为现代化、创新和国际化的成功典范，受到中方课题组的特别关注。

酱油起源于中国，由佛教僧侣苦行后带回日本，如今酱油受到全球各地料理的青睐，成为一种常见的国际贸易商品。

在酱油传播过程中，龟甲万发挥了举足轻重的作用。这样的传统产品，由创业家族传承几百年，并且成功占据国际市场，究竟是什么因素促成龟甲万的长寿和创新？李新春教授曾提出日本长寿企业实现长远发展的两大关键因素，一是作为重要社会关系资本的地域资本；二是中日共通的家族资本。地域资本是否为龟甲万的长盛不衰做出重要贡献？如果是，是一种什么样的地域？家族资本又是否促进了龟甲万的长久发展？如果是，如何促进和做出贡献？此外，企业要实现长寿，还必须不断创新。本文将对上述疑问进行分析解读，并深入探讨龟甲万的创新内容、动机和实现创新的历史条件。

一　发展历程

本节将阐述龟甲万概况，作为第二节及后续核心分析的前提。关于龟甲万的发展历史，有许多相关信息可供查阅，由于本文宗旨为考察龟甲万长寿原因，仅摘录与主题相关的资料辅助分析。围绕主题进行研究时，龟甲万在"何地"成立（即"创业地"），由"谁"成立（即创业"家族"）的信息尤为重要，应予以重点阐述。笔者首先回顾日本酱油的发展、千叶县的酱油研发史、龟甲万的创立、酿造技术的现代化等最基础史实，继而探析龟甲万创业后，作为前近代制造实体如何通过创新成就今日繁荣。

（一）　日本的酱油市场

中国有句俗语说"开门七件事，柴米油盐酱醋茶"，酱油从中国起源，如今是遍布大街小巷的生活必备品。在日本，酱油很早就渗透到人们的饮食生活，大致分为浓口酱油、淡口酱油、溜酱油、甘露酱油和白酱油五类，市场上的品牌更是琳琅满目，商品化成熟。在激烈的市场竞争中，龟甲万如何脱颖而出留存至今？在此首先阐述日本酱油市场的发展现状。

伴随西洋饮食文化的流入和餐饮业、半加工食品的发展，酱油的消费量日益减少，20世纪90年代以后酱油销量呈逐年下降趋势。根据日本农林水产省对酱油产量的统计，1973年酱油流通量最大，80年代没有变化，90年代逐渐下降。另一项对家庭酱油消费量的调查显示，1985年2人以上日本家庭的月均酱油消费量达1200ml，创下历史最高纪录，现在只有500ml左右。这说明日本酱油市场紧缩，尤其是家庭用酱油需求减少，在市场低迷或者说不断变化的社会背景下，龟甲万如何适应时代需求逆流而上？

据日本酱油情报中心统计，20世纪50年代日本酱油厂商总数约6000家，到2018年仅剩1200家左右，酱油厂商数量锐减。90年代酱油产量维持在每年100万吨左右，其后呈减少趋势。与此同时，高汤酱油类加工品和面向海外出口的酱油产品呈增加趋势。

1200余家酱油厂商中，五家行业龙头企业占据市场份额50%以上，分别是千叶县野田市的龟甲万、千叶县铫子市的YAMASA酱油、群马县馆林市的正田酱油、千叶县铫子市的HIGETA酱油、兵库县龙野市的东丸酱油，市面上流通的酱油大部分出自这五家企业。其中有三家属于千叶县，在日本酱油产地中，千叶县野田市和铫子市规模最大。农林水产省2013年的调查显示，千叶县酱油产量占日本国内总产量的35.6%，其次是兵库县。为什么千叶县盛产酱油？这不仅和当地制作酱油的原料丰富有关，也得益于其优越的地理位置，便利的水运为酱油输送提供了良好条件。以下简要介绍孕育了龟甲万的千叶县酱油产业发展史。

（二）千叶县与酱油

酱油的起源最早可以追溯到中国的"酱"，人们在用盐腌渍保存食物的过程中，发现通过发酵・熟成可以为食物带来另一种风味。最早的酱有鱼酱和肉酱，由于谷类（大豆）的价格较鱼肉低廉，易大量生产和运送保存，而且香气十足，谷酱在前汉后期成为社会主流。周朝古书《周礼》和孔子的《论语》中都对谷酱有明文记载。

镰仓时代（1192~1333年），日本纪州（现在的和歌山县）汤浅地区生产一种称为溜酱油（Tamari）的酱汁，这是酱油的前身。1249年信州的禅僧觉心去宋朝修行，于1254年返回并将酱的制法带回日本加以普及。汤浅地区村民学习制酱过程中，将桶底分离出的液体称为"Tamari"，村民们发现用它烹饪食物很美味，由此酱油的雏形诞生。

野田市的酱油酿造龙头为龟甲万的前身野田酱油。野田市的酱油酿造记录始于1603年，当时的商业城市大阪通过水路为江户市场输送酱油味噌，首先在铫子港上岸，经利根川运往江户，进入江户之前需要在野田完成货物的分批装载，野田因此成为运输要塞。不仅如此，随着规模空前的人口涌入江户，野田作为江户大都会的近郊，有着地域优势、庞大的市场和消费群体，一跃发展成了全国第一的酱油产地。幕府末期野田的酱油产量已达到约700万升。时代变迁，随着酱油酿造的持续发展，1917年野田市以酱油为家业的八大家族合并成立公司，最终发展为今天享有国际盛名的龟甲万。龟甲万历史长达360余年之久，"八家共治"的独特经营使龟甲万不仅在日本市场占据一席之地，而且不断在世界舞台上绽放光彩。龟甲万2018年的总销售额为4636亿日元，与2017年相比增收249亿日元。其中，海外销售额占总额的60%，超过其国内市场份额，可以说是一家不折不扣的国际化长寿企业。

（三）龟甲万的诞生

龟甲万是家族式经营走向成功的典型长寿企业。2004年，首位非家族总经理牛久崇司上任，2008年染谷光南总经理继任，成为第2位非家族总经理，其他历代代表均为创业八家中涌现出的优秀经营者。龟甲万在360余年历史中，如何统一八家势力形成公司体制？

追溯龟甲万的历史，首先要了解野田地域当时的酱油酿造情况。江户时代前期的酱油业，上方（京都、大阪一带）作为一大势力，对江户有着很大的影响。明治时期以后，政治格局发生变化，受西方文化影响，日本社会结构由封建主义向资本主义转变，明治政府不仅设立了产业奖励政策，鼓励产业振兴，还于1886年呼吁酿造业者结成联盟来扩大势力。于是，日本各地分别成立酱油联盟，受历史潮流推动，各大势力纷纷合并成立公司组织。在这个背景下，为了与上方势力抗衡，1887年野田、流山的17家酱油制造商组成了野田酱油酿造工会（简称野田工会），野田的酱油产业由此得到巨大发展。明治后期，茂木一族和高梨一族成为野田工会的统领者，在与上方势力竞争中，野田工会专门设立"酿造开发试验厂"做生产研发，钻研曲霉及酿造等技术，后来发展为龟甲万的研发总部。

龟甲万最终由八家合并诞生，八家的密切联系可见一斑。日本一般实行长子继承制,长子之外的儿子或者养子在本家之外建立的分支家庭为"分家"。茂木家的本家为七左卫门家。1688年,他的二儿子分家建立了茂木佐平治家。

80年后的1768年,第4代七左卫门家的遗孀进行分家,招赘高梨兵左卫门的长男为孙女婿,创设了茂木七郎右卫门家。此后于1821年、1873年从七郎右卫门家继续分出了茂木房五郎家和中野长兵卫家。1822年,继续从本家分出茂木勇左卫门家。1877年,从茂木七郎右卫门家分出了茂木启三郎家。虽然从本家独立出许多分家,但各个分家都继承了本家传统,从事酱油酿造行业,为家族事业持续做出贡献,茂木·高梨家族在当地形成庞大的裙带关系网络,在野田的酱油酿造产业中拥有绝大部分势力,形成和促进这种势力的根本动力正是本家与分家相辅相成的亲缘关系。

本家与分家表面上是相互竞争关系,但当时茂木家的本家和分家与其说是竞争对手,其实更注重家族内"和为贵"的互补关系。本家具有强烈的保护分家的意识,而分家敬仰、服从本家,这种良性的关系促使本家与分家无论哪一方陷入危机,另一方都会鼎力相助。1841年只有15岁的第2代茂木勇右卫门继承家业,支持辅佐他的是本家的茂木七郎右卫门。七郎右卫门一方面代行管理事业,另一方面培养勇右卫门成为一名优秀的经营者。

之后茂木·高梨一族一边竞争一边相互扶持,不断扩大酱油产量和销售额。日俄战争后,茂木佐平治家的酱油产量从三万石扩大到五万石(一石为180升)。当时的市场已经是饱和状态,而一族之间并没有对生产进行调整,导致供给过剩,也有传当时茂木家和高梨家陷入争讼纠纷。为了解决问题,将一族公司进行合并的方案浮出水面。1917年各家代表开始正式交涉,第9代茂木佐平治、第11代茂木七左卫门和第28代高梨平左卫门在会谈中达成协议。其后不久,在本家七左卫门家举行有关新公司的商谈,主要对资产评估方法和资本金等进行商议。记录显示,本家的七左卫门、分家第6代七郎右卫门、佐平治、第4代房五郎、第3代勇右卫门和启三郎,六家代表参加了协商。之后,流山的崛切纹次郎家参加,商议酱油产业统合事宜。

同年12月,由茂木六家和高梨家合作创立"野田酱油股份公司"。在大正时代萧条的市场环境下,原本是竞争关系的各家,在共同推进现代化经营体制的同时,开辟了酱油酿造的新时代。公司成立最初有200多个商标,1940年共议后在全国范围内将商标统一为"龟甲万"。

回顾历史,龟甲万在野田不断发展壮大,与历史上的"两次联盟"有密切关系。江户时代为了与上方势力抗衡,茂木·高梨一族说服其他酱油厂商结成野田工会,形成关东势力。此后,为了避免不必要的内部竞争,再次强强联合八家合并,于1917年成立股份公司。对于八家合并的龟甲万来说,虽然公司规模、内部资源、市场占有率得到扩大,但员工教育、领导人选拔、酱油技术的现代化等方面面临极大的挑战。龟甲万如何克服家族企业的种种问题,走向现代化和国际化,成为全球瞩目的酱油企业?下面着重介绍龟甲万如何推进酱油酿造现代化,实现合并后进一步飞跃。

(四)从传统制造到近现代制造的转变

明治时代开启了日本历史上最早的现代化,但在酱油酿造领域,并没有立刻发生翻天覆地的变化。根据野田酱油股份公司的纪年史可以了解到明治10~33年(1877~1900年)的野田酿造法。当时的酱油制造作为家庭手工业发展已相当成熟,酱油的制造工序和当代工艺基本一样,不同的是随着科技进步,前近代传统工具全部由机械化设备替代,并进行了更加科学和完善的技术验证。

酱油业界的科学萌芽可追溯至1871年,当时茂木佐平治家携龟甲万酱油参展奥地利维也纳万国博览会,优秀的品质得到国际社会的广泛好评并获奖,龟甲万载誉而归。日本政府意识到举办博览会有利于促进本国工农商业的发展,于是在1877年召开日本国内首届产业博览会。以参展博览会为契机,日本各大酱油厂商竞相角逐,不断改良酱油品质。由此,酱油领域的现代化萌芽得以展现,人们开始用科学的视角审视这个传统行业。

首先给酱油行业带来转变的是测量技术，如用"温度计"管理温度，用"波美比重计"测量食盐水浓度。龟甲万为了防止仿造品，将金箔植入商标中；同时招聘技师进行化学应用试验；酱油容器容量由8升改为9升都是这个时期的变革。与此同时，第6代茂木七郎右卫门（龟甲万第1任总经理）师从原工业省技师学习化学原理，于1887年设立"试验所"，进行酱油原料的研究，这也被称为科学试验室的先驱。1900年，茂木启三郎在德国工厂进行改良酱油的研究，并将研究成果免费向业界公开。1903年，野田工会提出成立酱油试验所的方案，1904年即以茂木启三郎为中心，在他的恩师铃木梅太郎博士的指导下开始分析、试酿、品评等活动，茂木启三郎后来成功培育、生产出野田固有的曲霉，并将制造方法分享给野田工会成员，这一具有划时代意义的创举使成员们可以生产出品质稳定、均一的曲霉。由此可见，在公司组织尚未形成之际，茂木一族便致力于开发更加成熟的酱油酿造技术，进行反复试验研究，并将成果无私奉献给社会，为日本酱油的现代化发展做出了卓越贡献。

明治中期，龟甲万在硬件制造设备上也取得了突出进步。原料处理设备、制曲发酵设备、压榨与精制设备、输送设备都有巨大改进，机械化和自动化水平大幅提升。

龟甲万的现代化进程中，标志性的技术创新要属"新式1号""新式2号"酱油制法的确立。第二次世界大战前后，日本社会物资极度紧缺，酱油业面临前所未有的危机。为了应对原料匮乏，由鱼介和海带等染色后制成的化学酱油面世，导致酱油的品质下降，对人们的身体健康造成危害。在此背景下，龟甲万研制出代表性半化学速酿法"新式1号"，利用酱油粕的曲霉和弱酸分解出粕的分解液，把粕中含有的氮转换为酱油。"新式1号"技术缩短了酱油制作时间，大大提高了酱油产量，生产出的酱油比当时流行的化学合成氨基酸酱油口感更加醇香。1944年龟甲万将技术专利免费公开，给战争时期的酱油产业带来了希望。

"新式 1 号"诞生以后,龟甲万没有停止追求更高品质酱油的脚步。1945 年,日本国内战火停息,但原料不足的状况仍在持续。1948 年春,驻军总司令部 GHQ 计划发放 2 万吨大豆粗粉作为调味料的原料,但决定不再将大豆提供给回收率低的酿造酱油产业,而是将大部分原料供应给氨基酸酱油产业。围绕原料发放配比,酿造酱油界和氨基酸酱油界产生了激烈的竞争。最后由经济科学局调味料·乳制品配给部长做出决定,规定原料的配给为"酿造酱油占 2 成,氨基酸酱油占 8 成",酿造酱油界不断争取原料配给,他们努力宣传酿造酱油的优良品质和不可缺少的重要地位,但也没有换来 GHQ 的让步。在酿造酱油界多次面临存亡危机的时候,龟甲万的立野正敏和梅田幸夫两位技术人员研制出"新式 2 号"制法。虽然"新式 2 号"和"新式 1 号"同为半化学半酿造的酱油制法,但当时神奈川县的测试评估结果显示,80% 的消费者更喜欢"新式 2 号"酿制的酱油。基于这个研究成果,GHQ 再次调整原料供应配比,最终达成"7 比 3 协定",即酱油酿造界占 7 成、氨基酸酱油界占 3 成的最终协定。这个结果挽救了当时战后日本的酿造酱油危机,是保护日本酱油历史的一个标志性事件。同时,当时担任常务的第 2 代启三郎应允了酱油酿造界的请求,将酿造法无偿公开,业界2500 多家企业吸收了这项新技术。

龟甲万相继研发并公开新技术,巩固了业界龙头地位,同时不断在酱油领域寻找突破口,用真挚的服务和先进的技术给战后日本百姓带去了复兴的力量。1955 年龟甲万再次公开新技术"NK 式蛋白质处理" [NK 为野田(Noda)龟甲万(Kikkoman)的缩写],包括"即日盛装"、"回转式蒸煮"和"真空冷却"三项大豆蒸煮系列技术,对改善原料利用率及提升酱油品质有显著效果,引发了酱油界的再次变革。这次为有偿性的技术公开,专利收入全部用于日本酱油研究所的建设和酱油会馆的扩建。

龟甲万从传统的酱油酿造向现代化生产转变的过程中,标志性的技术变革为"新式 1 号""新式 2 号""NK 式蛋白质处理"。在历史长河中,无论是日本经济繁荣的江户时代,还是粮食短缺、百姓极度绝望的战乱年代,龟甲万作为酱油酿造的代表企业,从未停止与酱油酿造阻碍势力进行抗争,一直在尽一族之力挽救整个行业，并围绕提升原料利用率、缩短酿造时间、精进酿造技术这三大主题不断研发，为酱油界乃至整个日本传统饮食文化的传承做出了卓越贡献。

综上，从历史角度对龟甲万的成功轨迹做了概述。在其长达360年的发展史中，茂木家和高梨家作为一大家族，维持了地域的酱油制造传统并使之长足发展，最后风靡全球。究竟是什么力量推动龟甲万走向成功？企业内部有哪些关键因素促使其长寿？课题组通过对众多长寿企业的定量定性研究，总结提炼出"地域资本"和"家族资本"两大要因，并提出其在企业创业初期的重要性，而推动企业后期获得进一步发展和延续的则是创新力。以下主要分析龟甲万的"地域"和"家族"资本，并从局部深入考察促成"创新"的主体和方式。

二　长寿因素1——地域资本

龟甲万是长寿企业中与地域紧密融合的典型案例，在360多年发展历史中，与发源地千叶县野田市有着千丝万缕的联系，至今依然扎根于地域，与当地企业密切合作，是典型的地域密集型企业。龟甲万已经发展壮大为全球化的跨国企业，即使在东京设立了总部，也依然保留着千叶总部，并继续在野田市开展主要活动。本节主要分析千叶县野田市为龟甲万提供的"地域资本"。

（一）原料和劳动力的提供——沃土、大豆、水源、农民

16世纪中叶，日本关东的野田、铫子等地开始酿造酱油，龟甲万的始祖高梨兵左卫门与邻近的茂木七左卫门同时开始制作味噌。据说高梨家是平安时代的名门之后，茂木家是大阪战役（大阪夏之阵）中丰臣一方武将，战败后流亡到关东开始酿造酱油。

酿造业地域性极强，龟甲万相当重视与"地域"的关系。历史上的高梨家与茂木家，是管理本地农户的名门望族，由于夏季气温高易腐蚀，不适

宜制作酱油原料中的曲霉，他们安排农民春夏从事农耕劳作，冬季在酱油厂工作。野田这片沃土，不仅提供了种植原料的农田，同时提供了丰富的劳动力资源。

（二）市场的提供——地处交通要塞、受益于巨大的江户市场和幕府御用市场

野田地域不仅拥有丰富的原料和劳动力资源，而且由于地理位置优越，还为周边提供了良好的交通条件和巨大的市场资源。高梨家于1661年，也就是德川第4代将军德川家纲在位的宽文年间开始制作酱油。

第3代将军德川家光在位时，江户的统治趋于稳定，战国时代以后，江户第一次由武治转向文治。家纲为了避免其治下出现家光时代曾遭遇的饥荒，在能臣的辅佐下大举施政发展农业，实施民生政策，这个时期日本全国性的流通经济真正开始成熟。那时有100万人口的江户后来能够发展成为世界最大城市之一，离不开这一时期的积累。

为了往江户市场运送物资，从京都大阪方向过来的商船需要前往千叶县的港口铫子市，到江户市场的途中经利根川、江户川，野田正好位于这条水路之中。关东口味的浓口酱油之所以得到发展，是因为从事水路运输的大部分是男性劳动力，喜欢口味偏重的食物，作为万能调味料的酱油由此得到空前发展。

野田酱油在关东占有压倒性的市场份额，被称为"东雄"，还得益于德川幕府御用的权威地位，在当时可以称为"政商"。当时千叶县等关东地区大多受到德川幕府的直接影响，是将军狩猎到访的地方。据说为了迎接将军的到来，有在江户川上为其搭桥的风俗，这也是千叶县"船桥"这个地名的由来，高梨家至今仍保存着将军渡桥时所用的绳子，并奉为传家之宝。随着江户时期社会的不断稳定发展，关东和关西产生了不同的味觉文化，对酱油口味的喜好也各不相同，关东地区浓口酱油成为主流，至今仍延续着这样的饮食习惯。此外，德川幕府掌权后，将据点从室町幕府时代的京都迁移至江户，野田地域由此成为德川幕府城下町，在商业上获得许多便利。龟甲万

早期的发展，明显受益于"地域"所提供的"幕府御用"市场及幕府城下町市场等资源。

（三）优秀人才的提供——成绩优秀者的优先录用

长寿企业要生存发展，需要录用优秀人才作为后盾。在此次中日长寿企业合作研究过程中我们了解到，日本长寿企业多为中小型企业，很难招到优秀人才，高校毕业生被大企业吸纳，日本的优秀人才可以说已经被上市企业垄断。由于缺乏人才而被迫倒闭的长寿企业不在少数，但龟甲万却拥有为他们提供优秀人才的"地域"。以下就此加以分析。

龟甲万在野田诞生并获得发展，之后席卷整个江户市场，亦受益于幕府御用之需，现在已经成为野田这一"地域"的巨大存在。龟甲万为地域增加就业、创收创益，同时身为幕府御用为地域带来"声望"，是"地域"的精神支柱。江户时代末期到明治时代，龟甲万都还只是一家本地工厂，止步于野田，但从明治进入大正时代的1917年，高梨家和茂木家为谋求进一步发展，统一同族八家，成立了野田酱油股份公司。毋庸置疑，企业及组织要获得飞跃发展，优秀人才不可或缺，这也可以说是长寿企业能否存续和发展的分水岭。由于龟甲万当时在野田已经是家喻户晓的企业，野田地域高等学校中成绩排名前15位的优秀人才大多数就职于龟甲万，人才可以说是"地域"为龟甲万提供的最重要的"资本"，整个"地域"成为龟甲万的外部延伸组织，龟甲万是"地域"为长寿企业存续做出卓越贡献的典型案例。本调研中接受采访的龟甲万海外管理部部长深泽晴彦氏出身日本山梨县，他刚入职的时候，其他同事都是野田本地人或是关东出身，从他开始龟甲万首次录用关东以外人才。龟甲万深耕"地域"成长起来，为了进一步获得发展与飞跃，逐渐将人才选拔扩大至全国乃至世界范围。

（四）参加社会基础设施建设——银行、医院、消防队、铁路、水路事业

龟甲万与"地域"的关系远远超乎人们的想象。创业之初，"地域"为

创业者提供了很多成长资源，但公司在发展成熟后，为了寻找更多的市场和资源，往往会逐步从"地域"分离。然而龟甲万不仅没有离开野田，反而独树一帜固守在地域，走上了一条别致的发展之路。当然，这或许可以归因于野田地域及酱油行业的特性。野田的酱油行业在江户时代得到发展，当时除了高梨家和茂木家之外，野田还有很多酱油厂，明治中期以野田和流山为主，酱油厂数量多达17家。1887年，为共同保护和延续野田酱油行业，首次成立了野田酱油工会，这或许是为了使野田在面对西部上方酱油涌入时更具竞争力而进行的合并，如此，地域社会和行业团结一致，挺身而出保护自身产业。在高梨家和茂木家的领导下，工会还成立了"酿造开发试验厂"，即后来龟甲万的研发总部，为曲霉的研究及酿造技术的精进奠定了基础。成立工会是龟甲万参与地方基础设施建设的起点，对其后地域社会的显著发展起到了推动作用。

1900年，野田酱油工会为促进中小企业互相支持和地域发展，成立野田商诱银行（日语里"商诱"与"酱油"发音相同，据说由此命名而来），后来发展为千叶银行，这正是"地域"赋予企业"振兴地域"的机会；除了银行，工会于1914年成立医疗机构"野田医院"，并启动以当地的酱油酿造工人为重点对象的健康管理项目，再一次发挥原本应由行政机关执行的社会功能，这家医院后来更名为龟甲万综合医院，至今仍致力于推进当地的福利事业。用一家企业的名字来命名地域的大型综合医院极为罕见，这从一个侧面显示"地域"与产业的融合已经渗透到社会生活的方方面面。工会参与地域社会建设的步伐并没有就此停止，1920年工会创建野田酱油消防队，着手行政代理事业。通过一连串的举措，野田酱油工会的成员企业合作日益密切。

在与地域一步步融合中，1917年野田酱油工会的八大家族（包括茂木家、高梨家、堀切家的广义同族）合并，形成了龟甲万的母体，为酱油制造业翻开了新的篇章。龟甲万公司正式成立后的1923年，进一步扩大自身参与"地域"基础设施建设的机会，接手国有铁路转让的支线北总铁道，设立总武铁道，发展为当今的东武铁道。同在1923年着手水道事业，于

1975年将水道事业移交给野田市管理，一家民营企业能够涉足水道事业的维护管理实在令人吃惊。八家企业合体后面貌一新的野田酱油股份公司，其后也孜孜不倦地致力于与野田地域的不断融合发展。

对于龟甲万来说"地域"已经发展成为公司的延伸，而今龟甲万的外部影响力更加广泛，但扎根地域的特性从未改变。虽然重要决策由其东京总部负责，但野田总部仍然承担着制造、研发和人才培养等重要职能。"地域"养育企业，企业反哺"地域"，公司与地域之间树立的这种相互依存关系，使得龟甲万的存续条件愈加稳固。龟甲万案例印证了"地域"是长寿企业能够长盛不衰的最重要条件之一。

酱油酿造自古便是野田市的产业重心，其历史可以追溯到高梨家开始酿造以前。早在永禄年间（1558～1570年），饭田市郎兵卫的祖先已经为甲斐的武田氏上贡溜酱油（Tamari），并称其为川中岛御用溜酱油。野田市自然条件优越，关东平原盛产大豆、小麦，附近的行德地区盛产盐，加上适宜的气候、干净的水质和便利的交通运输条件，成为日本著名的酱油产地。同时，野田邻近德川幕府统治的中心地带江户，安定繁荣的社会发展为其提供了另一个创业资本——市场供需。不仅如此，野田同时提供了做农活的劳动力和人才选拔的沃土。野田在不断成就龟甲万的同时，龟甲万也在尽一己之力积极投身野田的公共事业建设。从银行到铁路、医院，再到消防、水道建设，龟甲万兢兢业业致力于地域社会的发展，对野田产生了深远影响。由此可见，地域资本当之无愧是龟甲万长寿的一个重要秘诀，无论是历史上，还是当今的龟甲万都与野田密不可分，即使再过几十年甚至几百年，走进野田，你一定也能像今天一样闻到阵阵酱油的芳香。

三　长寿因素2——家族资本

"老铺"（长寿企业）这个词在日文中的定义，广辞苑释义为"祖辈们传下来的繁荣昌盛的店。或者从祖辈开始就得到顾客信任和惠顾的店。"字典里对老铺的定义强调"祖辈代代相传",明示家族传承对长寿企业的重要意义;本调研项目的另一老铺案例津村的研究报告①也指出,家族资本在其创业期,尤其是面对危机时发挥了不可替代的作用;且日本长寿企业超过9成为家族传承企业,这些都暗示了家族与长寿企业密不可分的关系。本节将探讨家族资本在龟甲万360余年发展历史中发挥了哪些作用。

(一)企业永续之道:家训

很多长寿企业的社训和标语都来源于企业创立时的家训。首先来看龟甲万的经营理念。

- 顾客导向是根本
- 通过饮食文化进行国际交流
- 成为有社会影响力的企业

上述经营理念的精髓是:无需逐利,利润来源于顾客;我们要用调味品融合各种文化;我们要得到社会的认可。以顾客为导向是日本很多长寿企业共通的理念,这与江户时代传授商道的石田梅岩所提倡的石门心学有异曲同工之妙。随着东西方交通体系的发展,这种起源于上方(译注:江户时代指京都、大阪及周边地域)的商人文化,逐渐流传到武士行为准则占主导地位的关东地域(译注:泛指东京及其周边6县)并意外盛行起来。幕府迁都江户(今东京)后,虽然江户已贵为一国之都,许多传统精致商品依然多出自上方,从上方传到关东,当时关东人称之为"下物"(译注:从京都等地过来的优质商品),而传入江户的没有价值的东西,则被称为"下无物"(译注:旧指来处不明的粗劣品,现在指无趣的事物),是现代日语"无趣"的语义来源。酱油味噌也是从贸易之都大阪走水路运输到江户市场,在千叶的铫子港上岸,再经利根川运到江户。据说,由于酱油味噌在进入江户前会在野田进行分货,劳动者聚集使野田的外食市场欣欣向荣,这为野田酱油的发展奠定了基础。

---

① 编入本书日文版本的第6章,因作为中文单行本单独出版而从本中译版移除。

当时，野田的高梨家和茂木家已是酿造酱油的富农，他们掌管着农户，两个家族各有自己的家训，今天的龟甲万家训与其一脉相承。保留至今的茂木家训是"道德正义是本，财富只是结果"，告诫族人切不可把赚钱当作主要目的，坚守道德财富积累自然水到渠成，这一训诫也与石田梅岩的理念相通，都倡导"以顾客为导向"。高梨家承袭的家训是"专心致志于家业，避免游手好闲，要清楚自身体量，不要超出能力去扩大规模"，这是许多长寿企业共通的管理理念。堀切家族当初生产甜料酒，其家训后来演化为"为顾客提供优质精良的产品"这一现代经营理念。

龟甲万创业家族制定的"家训"在今日作为社训持续发挥着作用，这也是龟甲万与其他众多日本长寿企业相似之处。创始人塑造了公司的管理制度，而家族成员一代又一代地维护着这一制度，即使在转型为现代企业后，家族精神依然会被继承和延续，从这层意义上来说，支撑企业的"精神"可谓是家族资本的重中之重。

（二）维护经营之法："合并的社训"防止继承争议

龟甲万是以高梨家、茂木家、堀切家的三家和茂木家的六分家为主，由八家酱油酿造厂合并成立的公司。在单一家族的继承中，可以选择由长子或养子等来继承，但由于龟甲万是八家公司合并而成，选择接班人成为一个相当棘手的问题。那么至今维持共治的龟甲万如何在扩大同族经营的同时，获得长足发展？

八家公司合并后，野田酱油作为一家企业继续发展，为了避免合并带来负面影响，1925 年明文规定并公布公司管理理念"合并的社训"，旨在持续发挥公司合并的积极效应，杜绝消极影响。令人吃惊的是，从社训创建之日直到 2000 年左右，在公司每年的成立纪念日（10 月 19 日）这一天都会由总经理或者董事面向全体员工宣读社训。社训包含许多劝诫之言，比如"公司合并以后的员工人数，员工的家族成员，顾客的数量都增长很多，相关的社会裙带关系不断扩大。我们的所有行动，哪怕只是打一个算盘的算珠，从酱油桶中舀一勺酱油，全都与这个不断扩大的社会息息相关"。公司提倡员工勿忘反省自身,并要有与社会·地域不断融合的意识。

作为合并时的规则,到现在为止创始八家仍一直恪守一条不成文的规定,即在同代里每家只允许一人进入龟甲万,即使出身创业家族,也未必能成为公司的董事。八家一致认同不能让欠缺能力的后代继承家业,任何人都不会因为出身创业家族而享受优待或晋升,公司上下都秉持着向优秀人才敞开大门的共识。

自1代茂木七郎右卫门到现任总经理,第11任、第12任总经理不是出自创始八家,而是在公司长期耕耘的员工通过一步步努力成为总经理。第11任总经理的父亲是毕生在龟甲万工作的领班,第12任总经理出身野田地域,与龟甲万和野田有着密切关系。从这里也可以切实感受到龟甲万与野田地域千丝万缕的联系。

现在任期中的第13任总经理出身于堀切家族,是该家族后代首次担任总经理。龟甲万作为东证上市企业,总经理的选拔需要遵循特定的监督管理机制,先由总经理指名委员会（由同公司的一名成员和三名外部成员构成）提名,然后交由股东大会决议,由此避免随意指任总经理。接班人培养事关企业存亡,创业八家相互监督,密切关注着对方的一举一动,热衷于子女教育,作为经营者也都保持着高度警惕,这种势均力敌的状态反而有利于企业的内部管理和长远发展。

从龟甲万的股份结构来看,家族成员持有数仅占总数的20%。外资股东占15%,日本投资机构和普通投资人的比例相当高。外资股东是美国对冲基金Steel Partners。

（三）凝聚竞争力:推进酱油品牌实现统一

龟甲万的"家族资本"非但没有削弱公司的决断力,反而通过开明的合并社训保持了公司的团结,增强了公司的凝聚力。1917年高梨家、茂木家、堀切家等8家成立野田酱油公司时,野田酱油工会在野田地域拥有200多个酱油品牌,当时各家公司以小批量的生产方式互相争夺市场,不利于地域的整体发展,在这种局面下,主要家族带头提出统一品牌的战略,决定对分散的品牌进行甄选并最终统一为龟甲万品牌，但这一构想直到 1940 年才得以实现。要团结数量如此之多且各有千秋的企业绝非易事，但经营野田酱油公司的高梨家、茂木家、堀切家对内对外团结一致，从未发生内部纠纷，而且积极投身医院、水道、铁道建设运营，对地域发展持续表示着热情和诚意，最终促使地域企业就品牌统一达成一致。在这个过程中，有一定历史名望的野田三家发挥了重要作用。品牌统一集各家之大成，最终将地域企业的力量凝聚在龟甲万，又通过龟甲万自身的成功反哺野田地域，促进当地就业、福利、教育等方面的发展。

（四）危机应对：养子和野田争议

1919 年一战结束后，日本全国不断发生大规模的罢工运动，刚刚成立不久的龟甲万前身"野田酱油"也遭遇第一起工人罢工。1927 年，西日本爆发金融恐慌，随后波及东京，股市大跌，36 家银行纷纷停业。在动荡的时局下，野田酱油发生了历史上最大规模、历时 218 天的工人罢工事件。1927 年正值苏联共产主义诞生十周年之际，劳动者权利概念得到广泛普及，各地频频发生劳动争议。野田酱油的工人提出加薪、改善待遇和劳动环境等要求，由于没有达成协议，公司 80% 的生产被迫停工。罢工直至第二年的春天才结束，虽然在这个过程中出现一定的牺牲者，但是野田酱油的领导人以这场历练为契机，一扫过去的旧习，使公司面貌焕然一新。

在野田争议事件中发挥关键作用的茂木启三郎，原名饭田胜次，是茂木家的养子，虽然并非创业家族出身，但由于能力出色，就职龟甲万后很快受到重用，他不仅拥有敏锐的洞察力，而且勇于挑战，具备领导人的资质，后来正是在他的带领下成功解决了劳动争议。他曾经师从日本产业革命史权威人物——东京商科大学（现一桥大学）上田贞次郎教授，在提倡理论与实际相结合的上田教授劝导下，饭田放弃了三井物产的就职机会，毅然进入了野田酱油。在寻找劳资纠纷解决办法的过程中，他深入分析纠纷的性质，提出名为"产业魂"的指导思想，这也是初代茂木七左卫门总经理曾经提出的经营管理理念：经营之目的，在于增进国家之隆昌，国民之幸福。人与人之间互助、互爱的确立，乃经营之根本。

启三郎当时认识到员工缺乏全心全意建设公司、建设国家的荣誉感和使命感，极具道德危机。同时八家共治仅仅停留在形式上，没有实现真正意义上的统一经营，各家有各自固有的经营方式，当时的公司仅仅是八家公司的集合体。这使得公司上下缺乏团结意识，在出现危机的时候人心涣散。启三郎晚年在《我的履历书》中回忆，"当时员工的心态已经滑落到即使公司发生火灾都不会协助灭火的地步，这让我们意识到，如果公司空有外壳，经营管理有形无神，则员工就会丧失职业的自觉与信条"。

非同族养子饭田胜次通过野田争议重修劳资关系，双方签署《谅解备忘录》，由于目睹了整个过程，他得以在随后的几年中对公司的劳动政策进行重大改革，从他的角度来看，他可能已经看到了八大家族经营的极限，他为野田酱油注入了非家族的新鲜血液，帮助公司迈入了重要的发展阶段。

以上分析了"家族资本"如何为龟甲万的长寿做出贡献，对于龟甲万来说"家族"因素对公司有着重要作用。八大家族合并形成龟甲万母体时留下的"合并的社训"一直延续到现在，定下了同时代的各家只入一子的规矩，现在也依然恪守此训，可见龟甲万在合并初期已经认识到同族经营的局限性。早期，家族赋予的社会地位使他们吸收了大量资本，1927年发生罢工的时候，公司被迫面对新的社会主义思潮，但家族资本还是经受住了考验。这是由于在罢工发生之前，公司就已通过八家共治团结一致，具备应对突发事件的能力。如果没有家族，公司可能无法承受规模如此大的千人劳资纠纷。虽然损失惨重，但通过家族的齐心协力，共渡难关，重新整建公司，提出"产业魂"理念，并将其融入社训。从此，公司转变为形神兼备的企业，在形式上和精神上实现高度统一，领导者们也在这个过程中积累了经验，带领公司朝着新的方向发展。可以说，家族资本帮助龟甲万渡过了危机。

四　长寿因素3——多元化创新

多元化创新是龟甲万能够长寿的另一原因。在本书第二章"长寿企业的可持续发展性：经营创新与国际化"中将日本的长寿企业分为三类，分别为传统主业型企业；传统与创新结合的混合型企业；发展新市场和新技术的现代转型型企业。根据各类型的定义结合本案例可判断，龟甲万属于现代转型型企业，现代转型型企业一般沿着两个方向与现代结合，一是在现有产业或产品服务领域内拓展，顺应时代的发展或市场、技术变化，用新的技术或管理改造传统；二是开发全新产品线和服务模式，积极推进多样化的技术研发和多元化发展路径，延伸到相关领域或市场。本节结合上述现代转型企业的特征，对积极涉足新领域的龟甲万多元化策略进行分析。

野田酱油股份公司专业生产酱油这一传统产品。然而，随着二战后以美国为主的西方美食涌入日本，西红柿酱、蛋黄酱等西餐调料进入大众视野，并逐渐扩大市场。龟甲万把握市场机遇，进入西红柿制品和葡萄酒市场，积极推动这种多元化战略的是被誉为"中兴之祖"的第2代启三郎，亦即饭田胜次，他早先经历过野田争议的洗礼，他为了团结家族和企业提出了著名的"产业魂"精神。

（一）涉足番茄制品

启三郎洞察到随着战后美国饮食文化的涌入，日本传统酱油很快就会面临竞争，于是他立即着手投资日本国内西红柿制品加工事业。为此，龟甲万与美国食品巨头德尔蒙食品公司（DelMonteFoods）合作签订授权协议，帮助其品牌西红柿汁、蔬菜汁、西红柿酱等产品开拓日本市场，并取得了空前的成功。不仅德尔蒙将其蔬菜及水果加工技术带到日本市场，创造了新的市场空间；龟甲万也通过酱油销售渠道扩大德尔蒙的西红柿产品经销范围，短短10年即实现30%的市场占有率，获得飞速发展。

1990年，龟甲万与德尔蒙签订永久授权协议，获得德尔蒙产品在日本、大洋洲和亚洲的商标使用权和分销权。如今，西红柿汁和西红柿酱成为德尔蒙品牌在日本最为畅销的产品。日本德尔蒙同时研发了一系列调味料相关产品，如法式玉米浓汤、烧肉酱、中国口味的蒜蓉酱等。承接外资同等产品的生产销售，已经发展成为龟甲万的核心业务。

（二）进军葡萄酒市场

启三郎接下来关注到的是巨大的葡萄酒市场。最初龟甲万用于生产烤肉酱的葡萄酒供应商为日清酿造股份公司，随着日清酿造被其他公司收购，龟甲万的供应商改为一家规模比较小的个人工厂。由于该公司规模小产量有限，当市场浮动时会出现供应不足从而影响生产的情况。在这个背景下，启三郎总经理决定自行生产葡萄酒。在自身的农产品加工和酿造工艺基础上，启三郎为了打造龟甲万独家品牌的红酒，在1962年10月与大村的红酒供应厂合并成立"胜沼洋酒股份公司"，这样不仅能保证烤肉酱的原料供应，还能扩大公司的经营规模。

以"用日本的葡萄生产日本的葡萄酒"为目标，龟甲万一边学习欧洲的葡萄酒酿造技术一边整备酒厂，同时运用几个世纪酿造酱油传承下来的技术知识，于1964年10月相继推出了白葡萄酒、红葡萄酒和玫瑰葡萄酒。虽然当时的日本葡萄酒市场并没有被大众消费者接受，但到了20世纪70年代，第一次葡萄酒热潮涌来，龟甲万的葡萄酒事业也日益上了轨道。而在接下来的1973~1993年约20年间，龟甲万将日本的葡萄酒消费量提升了7倍之多。

从20世纪50年代开始，龟甲万已经踏足多元化发展方向，1949年就生产了7种不同商标的产品，1983年则多达2500多种，仅酱油领域就出产了20多种不同风味的酱油，其中包括专为日本皇室提供的"御用酱油"，如今龟甲万一半左右的年收益出自酱油以外的各式产品；龟甲万的投资领域也遍及多类产业，如药厂、食物处理设备，甚至基因工程研究等，从单一制造酱油的公司演变为在多个领域发展的多元化企业。虽然在其他领域取得了不菲的成绩，但龟甲万依旧把生产酱油作为核心业务，相信无论其他产品研发做得多么出色，龟甲万都会一直保持酱油厂本色，将传统基业永续传承下去。

课题组将样本企业分为专注主业组和多元化组，对二者进行均值T检验的结果表明，专注主业的长寿样本企业比多元化的长寿样本企业寿命长，而多元化的长寿样本企业在规模、销售额以及税后利润方面比专注主业的长寿样本企业做得更好。研究成果显示，专注传统主业的长寿企业更追求长久经营，而走向现代多元化的长寿企业则更加注重扩张企业规模、提高经营绩效（参照本书第2章）。但龟甲万可以说是一个特例，是既注重企业的经营效益又注重企业长久发展，兼顾两者的优秀企业。龟甲万由野田地域八家优良企业合并成立以后，各个家族都致力于公司的发展，积极努力培养接班人，同时公司内部有公平公正公开的领导人选拔制度、完备的企业文化及"社训"，这些都是龟甲万注重企业长久经营的表现，也是龟甲万的长寿秘诀。

许多其他长寿企业在坚持主业的同时也大胆向其他行业进军，推进多元化的研究开发，但失败的案例不胜枚举。龟甲万的多元化、多角度发展相比一般企业达到了不同的高度，公司一方面专注传统主业，坚持研发高质量的酱油；另一方面注重开发多样化的业务路线，可以说这正是促成龟甲万长盛不衰的因素之一。

五 长寿因素4——创新和国际化

以上相继考察了地域资本、家族资本在企业长寿中发挥的作用，概括分析了龟甲万为进一步推进企业发展所做出的持续性投资－多元化战略。企业要从"传统主业型"小规模长寿企业转变为"现代转型型"大规模企业，持续性的新增投资必不可少。可称为企业"中兴之祖"的领导人物，一般来说其功绩无非两点，要么是能成功推进多元化投资，为公司扩张奠定基础；要么是将公司从危机中拯救出来。龟甲万中兴之祖饭田胜次，即第2代茂木启三郎的贡献也可以据此说明，他拯救龟甲万于水深火热并为其开辟了一条新的发展道路。持续性的创新是众多日本百年企业的特征，在维持不变的传统的同时，顺应时代的发展，与时俱进实施创新，如果能做到这一点，就能持续为传统注入新鲜血液，将"老铺不老"这一看似矛盾的命题转化为长寿企业的竞争优势。龟甲万正是这样有着深厚底蕴沉淀又积极创新的"老铺"。

将坚持传统与不断创新有机地融为一体，才能不断刷新企业的价值。龟甲万现任总经理堀切功章有一句名言，"所谓传统，不过是创新的不断累积"。本节考察龟甲万的创新内容，尤其是龟甲万如何将酱油这一传统商品推广升级为风靡世界、具有绝对主导地位的调味料。在酱油领域的成功不仅保证了龟甲万的万古长青，更为其今后获得进一步发展打下了坚实基础。

（一）创新理念：7代茂木佐平治至今

在此重点介绍在销售方面带来创新理念的7代茂木佐平治。他推行的销售方法前所未有，因为新奇在新时代收获巨大反响。合并前龟甲万的商标为茂木佐平治家（茂木家族六个分家之一）所持有，合并后属于茂木佐平治家一脉的茂木文吉（承袭茂木佐平治之名）就任第4任总经理，之后他的儿子茂木资一郎也承袭茂木佐平治之名，就任第7任总经理。7代茂木佐平治是一位注重品牌宣传和经营创新的经营者，同时也非常注重子女的教育培养。

他早期采取了很多独特的方式宣传龟甲万商标，有一次将东京吉原的茶店整个包租下来用来举办商业活动，宴请商客，并邀请了众多艺子艺人前来演艺助兴，活动期间特意在房间屏障和各个茶店的屋檐前吊起龟甲万的灯笼，还在茶店里事先放上龟甲万的雨伞，以备客人们的不时之需。除此以外，7代茂木佐平治还邀请横纲力士、一流的讲师、相声家进行表演宣传，为品牌造势尝试了很多奇思妙想的广告策略。这些广告效应给龟甲万带来了巨大的宣传效果。

时至今日，龟甲万的宣传依然独具匠心、富有特色，而且积极致力于电视广告宣传活动，为日本乃至全世界饮食文化的普及做出了突出贡献。龟甲万没有止步于宣传自身酱油产品，而是热衷于全方位推广丰富多样的饮食文化，包括如何用酱油丰富膳食生活，如何用酱油来烹调，如何搭配食材等。为此邀请专业的讲师开展饮食文化主题演讲，开展酱油工厂、红酒工厂的免费参观活动，在官网上分享使用龟甲万调味料的健康食谱。龟甲万以酱油为原点，开展极为广泛的宣传活动，这些努力使龟甲万与地域紧密结合，符合龟甲万"通过调味料融合世界文化,并成为对社会有存在意义的企业"的经营理念。

龟甲万能够成功从一家酱油企业转变为倡导广域饮食文化的企业,归功于其组织内部的创想力。7代茂木佐平治的奇思妙想和独创性是其创造力的源泉。2代茂木启三郎则经历过社会主义思潮盛行时代野田争议事件的洗礼,具备克服困难的危机管理能力,7代茂木佐平治在战后日本经济高速增长期,通过广告宣传使公司得到巨大发展。在时代的巨大浪潮中,为什么龟甲万总是会涌现出能够激流勇进的强有力的经营者?这值得我们深思。此外,使龟甲万获得腾飞的契机还包括国际化的推进,下文将简要分析龟甲万倡导国际化理念的有关人物和推行国际化的具体方式。

(二)推进国际化的原因

中兴之祖2代茂木启三郎于1962年就任第6任总经理,当时龟甲万已经渡过第一次危机,从1927年的野田争议中劫后重生,并诞生了"产业魂"这一经营理念作为龟甲万的企业精神支柱。启三郎的另一重大贡献是开创了国际化的先河,他的儿子友三郎后来进一步深化国际化并取得成功,成为全球化品牌保证了龟甲万的长盛不衰,本小节将考察这种国际化的创新。

启三郎就任总经理时,已经积累了一定的经营管理经验,上任后就把拓展海外市场作为公司的下一个增长点。如上一节所述,启三郎洞察到战后日本百姓的生活开始受到美国的影响,所以积极学习美国企业的生产技术,并开始在日本国内生产与酱油同为调味料,实际上却完全不同的西红柿酱和西红柿汁等食品。

不仅如此,他还进军医疗领域并取得多元化经营的成功。龟甲万不仅仅局限于生产调味料,还考虑到人们的饮食习惯,将重心转移到顾客的健康意识上,这为龟甲万进军健康医疗用品领域提供了思路,并在此基础上与龟甲万的核心业务完美契合。正是启三郎的这些"创想",使龟甲万打下了作为综合制造商的坚实基础,开创了启三郎总经理的黄金时代。作为非家族

（养子）的首位经营者，启三郎为龟甲万注入了新鲜的血液。他的独特"创想"和愿景为公司带来了新的活力，使龟甲万在全球获得成功。同时，启三郎就任总经理，还为其他非创业家族出身的总经理开辟了道路，创造了公平的竞争环境。

启三郎的儿子友三郎成为第 10 任总经理，他和父亲一样是一位有能力有视野的领导者。作为首位在美国哥伦比亚大学取得 MBA 学位的日本人，友三郎为龟甲万开拓海外市场做出了重要贡献。

美国留学是改变友三郎人生的契机。留学期间，为了验证美国民众对酱油的可接受程度，他在超市开展了一次试吃活动，请当地顾客品尝酱油调味的烤肉，并惊喜地发现美国客人似乎并没有不习惯酱油口味，反而大快朵颐，吃得美滋美味，友三郎仿佛看到了酱油在美国市场的商机。回国后，友三郎经过两年的工作历练被分配到总经理办公室，他向公司提议在美国投资建厂，正式打入美国市场。几经周折，最后终于获得时任总经理（父亲启三郎）的许可，在美国建工厂的事正式被提上议程。之后的 1995 年，友三郎凭借开拓海外市场的卓越成绩成为龟甲万第 10 任总经理。在日本少子化和老龄化问题不断加剧，酱油需求量日益减少的社会背景下，友三郎总经理知道公司光靠酱油无法存活，要顺应时代进行创新研发，所以他决定另辟蹊径，投入精力研发汤汁（"Tsuyu"）和"烧肉酱"等调味品，抢占市场新商机。

第 11 任总经理牛久崇司是一位真正意义上的外族领导者。龟甲万是各大家族共同努力建立和维护起来的传统家业，领导者原本一直都出自八大家族，他作为"外人"走马上任，打破了龟甲万同族经营的历史，而力挺他的正是茂木友三郎总经理。推选外族经营者并不是一件容易的事，龟甲万是存续 360 余年的老铺企业，推选人和牛久本人都深感责任之重大，如果牛久总经理不能带领公司取得应有的业绩，那么来自公司及社会的质疑会一同扑向他的推选人，友三郎总经理凭借自己的远见卓识，在重重压力下仍然坚持推选了牛久总经理。牛久总经理上任两年后不负所望，在日本国内人口减少及持续通货紧缩的严峻市场环境下，成功使公司的业绩再创新高，刷新了国内营业额最高纪录。

龟甲万为什么能够推进国际化？本书第 2 章定量分析得出长寿企业国际化率低迷的结论，不超出能力去扩大规模、局限在地域发展等经营理念极大地阻碍了长寿企业推动国际化和扩大海外市场的步伐。但龟甲万早在 20 世纪 60 年代就已经开始引进美国调味料，其推进者是非创业家族出身的第 6 任总经理启三郎，他的儿子友三郎则继承了他的理念，启三郎在日本代工生产和销售海外调味料的"创想"，成为龟甲万后来持续推进国际化的契机。

启三郎对日本国内市场抱有很强的危机意识，他认为要克服危机，需要优先开展进口代工，而不是风险较大的出口，这些都是他的"创想"。龟甲万能实现国际化部分归功于其对外部环境的敏锐洞察，更多的则是因为其领导人具备丰富的想象力和灵活解决问题的创想力。

总　结

本篇选取日本老铺龟甲万作为典型事例进行分析论证，这家企业将源于中国周朝的酱油发展为全球性商品，在 100 多个国家和地区进行销售推广。本节主要总结了该企业能够持续经营、维持数百年并获得不断发展的要素和原因。具体来说，第一节导入部分对龟甲万做了概述，由于社会媒体对龟甲万的发展历史已有许多介绍，本文仅摘录与论述有关的史料。第二节到第五节分别从地域资本、家族资本、多元化战略和国际化发展四个角度分析了龟甲万的长寿秘诀。

哈佛商学院的教授大卫·丹尼尔认为长寿企业大多具备两个条件：一个是顺利完成了一代又一代的企业领导交替；二是能够跟上时代，在坚持传统的同时，又让自己的产品和管理都不至于落伍。龟甲万正是具备了这些条件，成就了今日辉煌。

首先，在领导者交接与选拔上，龟甲万有着独特的"继承"制度，创业八家中每家只能派出一位成员进入公司，在并不保证能功成名就的情况下，必须和普通员工一样从零开始奋斗。不仅如此，龟甲万的管理候选人后来从八大家族扩大到亲戚邻居，再扩大到整个野田地域，进一步延伸到了全国范围。现在龟甲万的领导人选拔已经形成制度，并不拘泥于自家子女或者养子、婿养子等日本传统长寿企业继承模式，不论亲疏从公司内外选择有为者担任总经理。与此同时，八大家族相互监督，不断摸索现代化的经营方法和策略，致力于子女的专业知识和道德体系培养，努力维持创业家族的品格和象征，通过这种方式使龟甲万的事业代代传承。龟甲万不仅取消了创业家族继承制度，而且为保护传统开创了独特的新继承制度，既保证了有能之士当选经营领导，又使公司能继承创业家族的传统与品格。

其次，在坚持传统与创新上，龟甲万一方面坚持采用17世纪流传下来的古法进行纯酿造，另一方面不断钻研先进的酿造技术，在化学合成酱油风靡的今天，龟甲万不仅继承了传统的酿造文化，而且保证了酱油酿造的高品质和品牌信誉。龟甲万不仅没有因为坚持传统而落伍，反而通过技术研发和国际化战略成为行业翘楚，将酱油产业升华为跨越国界和民族的大众饮食文化。

随着日本酱油市场的饱和，龟甲万展开了产品多元化与国际化战略两种模式。多元化方面，进军同为酿造业的葡萄酒行业和同为调味料的西红柿制品行业，成功实现与核心业务相关的多元化。国际化方面，很早就开始引进海外技术开展进口代工，并以此经验为基础拓展海外市场，将东方调味料酱油应用于西餐，打造了新的海外市场。采用大胆的广告策略将龟甲万酱油精准地定位于北美市场，逐一扩展到南美和欧洲、亚洲等地，将日本酱油的香气传播到全世界。龟甲万三大经营目标之一是"用美味、万能的调味料与世界文化交融"，这家公司将酱油送到全球千家万户的餐桌，将使用酱油烹调的新习惯带到各国的厨房，当之无愧是通过饮食融合东西方文化，促进国际交流的功臣。

本文总结了龟甲万作为长寿企业成功的原因，龟甲万能够长寿并获得持续发展的条件可以归纳为"地域"、"家族"和"创新"这三点。笔者深深感到，无论来自外部的金融资本和经营资本如何丰富，企业如果没有强有力的"社会关系资本"，就无法持续利用外部资源并使之发挥应有的作用。公司初创时地域就开始为其提供原料（以龟甲万为例，即野田地域的大豆、水和农家劳动力）、顾客市场（同上，即江户市场和幕府采购）；家族为其提供家训、道德、经营理念（同上，即合并的社训）和护家守业的接班人，这些都是长寿企业宝贵的"社会关系资本"。

要获得进一步发展，创新必不可少，要实现创新，则需要"中兴之祖"的出现。龟甲万在第 2 代、第 6 代和第 7 代等发展阶段都出现了类似人物，但并非每个阶段都需要一位"中兴之祖"，出现一位，公司就会进入一段稳定发展时期，等到必要时再出现一位。如果企业的内部机制能够催生这种无限循环，则企业可以永续。依照笔者的经验和观察，"传统"对形成这种内部循环机制发挥着重要的作用。不过，传统为什么会对循环机制的形成发挥作用？又是不是必要充分条件？要弄清这些问题还有待进一步研究。

主要参考文献（以日文 50 音符为序）

[1] 宇田川勝（2008 年）「在来産業の改革者—2 代茂木啓三郎と 7 代中埜又左エ門—」『ケース・スタディー日本の企業家群像』（法政大学イノベーション・マネジメント研究センター編）文真堂。

[2] 松崎隆司（2007）『私が選んだ引継者』すばる舎。

[3] キッコーマン株式会社（2000）『キッコーマン株式会社八十年史キッコーマン株式会社』キッコーマン株式会社。

[4] 加納良一（2013）『ファミリー企業の長期生存要因に関する研究 – 企業生態系ネットワーク伝統と革新経営者ケイパビリティ – 』（2013 年度静岡県立大学大学院経営情報イノベーション研究科博士後期課程論文）静岡県立大学。

[5] 李新春，鄒立凱，朱沆（2019）『长寿家族企业的传统与创新——中日长寿企业调研报告 2019』中山大学中国同族企业研究センター。

[6] 「キッコーマン株式会社 2018 年度決算説明会」https：//limo.media/articles/ - /10979。

[7] 「キッコーマン中興の祖二代茂木啓三郎」https：//manabow.com/pioneer/kikkoman/。

[8] キッコーマン公式ホームページhttps：//www.kikkoman.com/jp/？version = &。

[9] 「市場を読み解く – 醤油类市場」『月刊ビジネスサミット』. http：//

vlfcbiz. jp/article/ac066/a002082. html。
[10]「职人酱油」https：//www. s‐shoyu. com/knowledge/0802。
[11]「醬油制造技术の系统化调查」http：//sts. kahaku. go. jp/diversity/document/system/pdf/040. pdf。
[12]「浅谈"龟甲万"的多元化与国际化之路」,百度文库, https：//wenku. baidu. com/view/e20a72bdc77da26925c5b0ca. html。
[13]「野田の醬油醸造」https：//ja. wikipedia. org/wiki/野田の醬油醸造。
[14]「賢者の選択」特別インタビュー：茂木友三郎 https：//kenja. jp/2330_20180214/。

第 8 章
中国长寿企业荣氏集团：
乡土实业家的创业与传承*

周孜正　朱　沅

引　言

1. 近现代无锡与乡土实业家荣德生、家族企业的关系

20世纪上半叶，中国无锡的企业群崛起及乡土建设，是近现代中国实现工业化、现代化梦想的一个缩影。无锡地处东南沿海经济发达的太湖之滨，商品经济自隋运河通航开始兴起，至清乾隆年间，无锡已为江浙两省一大商品交易中心。清末民初，无锡县在全国较早出现了现代机器工业的兴起，地方私营工业（又称"民族资本、民族工业"）发展迅速，成为民国时期著名的工商名城之一。

抗战之前，无锡民族工业达到顶峰，有纺织、缫丝、面粉、铁工、砖瓦、造纸等20个工业门类，据1937年出版的《中国工业调查报告》所统计，1936年无锡县共有315家工厂，资本总额达1407万元，在全国工业城

---

* 荣氏集团包括荣宗敬、荣德生兄弟的家族成员，本篇主要写了日常生活、工作在无锡的荣德生家族的创业与传承。"乡土实业家"一词，是笔者周孜正的导师高华教授2011年提出的很有中国味道的概念，在此特别致谢！

市中居第五位，仅次于上海、天津、武汉和广州；产品总产值为7726万元，仅次于上海、广州，居第三位；产业工人总数为63761人，数量仅次于上海，居全国第二位。①

无锡以区区一县，在全国获得如此辉煌的工商成就，与近现代无锡涌现出了一大批著名的民族资本家息息相关。从1895年第一家机器工厂业勤纱厂创办，到1949年4月中共解放无锡之前，在无锡工商业的舞台上，先后活跃过六大民族工业资本集团，即杨氏集团（杨宗濂、杨宗瀚兄弟）、周氏集团（周舜卿）、荣氏集团（荣宗敬、荣德生兄弟）、薛氏集团（薛南溟、薛寿萱父子）、唐蔡集团（唐保谦、蔡缄三）、唐程集团（唐骧庭、程敬堂）。六大集团经营的工业门类众多，以"纺织、缫丝、面粉三业占绝对优势"。② 这六大地方家族企业的创始者都是无锡人，笔者称其为"乡土实业家"。

与邻近的张謇家族建设的模范城市南通不同，无锡的特别之处是，以荣德生家族为首的多个当地家族企业，从清末开始，一方面通过创办和发展机器工业，拥有了遍布无锡及中国东南的巨型工厂，带动了地方商业、交通、金融、新闻等的发展；另一方面，他们以现代工商文明为基础，在家乡创办学校、修路建园、改良风俗，热心于调和劳资、经营慈善、设立"劳工自治区"等实务，推动乡土社会的现代化，进而塑造出以"爱乡爱族、工农兼顾、政商一体、优容思潮、资本互助、创新开拓"为特点的独特家风。

百年以来，喜欢称自己为实业家的荣德生等人的乡土实践，为荣氏家族二代、三代的企业传承和再次创业，提供了良好的乡土范例和思想场域，如荣毅仁、荣智健等走向全国、冲出国门之后，亦有一定程度将"乡土实业家"的精神传承到其他城市，"此心安处是吾乡"，一边创办新的企业，一

---

① 参见无锡市地方志编纂委员会编，庄申主编《无锡市志》（第1册），江苏人民出版社，1995，第4页；林本梓《无锡近代六大资本集团崛起的成功经验》，《史林》1997年第4期，第54页。
② 无锡市地方志编纂委员会办公室编《无锡近百年经济概览》，无锡市方志办，1986，第4页。

边建设新的乡土。

2. 资料来源

本文关于荣德生、荣毅仁、荣智健家族三代人的资料，主要来自四个方面。

①全国、无锡地方政府编写的文史资料、地方志等。

②荣氏三代人的年表、文集、日记、诗文集，以及企业职员的回忆录。

③其他学者对荣德生家族企业的研究成果，以及部分网上资料。

④对部分荣氏企业老领导、职工的口述采访。

3. 荣德生、荣毅仁、荣智健三代人的个人历史与创业沿革

荣德生先生（1875~1952）

1875年8月4日（清光绪元年七月初四），生于江苏无锡。

1890年，进上海通顺钱庄习业。

1897年，回无锡，任广生钱庄无锡分庄经理。

1899年农历十月，应邀任广东省河补抽税局总账房。

1902年，与兄荣宗敬等集股在无锡办保兴面粉厂，后改为茂新面粉厂并任经理。

1905年，与兄宗敬等7人集股在无锡创办振新纱厂，先后任经理、总经理。

1912年，与兄宗敬等人集股在沪创办福新面粉厂，任公正董事。

1915年4月起，与兄宗敬先后在上海、无锡、汉口等地创办申新纺织一厂至九厂，并任无锡申新三厂经理。至1931年，荣氏兄弟共拥有12家面粉厂和9家纱厂，一起有"面粉大王"和"棉纱大王"之称，成为中国资本最大的实业家之一。其间，曾当选为江苏省第二届议会议员、北洋政府国会议员。

1938年起，坚决支援抗战，荣氏企业先后在重庆、成都、宝鸡等地建多家新厂。

1945年11月，在无锡成立天元实业公司，并着手创办天元麻纺织厂、开源机器厂、江南大学。

1949年9月,被推选为新中国第一届全国政协委员。

1950年,任华东军政委员会委员、苏南人民行政公署副主任。

1952年7月29日,因病在江苏无锡逝世,享年77岁。

荣毅仁先生(1916~2005)

1937年,毕业于上海圣约翰大学历史系,回无锡任茂新面粉公司助理经理。

1943~1945年,历任上海三新银行董事、经理,无锡茂新面粉公司经理。

1950年后,历任申新纺织公司总管理处总经理、恒大纺织股份有限公司董事长、上海市面粉工业同业公会主委、华东行政委员会财政经济委员会委员。

1957年,任上海市副市长、市工商联副主委。

1959年,到北京任纺织工业部副部长,中国和平统一促进会会长。

1978年,任第五届全国政协副主席。

1979年,创办并出任国企中国国际信托投资公司董事长,1993年离任。

1982年,任香港特别行政区基本法起草委员会委员,暨南大学校董事会董事长。

1993年3月至1998年3月,任中华人民共和国副主席。

2005年10月26日20时31分,因病在北京逝世,享年89岁。

荣智健先生(1942~)

1942年1月,生于上海,江苏无锡人。

1965年,毕业于天津大学,主修电力工程,曾任吉林、四川、等地电站工程师。

1978年,移居香港,与堂哥一起创办爱卡电子厂。

1987年初,由国企中信集团聘请出任中信(香港集团)有限公司董事总经理并主持工作。到任后即收购国泰航空、港龙航空股份,并让港龙扭亏为盈,一时名震香港。

1988年起,被委任为第七届全国政协委员,八届、九届连任。

1990年，集资数百亿港元，收购香港电讯20%股份。不久入股收购泰富上市公司，易名中信泰富，任董事局主席。

20世纪90年代，陆续入股港东区隧道、香港兴业、中华电力等港企，并收购著名的大昌行。与此同时，投资上海、无锡、南京、重庆等地的电站、桥梁、隧道、公路等公用事业和房地产。

1994年，被选为香港马会董事。

1995年，成为香港高尔夫球会首位华人主席。

2002年，福布斯中国大陆首富排行榜，第1名。在故乡无锡投资创立江阴泰富兴澄特种材料有限公司。

2009年，因2008年投资澳洲元亏损事件，荣智健从中信集团辞职。

2017年4月，香港终审法院市场行为审裁处法官夏正民宣布，中信（00267-HK）荣智健澳元巨亏案罪名不成立。

一 乡土底色：振兴家乡与改良社会

中国工业巨子荣德生先生1875年出生在江苏无锡，2015年，荣智健为了纪念先祖诞辰140周年，特地重刊了数万本《人道须知》，回到故乡无锡免费赠送给社会各界。1926年荣德生焦虑于社会道德日渐堕落，亲自与地方"鸿儒一起遴选经典古训，汇编成《人道须知》，作为所创办企业和学校的育人教材"①。内容以扶助公民道德为主体，1927年出版后曾刊印多版，免费捐赠给中小学生和各界人士，以弘扬道德文化，并鼓励翻印。由此可见，中国家族企业传承的不仅是财富，更重要的是文化思想，是对家族特有的价值观、人生观的认同和传承，而这些又与家族教育密不可分。

1. 创业动力与价值导向：不可忽视的乡土情结

鸦片战争后中国国门洞开，靠近上海的无锡自然得"师夷长技"的风

---

① 载《新无锡报》1927年1月13日、2月19日。

气之先。洋务运动时,无锡涌现出了薛福成、华蘅芳、徐寿等重要人物,承经世之学,奋起自强,呼吁向西方学习"工商强国"。

1895年《马关条约》签订后,奋起自强的地方士绅杨宗瀚响应朝廷号召"多设机厂以开利源",在家乡无锡最先筹办机器纱厂。① 与许多无锡第一代实业家一样,民族自强和经世致用,是荣德生兄弟依靠自有资本、在家乡投资办新式工厂的重要动力。

1901年前,年轻的荣氏兄弟在上海做学徒、办钱庄,已"看到洋麦、洋粉进口无税",要应对欧美的经济侵略,欲"塞漏卮于先机",就必须创办实业,而"衣食者,生民之命脉",中国"欲望培其根而植其本,非多设面粉厂、纺织厂不为功"。遂于1902年集资创办无锡保兴面粉厂。②

荣氏兄弟创业的价值是多重的,金钱不是其唯一目标。荣德生曾感慨其兄"一生营业,非恃有充实之资本,乃恃有充实之精神"。兄弟二人创业"非以己也,为外人经济侵略之可畏。吾不忍坐视国家经济沦溺绝境,因尽吾一分忠实之心,作一分忠实之事业"。③

那么,他们为何怀抱"乡土情结",放弃上海的钱庄生意回乡重新创业呢?首先,荣氏兄弟希望创办工厂,以谋求富裕家族、建设家乡,进而强大国家;其次,与他们的父亲荣熙泰1896年去世前的期望有关,一是希望想学医的荣德生走经商的人生道路,二是给他们的遗训是"治家立身,有余顾族及乡,如有能力,即尽力社会"④。要实现父亲叮嘱的"治家立身、顾族及乡"的人生抱负,就需要回到故乡来办厂,将"开发意识与力抗外资

---

① 钱钟汉:《无锡五个主要产业资本系统的形成和发展》,全国政协、文史委编《文史资料选辑》(合订本第7册,第24辑),第101~102页。
② 荣毅仁:《先父德生公事略》;荣德生:《吾兄宗敬创业经历》;《乐农史料选编》整理研究小组:《荣德生文集》,上海古籍出版社,2002,第9、478页。
③ 《乐农史料选编》整理研究小组:《荣德生文集》,第294~295页。
④ 荣德生:《乐农自订行年纪事》,上海古籍出版社,2001,第22页;荣勉韧:《中国"纺织面粉大王"荣宗敬荣德生兄弟合传》,赵永良、蔡增基主编《无锡望族与名人传记》,第294页。

的竞争意识"① 变成现实，以达到堵塞漏卮，"夺外利以润吾民"的目的。②

清末民初，向西方学习，振兴家乡经济，改良社会观念的想法当时并非无锡所独有。荣德生年轻时，很羡慕南通有实业家张謇家族的努力，以致工商发达，教育事业昌盛，民智得以启发。荣氏曾感慨"如各县都能有张四先生其人，则国家不患不兴"③。不得不说，"乡土兴则国家兴"的观念，已经深深烙入青年荣德生的脑海，他一生也是无怨无悔的这么去做的。

2. 荣德生的择业选择：乡土性与机器工业的无锡结合

无锡，对于荣德生个人来说有两重意义：人生道理的选择与经营工商的意识。首先，荣德生选择经商之路的最初起点与"乡土性"的影响有关。荣熙泰秉持"耕读为业，潜德勿曜，不走仕途"的祖训，在荣德生15岁的时候送他到上海永安街通顺钱庄学做生意。④ 1896年正月，荣德生为侍候父亲荣熙泰看病，而生起"欲入门学医"的愿望，并买了《医宗必读》，"预备专心学医"。荣熙泰却并不鼓励儿子学医，他和友人合股3000元，在上海开设"广生"钱庄，并劝导荣德生"既已开设钱庄"，应"兄弟合力，内外同做"，并举无锡乡贤，他的"老友周舜卿、祝兰舫、唐晋斋、杨珍珊等得意于商业者"为例，说服荣德生从事工商业。⑤ 在荣熙泰看来，儿子只有学习乡贤从事工商，才能尽快担当起支撑家庭的重任，有所作为。荣熙泰病重时告诉荣德生，有能、有志之士应先将家乡的每个家庭、宗族建设好，然后众多不同家族在全国各地积沙成塔，才能形成中华民族的强大。明清以来，无锡经济"乡土性"特点使传统的米市、蚕丝、土布三业都很兴旺，他们与先进机器工业没有直接的交集。而且，最早投资纺织、缫丝和面粉工业的杨、周、荣三家，并非直接脱胎于这三业。但是，不容忽视的是，米丝布的交易集散，促进了无锡商业、金融、交通的发展，这三业本身所积聚的经营

---

① 茅家琦：《横看成岭侧成峰——长江下游城市近代化的轨迹》，江苏人民出版社，1993，第166页。
② 参见严克勤、汤可可等著《无锡近代企业和企业家研究》，第7页。
③ 荣德生：《乐农自订行年纪事》，第208页。
④ 荣德生：《乐农自订行年纪事》，第7~9页。
⑤ 荣德生：《乐农自订行年纪事》，第21页。

思维、销售路径、原料来源、融资渠道及仓储加工等先天条件，都与无锡机器工业的起步有密切的联系，并为之提供了丰厚历史资源及孕育土壤，诸如其所需的企业人才、经营思维、原料供应、市场需求等，最初的改变仅仅是机器代替手工生产。民国成立前后，无锡传统行业与新式机器工业一定意义上成功地实现了衔接。重要的是，这种衔接包括思想意识上的继承和创新，而其中不变的就是荣氏强调的"乡土性"。

荣氏这种"家盛国强"的思想，与中国近代以来的"教育强国""经济强国"并行不悖，且更为可行。无锡的"乡土性"非但不是家族创业、振兴经济的阻力，反而能与创办机器工业成功结合。而荣德生正是从沪回乡办厂开始，获得成功，进而进军全国。至1931年，荣氏兄弟成为中国的"面粉大王"和"棉纱大王"，拥有了全国最多的面粉厂和纱厂。荣德生成为新一代的无锡乡贤与工商巨子，其振兴家乡与改良社会的梦想也成为可能。

无锡的"乡土情结"并非一种囿于本地、排斥外人，建设小圈子的思想，他是地方自强和经世致用思想下的一种开放和积极。上海与无锡是不一样的，上海呈现的是由外来文化主导塑造出的海纳百川、洋场气质，而无锡是对传统有所保留、对现代有所创造的，是"乡土气质"和"现代西洋"的有机融合。其原因有二，一是无锡城市较小，其城市的命运和塑造均与大资本集团息息相关；二是资本集团的重要人物荣德生、周舜卿、薛南溟、程敬堂等，无一不是本地精英，具有浓厚的"有余顾族及乡"之乡土精神。

二 乡土创业：守中有创的荣德生

1. 起步之初的家族企业

荣氏在无锡的面粉企业，最早的是1902年荣氏兄弟合办的无锡保兴面粉厂。1904年日俄战争爆发，保兴刚改名为茂新的面粉厂的石磨面粉品质，很难在面粉畅销的东北与"上海增裕、阜丰"等老牌厂家竞争。荣德生当机立断,"向英商怡和洋行定购 18 吋英国钢磨六部",提高了"粉色"和"出粉率",顺利打入东北市场,是年"盈余竟达 66000 两之多",① 超过了当时茂新厂 5 万元的原始股本。1910 年茂新"添置新机"后,规模扩大成本降低,荣德生很"注意小麦质量",所出面粉的"色泽和口味比别厂好",到 1912 年,茂新的兵船牌面粉已"行销独俏,售价已超过阜丰的"名牌"老车"面粉。②

积极办厂,既可以扩大荣氏企业的规模,又可以增加乡人就业,"顾族及乡"的荣德生在 1916 年,由茂新租办管理不佳的无锡惠元面粉厂,并"觉得租赁和收买旧厂要比建设新厂花钱少,见效快",于 1917 年"以 16 万元购进该厂",改惠元为茂新第二面粉厂。后不断加装"美机钢磨",茂一、茂二日产量分别达到"6000 包"和"8000 包"。另外,荣德生还租办了"泰隆和宝新两家面粉厂",1918 年,无锡共有五家面粉厂,"除了九丰外,均归荣氏经营"。③

1907 年,荣氏兄弟开始进入纺织行业,以 6 万元入股无锡振新纱厂,一战爆发时振新厂发展迅速,而大股东荣瑞馨却"目光不远",局限于 3 万锭的规模,不肯听荣德生"要拿大钱,所以要大量生产"的意见,到外地扩大投资,还借口荣德生"账目不清"。1915 年,荣氏兄弟与荣瑞馨互换振新和茂新的股份,退出振新的管理,换来"茂新全归"荣德生管理。④ 1919 年开始,荣氏兄弟决计"集股 200 万元",在无锡建设一家高标准的纺织企业:申新三厂。

---

① 无锡市政协文史资料研究委员会整理《民族资本家荣氏发展简史稿(一)》,人民政协无锡文史委编《无锡文史资料》(第 1 辑),第 57 页。
② 无锡市政协文史资料研究委员会整理《民族资本家荣氏发展简史稿(一)》,人民政协无锡文史委编《无锡文史资料》(第 1 辑),第 57、60 页。
③ 参见无锡市政协文史资料研究委员会整理《民族资本家荣氏发展简史稿(一)》,人民政协无锡文史委编《无锡文史资料》(第 1 辑),第 62 页;华夏《荣氏实业巨擘荣德生》,赵云声主编《中国大资本家传(2)——荣氏家族卷》,时代文艺出版社,1994,第 48 页;王赓唐、冯炬、顾一群《无锡解放前著名的六家民族工商业资本》,《江苏工商经济史料》(江苏文史资料第 31 辑),第 8 页。
④ 荣德生:《乐农自订行年纪事》,第 71、74 页。

2. 最好的企业建在故乡

荣氏的面粉与纺织企业，管理最好、实力最强的是1903年、1919年荣氏集股建成的茂新面粉一厂和申新三厂，抗战前都已是无锡规模最大的面粉厂和纺织厂，统由荣德生亲自主持，尤其用心。

1919年"决建申三"后，困难重重，荣德生"依靠张謇"和"江苏督军"的支持，于1921年建成规模巨大的申新三厂，且"出纱甚好"，"布甚佳，到处乐用"。① 无锡申三建成时有"美制纱锭20600枚，英制纱锭30400枚"，② 后不断增加纱锭等设备，到1936年申新三厂"共计纱锭7万枚，线锭4192枚"，资本额"增500万元，为初开设时的两倍半"，企业发展"年年有余，十余年已有三倍"。③

与荣宗敬的"开创型，喜欢买厂"的经营风格不同的是，荣德生的风格是稳健的"守中有创的管理型"④。抗战前，荣宗敬主持的上海荣氏企业因资金问题发展得磕磕碰碰。无锡申三和茂一在荣德生的管理下，一直发展较为平稳，尤其是申三，创办"以后几乎每年盈余"，⑤ 如此成就，"不能不归功于荣德生在生产管理上的先进，经营有方"。⑥ 荣德生办乡土工业一向有救中国经济于"沦溺绝境"和"夺外利以润吾民"之志。为求与国内外企业竞争，他在引进先进机器、控制生产成本、产品质量等方面，尤为精研。申三开办后，荣

---

① 荣德生：《乐农自订行年纪事》，第83、89页；无锡市政协文史资料研究委员会整理《民族资本家荣氏发展简史稿（一）》，人民政协无锡文史委编《无锡文史资料》（第1辑），第66页。
② 朱龙湛：《抗战前无锡棉纺工业概况》，人民政协无锡文史委编《无锡文史资料》（第7辑），1984，第65页。
③ 钱钟汉：《无锡五个主要产业资本系统的形成和发展》，全国政协文史委编《文史资料选辑》（合订本第7册，第24辑），第116页；朱龙湛：《抗战前无锡棉纺工业概况》，人民政协无锡文史委编《无锡文史资料》（第7辑），1984，第65页。
④ 胡寿松先生（原荣氏申三厂练习生、管理人员）口述，采访时间地点：2011年6月17日上午无锡市崇安区某茶馆，采访人：周孜正。胡寿松，1928年出生，无锡本地人。
⑤ 朱龙湛：《抗战前无锡棉纺工业概况》，人民政协无锡文史委编《无锡文史资料》（第7辑），第65页。
⑥ 朱龙湛：《抗战前无锡棉纺工业概况》，人民政协无锡文史委编《无锡文史资料》（第7辑），第66页。

德生启用薛明剑,在无锡纱厂首先废除工头制,自行训练人才,"仿以日厂办法",引入现代企业管理,"制订操作规程",在技术上进步很快,"每锭日产量,1926年为1923年的114.4%"。① 管理的成功,使得申新所产的"人钟"牌棉纱以"用料讲究、精耕细作成为京沪、浙赣一带的甲级棉纱"。②

在经营管理上,茂新的人事组织是"荣德生任经理,荣宗敬任批发经理",延请王禹卿"负责销粉业务",浦文汀任"办麦主任"③;申三的经营完全由经理荣德生掌控,总经理荣宗敬(所有的申新厂都是荣宗敬任总经理),经理荣德生(经理自始至终由他担任)。其"副经理初期由荣鄂生、荣尔仁担任,1923年后改由荣一心、唐熊源担任。总管薛明剑任期很久"。④

其中,荣尔仁、荣一心分别是荣德生第二、第三子,唐熊源是荣德生的女婿,荣鄂生则是荣氏族长之子。薛明剑与荣德生没有亲戚关系,是荣氏赏识和一手提拔的。因而,荣德生在贯彻他的管理之道时,可以如臂使指。荣德生在技术上以国外为师,有兴民族实业的情怀,但在企业具体组织上是家族主义的,管理人员一般是兄弟、儿子、女婿和本地人,这与中国传统定居农业社会转向工业社会时,跨越地域的信任资源缺乏,代理风险高有一定的关系。

1930年,荣德生支持薛明剑在申三自创成立"劳工自治区","实施各项劳工教育和福利事业",是尝试中国近代工人自治管理的第一家企业。自治区先举办了"职工医院、消费合作社、职工子弟学校、机工和女工养成所等"。至1933年春,又陆续扩展举办了"单身女工宿舍、工人晨校、业余夜校、职工食堂、茶室、剧场、储蓄部、自治法庭、尊贤堂、英雄祠等"。到1936年,自治区"各项设施粗告完成……在晨夜校上课的工人超

---

① 参见无锡市政协文史资料研究委员会整理《民族资本家荣氏发展简史稿(二)》,人民政协无锡文史委编《无锡文史资料》(第2辑),第72页;朱龙湛《抗战前无锡棉纺工业概况》,人民政协无锡文史委编《无锡文史资料》(第7辑),第66~67页。
② 无锡党史办档案室藏、无锡第一棉纺织厂编《漫漫七十年,当思创业艰》(刻印本),1989,第1页。
③ 无锡市政协文史资料研究委员会整理《民族资本家荣氏发展简史稿(一)》,人民政协无锡文史委编《无锡文史资料》(第1辑),第57、61页。
④ 朱龙湛:《抗战前无锡棉纺工业概况》,人民政协无锡文史委编《无锡文史资料》(第7辑),1984,第65页。

过千人"。据薛明剑在《无锡杂志》的总结,他认为申三"劳工自治区"的成效为:"(一)安定工人生活,消灭劳资纠纷;(二)促进劳资合作;(三)提高工人技术能力,减少暗损,增加出数;(四)不受或少受外界的影响。"这些帮助申新三厂大大"提高了生产效率和降低了成本,增加了利润"。①

荣德生针对企业的管理,除了废除工头、引入现代企业管理等办法外,其最大的特色就是"三高":"厂房设备标准高、工资薪酬比较高、职员文化水平高",文化水平高是指"荣德生为了企业未来的发展,同一个需要大学生的岗位往往储备2~3个大学生,以便改进工艺和未来企业扩展"②。这也是荣德生为企业不断实现产品和管理创新准备的班底。

1936年,荣氏兄弟在上海、无锡、武汉等城市"所营之二十余厂",62虚岁的荣德生在无锡的事业达到巅峰,他自我总结说,在荣氏各厂中,面粉厂以无锡的"茂二最为完善",而申三则被他誉为"改进及创造各事之起点"。此时的荣氏企业已经开始国际化,不仅"在全国各大都市均有支店及联络站",在境外"近则港、澳,日本、南洋群岛,均有交易。远则英、德两国之机器与零件,美国、加拿大、巴西、澳洲之棉、麦,时有进出。"③

三 乡土建设与文化传承:爱乡爱国与梅园读书处的教育

1.爱乡爱国:和谐劳资、造福桑梓与留乡迎接解放

(1)和谐劳资、造福桑梓:优容之道、宽宏相安

劳资关系之融洽与缓和,是企业永恒的话题,民国时期,国共斗争不

---

① 薛禹谷:《父亲薛明剑》,无锡史志办公室编《薛明剑文集》(下册),当代中国出版社,2005,第1156页;朱龙湛:《抗战前无锡棉纺工业概况》,人民政协无锡文史委编《无锡文史资料》(第7辑),1984,第66页。
② 严公然先生(茂新面粉厂公方代表)口述,采访时间地点:2013年7月14日14:00~16:30无锡太湖工人疗养院5207房间,采访人:周孜正。严公然1953年到茂新面粉厂任公方代表。
③ 荣德生:《乐农自订行年纪事》,第128~130页。

断,荣德生则奉行"优容之道",以谋求"在安定平稳的前提下以渐进方式求取社会进步"①。1924年国民党一大后,荣德生觉得申新厂"潜伏共产性,人心不安,防不胜防"②。面对此情况,为使得"共产性"在申三不至于爆发出革命火花,劳资双方能"勉强相安",荣的办法是一手对厂内共产党员并不点破或挖掘,而是"善于宽宏优容之道,勉强相安";另一手抓紧改善工人福利,建设"劳工自治区",不仅让他们"待遇合适",生活环境"卫生、居住适宜",还要能"兼顾其自治及子女教养、有出路"等。③ 谋求劳工福利,改善劳资关系,以"安定工人生活,消灭劳资纠纷"。④

吸收西方现代的管理机制,不弃传统价值和乡土人心,立足无锡,调和中西,是荣德生管理企业的一大特色。荣宗敬自认为荣家这种"中外咸宜"的交错管理体系是"旧学为体,新学为用,最合时宜"⑤。而荣德生却在具体管理时胆大心细,将之进一步深化,达到"中学为底,最合时宜"的效果。荣德生认为管理职工首先在"管人心",对于调和化解企业发展中的矛盾,他喜欢用"以德服人、以柔克刚"的乡土式方法。

面对源自家族内部、无锡家乡和周边县乡的职工,荣德生充分尊重和利用中国的乡土文化,在管理中融进了儒家"仁爱""德治"等传统思想,对待职工包容宽厚,处理关系以和为贵。这既能威服掌握各厂"经理和厂长等要职"的荣氏"亲属、同乡",笼络住了薛明剑、王禹卿、浦文汀这样的企业能才,也能团结普通职工之心,大家齐心协力,使企业管理更上一层楼。

无锡茂新、申新的工人"工资薪酬比较高",这不仅是荣德生"中学为底"的表现,也是他顾族及乡、回报乡土的办法。荣氏很反对过度压榨

---

① 朱邦华:《无锡民国史话》,江苏文史资料编辑部,2000,第42页。
② 荣德生:《乐农自订行年纪事》,第93、95页。
③ 荣德生:《乐农自订行年纪事》,第95、103页。
④ 参见汤可可先生与笔者的谈话记录,时间地点:2013年9月26日19:00无锡市崇宁路一餐厅;薛禹谷《父亲薛明剑》,无锡史志办公室编《薛明剑文集》(下册),第1156页。
⑤ 无锡市政协文史资料研究委员会整理《民族资本家荣氏发展简史稿(二)》,人民政协无锡文史委编《无锡文史资料》(第2辑),第78页。

工人,他喜欢以技术进步、提高产品竞争力、打入国际市场等"西学为用"方式,获得超额利润后,来与工人共同分享。据笔者的采访,民国时期茂新工资低于申新,但是仅茂新面粉厂的工资,让普通的"熟练工人劳作所得到工资往往可以养活一家老小",有技术的工人和普通职员,更"可以经常下有名的馆子吃饭"。① 这样稳定的收入,也使得工人很难离厂去选择舍生忘死的革命道路。如管文蔚在 1929～1930 年担任"无锡中心县委书记"时,也观察到"申新厂的工人待遇比较好,工资以外,厂方每天还免费供应一餐午饭,三菜一汤",以至于发动工人起来罢工、革命"条件还不成熟",② 反观荣德生的个人生活,"如饮膳,如衣着,如居住,皆节俭有如寒素"③。

受无锡人爱戴的"好好先生"、乡土实业家荣德生的管理思想是中西兼容并蓄的,学新不弃旧,很契合刚从农田洗干净脚,进城来做工的中国早期产业工人的心理。无锡庆丰纱厂的厂长唐星海曾经留学美国麻省理工学院,他在用人上的风格是不徇私情,坚决执行"不用老家的人、亲戚的政策"。④ 1934 年,唐星海在无锡企业中最早推行了美国先进的泰罗制,该厂"生产规模和产品质量一跃至无锡地区的前茅"⑤。但是即使完全的美国化管理,该厂纺纱成本的锭扯指数依然一直未能优于荣氏的申新三厂。笔者以为,荣氏、唐氏虽都精于管理,唐氏的管理看似科学严格,但并未将人和机器结合

---

① 永泰丝厂工人群体(周荣珍、高液秋、章慕伟、吴文勉等)口述,采访时间地点:2011 年 9 月 18 日 9:20～14:00 无锡南长区沁园新村 50 栋,采访人:周孜正;荣寒生先生(茂新一厂职工)口述,采访时间地点:2013 年 9 月 28 日 9:00～10:30 无锡北塘区五河新村,采访人:周炎运、笔者、汪自力。
② 管文蔚:《在无锡被捕入狱》,中共无锡市、县委党史办公室、无锡市档案局编《无锡革命史料选辑》(第 6 辑),第 4 页。
③ 《钱穆记荣德生》,宗菊如、陈林荣主编《中国民族工业首户——荣氏家族无锡创业史料》,1982,第 551～522 页。
④ 杨志义先生、顾明辉先生(两人都为原庆丰纺织厂艺徒)口述,采访时间地点:2011 年 10 月 8 日晚无锡江海新村,采访人:周孜正。
⑤ 参见无锡市党史办档案室藏《无锡第二棉纺织厂厂史》(油印本),第 33 页;钱钟汉《无锡五个主要产业资本系统的形成和发展》,全国政协文史委编《文史资料选辑》(合订本第 7 册,第 24 辑),第 131 页。

的效果发挥到最佳，但荣氏走的是整体提高的路线，因而要高出唐氏一筹。

荣德生将保障工人待遇提升到"对社会尽义务"的高度，他认为慈善机构"消极救济，不如积极办厂"，因为"一人进厂，则举家可无冻馁；一地有厂，则各业皆能兴旺"，办厂是"积德胜于善举"、落实"如有能力，即尽力社会"的具体办法。在荣氏的企业里，工人"住厂供给伙食，买米买柴，宛如一大家庭"，让"职工无挂无虑，始可安心工作"①。即使在通货膨胀的1948年，茂新小职员也可以做无锡有名气的饭店"聚丰园、迎宾楼的常客"。② 荣氏优待职工的乡土作风，也得到无锡其他家族企业的认同。唐星海的庆丰厂对工人的待遇也很优厚。抗战后"全厂有职员、男工、女工三只饭堂"，伙食费充足，吃饭"好像天天吃酒席"。③

随着乡土实业家财富的增加，在爱族爱乡思想与资本结合的巨大力量下，乡土性得到落实和实施。对于家乡无锡的地方事业，如修桥铺路、投资办学等，荣德生可谓花费巨大。荣德生在扩建家塾后，在1908年之前又创办了公益学校、竞化女校，并且聘任名师任教。④ 在民国初年荣氏又添办多所小学，仅女校就办了四所，并"资助他校，不止一处"。还与族中长辈计划社会事业，"在东山购地植梅"建设梅园，并创办图书馆，修筑由梅园经老家荣巷直通市区的马路。⑤ 1948年荣德生创办江南大学，聘请国学大师、乡贤钱穆先生来主持文学院。⑥ 荣德生1934年斥巨资建成连接蠡湖与鼋头

---

① 荣德生：《乐农自订行年纪事》，第167页。
② 荣寒生先生（茂新一厂职工）口述，采访时间地点：2013年9月28日9：00～10：30无锡北塘区五河新村，采访人：周炎运、笔者、汪自力。荣寒生，1928年出生，初中文化，1947年到荣氏茂新一厂做练习生，1948年任低级职员，解放初任厂治保副主任，1957年入党，后曾任厂生产办公室主任。
③ 参见《无锡国棉二厂厂史》编写组《无锡第二棉纺织厂厂史》，无锡市党史办档案室藏，第61～62页。
④ 荣德生：《乐农自订行年纪事》，第54页。
⑤ 荣德生：《乐农自订行年纪事》，第65～67页。
⑥ 参见《钱穆记荣德生》，宗菊如、陈林荣主编《中国民族工业首户——荣氏家族无锡创业史料》，1982，第522页。

渚的宝界大桥,"桥长有六十大洞,宽广可汽车对驶。"①

荣德生的"宽宏优容",不仅是对多元思想的优容,更包含着奉献自我的"个人英雄主义"。即以个人之才干,不仅"顾一家一族",维系好家族企业的生产,更要奉献自我给社会,以带动地方、国家事业之发展。

钱穆认为"中国传统思想是讲义务的",他佩服荣德生极重视对家乡建设、对"公益、公共事业"的义务,将儒家个人"修齐治平、内圣外王"的思想,成功融合到办厂以振兴家乡的人生道路中去。② 纵观荣氏一生的努力和善举,钱穆先生认为,由荣氏可知"中国社会之文化传统及其心理积习,重名犹过于重利。换言之,即是重公尤过于重私"。对此,钱穆感叹道,"盖其人生观如是,其言行践履亦如是。岂不可敬!"③

(2) 热忱的爱国者:留乡迎接解放

1949年,乡土实业家荣德生74岁,他不愿意远离家乡去当白华,也不愿意迁厂去香港导致大批工人失业,决定和申三、茂新厂一起留在无锡,静候中共解放大军的到来,一起建设新民主主义的新中国。在荣德生这些老一辈无锡人心中,"中学为底"的本色是变不了的,正所谓家族是不能完全离开家乡发展的,亦如荣德生的老友,曾任无锡民国商会20余年的钱孙卿所说,"我们生于斯、长于斯,祖宗丘墓所在,怎能弃之。"④ 乡土实业家只有留在家乡,才能发展家乡及进一步谋求国家繁荣。这就是荣德生对家族使命、家族企业延续最基本的理解和期盼。

荣氏四子荣毅仁曾明确说过,解放前夕,"国民党用暗示方式,要先父逃避到国外",而荣氏"是热忱的爱国主义者",他个人"坚定地表示要留在祖国",同时,"又用压力要他迁厂","当时申新三厂的主持人张皇失措,

---

① 《钱穆记荣德生》,宗菊如、陈林荣主编《中国民族工业首户——荣氏家族无锡创业史料》,1982,第522页。
② 余英时:《余英时访谈录》,陈致访谈,北京中华书局,2012,第206~207页。
③ 《钱穆记荣德生》,宗菊如、陈林荣主编《中国民族工业首户——荣氏家族无锡创业史料》,1982,第522页。
④ 孔庆茂:《钱氏绳武堂——无锡钱钟书家族》,2012,第66页。

将一部分机件拆卸","要把厂迁到台湾,也被他坚决制止"①。1949 年上海解放后,市领导潘汉年、周而复去"拜望荣(德生)先生",荣毅仁当着父亲荣德生的面对二位中共官员说明,"解放前夕,国民党军统毛森对荣德生施加压力,逼他去台湾。荣德生表示生在无锡,死在无锡,什么地方也不去。……他说不去台湾,也不到外国。荣毅仁也决心不走,留在上海,管理荣氏企业。"②

1949 年春无锡解放,74 岁的荣德生在《乐农自订行年纪事》中满怀希望地慨然说,"今后余生,更当尽我之力,为人民服务,以此生贡献社会,鞠躬尽瘁,此吾志也!"③

1950 年 1 月 27 日,华东军政委员会在上海成立,不少工商人士被吸收进华东军政委员会,而荣德生作为无锡工商界的唯一代表被"中央人民政府任命为华东军政委员会委员"。是年 6 月,荣毅仁代父远赴北京"列席全国政协一届二次会议,受到毛泽东主席、周恩来总理等党和国家领导人的亲切接见",毛泽东关心地询问荣毅仁:"老先生(指荣德生)好吗?"④

1950 年 12 月 14 日,无锡《晓报》记者访问了"新任苏南人民行政公署副主任荣德生和钱孙卿两位老先生"。担任行署副主任、76 岁的荣德生对记者说:

> 我一生只晓得做事业,发展生产,凡建设性的问题,我非常高兴计划,并且努力以赴。至于政治方面,却是外行了,何况目前气血不调和,身体太坏,脚里没有力,头常要昏眩;所以我听见了这个消息,非常不安。后来想想,现在的政府是人民的政府,在政府里做事,也就是为人民服务,那么同过去做官时不同的。所以只要我的身体好起来,当

---

① 参见荣毅仁《在无锡市纪念荣德生诞辰 110 周年大会上的讲话》;荣毅仁《先父德生公事略》;《乐农史料选编》整理研究小组编《荣德生文集》,第 3、11 页。
② 周而复:《往事回首录之一:空余旧迹郁苍苍》,中国工人出版社,2004,第 336 页。
③ 荣德生:《乐农自订行年纪事》,第 224 页。
④ 陈文源、葛红:《荣宗敬荣德生生平事业年表合编》,宗菊如、陈林荣主编《中国民族工业首户——荣氏家族无锡创业史料》,第 173 页。

然要尽力去做，和我办工业一样的精神。①

由荣氏以上谈话可见，1949年后无论他担任多少新政权的高级职务，都不重要，重要的是其父留下的"以一身之余，即顾一家；一家之余，顾一族一乡，推而一县一府"的精神，这是永存其心的。

2. 梅园读书处的教育

古语云："道德传家，十代以上。"透过百年光环看荣家三代，精神实乃实业巨子的立业之本。荣氏家族虽主要做实业，却非常重视道德传家。民国时期，荣氏家风的形成有三个来源，一是荣德生通过身体力行来影响后代；二是设立梅园读书处这样的机构来教育后人；三是留下《人道须知》《乐农自订行年纪事》等文字，帮助后人阅读思考"有余顾族及乡"的来源和实践，理解乡土性的重要。关于荣德生身体力行建设乡土，前文已述，荣毅仁在其父亲诞生一百周年时也说过，"长期在他（荣德生）身边生活，承受他的教育和培养"。

关于梅园读书处与《人道须知》，荣智健在荣毅仁诞生一百周年活动上发言说，"祖父极其重视教育，出资创办了公益中小学和江南大学等教育机构，亲自聘请德高望重的大师授学，与鸿儒一起遴选经典古训，汇编成《人道须知》，作为所创办企业和学校的育人教材。"② 1927年，荣德生考虑到"自海禁大开，各国满载百货而来，易我黄金以去，国力日萎，生活维艰。因是学制更新，注重实业，企图生产，冀挽利权。……骎骎乎有专尚科学、舍去国学之趋势。而人性日益浇薄，道德渐就沦亡，社会国家，其谁与立！""爰辟梅园精舍，设帷招生"，招来几十名本族、本乡的子弟，"商由钱君孙卿敦请朱君梦华教授，循循善诱，时阅两载，平日成绩，斐然可

---

① 江峰：《苏南人民行政公署副主任：荣德生钱孙卿访问记》，《晓报》1950年12月14日，第1版。

② 荣智健：《少年荣毅仁诗文集》序，沈云福《一梅倾城是荣家：略说无锡荣氏百年传奇》，无锡荣德生企业文化研究会2020年自印本，第201~202页。

观"。① 荣智健认为"一个人青少年时期所受的教育，往往奠定一生作为的基石"，荣智健觉得他的父亲荣毅仁在梅园豁然洞读书处读书经历，对于他的思想观念的形成非常重要。"不难想象在这样的环境氛围中，父亲荣毅仁是如何得到了上乘教育，养就了饱读诗书、蓄能立志的大德和条分缕析、帷幄运筹的大智。"而荣毅仁后来"之所以被中央称为'伟大的爱国主义、共产主义战士'"，都可从他在梅园"少年时期写下的论点明晰、文采飞扬的诗文中得到旁证"。②

由上可见，读书处、诗文集，对于荣毅仁、荣智健的"乡土思想"影响是深刻的，但这种影响并非只局限在其家庭内部，而是与无锡的乡土社会共享的。因此，与荣德生相知最真的薛明剑在《人道须知》的序言里评价："德生先生，当经营事业之余，尝思国家之富强，事业之发展，全恃乎教育。"③

四 国内力行与海外创业：1949年后的荣毅仁与荣智健

荣家梅园诵豳堂的对联：发上等愿，结中等缘，享下等福；择高处立，就平处坐，向宽处行。这是荣氏立身处世的座右铭，也是荣德生家族能够超越中国近代以来的种种时代困难，传承百年的根本原因。

1. 1949年后的荣毅仁：从公私合营到改革开放

1952年，荣德生因病在无锡去世，1956年全国私营企业完成公私合营，私人的家族企业暂时在中国大陆消失了，荣氏也不例外。对于公私合营，荣毅仁的看法要比一般企业家开明得多，这与德生先生遗嘱、自身思想和朋友

---

① 荣德生：《梅园豁然洞读书处文存》序，无锡史志办《少年荣毅仁诗文选》，扬州广陵书社，2006，第1~2页。
② 荣智健：《少年荣毅仁诗文集》序，沈云福《一梅倾城是荣家：略说无锡荣氏百年传奇》，第201~202页。
③ 荣德生：《人道须知》，《荣德生文集》，第340页。

帮忙三个方面有关。

荣德生因病情转重，于1952年7月25日对荣毅仁等子女口授遗嘱：

> 余从事于纺织、面粉、机器等工业垂60年，历经帝国主义、封建势力、官僚资本主义及反动统治的压迫，艰苦奋斗，幸中国共产党领导全国人民革命胜利，欣获解放。目睹民族工业从恢复走向发展；再由于今年"三反"、"五反"的胜利，工商界树立新道德，国家繁荣富强指日可期。余已年老，此次病症恐将不起，不能目睹即将到来的工业大建设及世界和平，深以为憾。
>
> 毅仁、鸿仁要积极生产，为祖国出力，尔仁、研仁再不可滞留海外，应迅速归来，共同参加祖国建设。毋违余志，是所至嘱。①

荣德生以他70余年的人生智慧，留下这样的遗嘱。荣德生很清楚像他这样的大工商业家不是独立存世的，他年轻时就因"不忍坐视国家经济沦溺绝境"而在家乡办实业，希望有能力"即尽力社会"，他对于新民主主义过渡到社会主义的理论在1948年就已经知悉，既然自己一生是为了家乡，办的企业也是这片乡土和人民的，而非完全是自己私有的。

就荣毅仁个人的想法来看，他不仅认同他父亲的乡土思想，在梅园读书处写的《自策铭》一文中谈过人要知足，所谓"知足人有不善兮，将播人口。位极而颠兮，自取其咎。……功成名遂兮，速回尔首"②。另外，"从上海解放到1955年是上海工商业社会主义改造最热闹也是速度最快、变化最大的时期。多次的变革、运动老板都能跟上，而且表现不俗，几次被评为标兵模范，除自身的不懈努力外，也得力于良师益友的指引和扶持。"③这位好友就是上海市副市长潘汉年同志，荣毅仁对他的建议都能接受和思考，早在1953年12月，荣毅仁就在全国较早地"向广州市委递交公私合营申请书

---

① 《先父德生公口授遗嘱》，《苏南日报》1950年7月30日，第1版。
② 无锡史志办：《少年荣毅仁诗文选》，扬州广陵书社，2006，第32~33页。
③ 庄寿仓：《永远的荣老板》，香港大风出版社，2013，第276页。

(1954年6月正式批准)"①，将申新的广州二厂率先进行公私合营。到1955年8月，"申新系统的企业，全部实现了公私合营。各厂的全体职工和资方都以无比兴奋的热情来欢庆这件大喜事。……我（荣毅仁）仍担任了公私合营申新棉纺织印染厂总管理处总经理的职务"②，并成为闻名全国的"红色资本家"。

荣毅仁这样的举措，是对其父"参与祖国建设"的最大支持，也是在大陆的荣氏家族渡过难关的最好选择。荣毅仁很好地把握了时代转折，与国家共命运，交出工厂后，就平处坐，向宽处行，他力行做一个普通劳动者。

1979年，中共的工作重心转移到了社会主义现代化建设上，改革开放开始了。1979年1月，邓小平同志接见荣毅仁等5位中国工商界著名人士，充分肯定荣毅仁同志提出的引进技术、管理，发展金融、贸易的意见，指出只要把社会主义建设事业搞好，就不要犹豫。在邓小平同志的支持下，荣毅仁向中央提出了设立（中国）国际信托投资公司的建议。1979年10月，经中央批准，中国国际信托投资公司正式成立，荣毅仁同志担任董事长兼总经理，强调"公司坚持社会主义原则"。③ 中信集团投资方向是：支持改革开放、香港回归，投资遍布金融、卫星、石化等。这次是荣毅仁为强大国家、富裕人民办实业，家与国实现了真正的联通，与祖父荣熙泰的"一身之余，即顾一家；一家之余，顾一族一乡，推而一县一府，皆所应为"期望是相互呼应的。

2. 家族企业重光：荣智健的海外创业

1942年出生的荣智健，毕业于天津大学，主修电力工程，受家族历史影响，他的志向是学习祖父、父亲办实业。1978年，他移居香港，走出大陆有了创业新天地的荣智健，看准时代所需生产集成电路和其他电子产品，

---

① 罗苏文：《从棉纺巨头到副市长——荣毅仁的沪上十年（1949~1959）》，《档案春秋》2013年第7期，第7页。
② 荣毅仁等著《在向劳动者过渡的道理中》，上海人民出版社，1957，第13页。
③ 参见张德江《在纪念荣毅仁同志诞辰100周年座谈会上的讲话》，新华网，http://www.xinhuanet.com/politics/2016-04/26/c_1118744840.htm。

与堂哥一起创办爱卡电子厂，生产集成电路等产品；还在美国创办了加州自动设计公司。到了1984年，荣智健的财富已增至4.3亿多港元。

但是，荣智健并没有继续走一条个人发财的道路，他还是将他未来的事业与国家进步、家乡发展联系起来。1986年荣智健加入中信香港公司，出任副董事长兼总经理。当时，香港有评论说，这一任命意味着对中信资产的分拆，为荣氏家族留下一条"退路"。在其父亲荣毅仁的支持下，"收购大王"荣智健大显身手，进行了收购香港之战，遍及航空、港口、隧道、贸易，还入股了香港兴业、中华电力等重要港企，在经济方面为香港顺利回归祖国做出了贡献。同时，他私人持有股份的中信泰富公司，一度也成为香港的十大红筹股。[①] 2002年，他成为福布斯中国大陆首富排行榜第1名。同在这一年，荣智健意识到中国经济的发展，需要研究和发展特种钢材，于是在无锡的江阴创立江阴泰富兴澄特种材料有限公司，生产特种钢铁方面的产品。这是他在无锡投资的众多企业之一，颇有其祖父"最好的制造企业建在家乡"之风范。自此，百年荣氏家族企业得以重光。

2017年1月，荣智健先生捐赠495万元给无锡市文化遗产保护基金会，修缮项锡山上的龙光塔。无锡市人民政府刻石记载《重修锡山龙光塔记》，意在表彰荣德生、荣智健祖孙俩为龙光塔修复所做的功德。[②] 祖孙俩的"乡土情"超越百年时空，在最代表无锡的"锡山"之巅得以相遇，成为故乡的新亮点。

五 与日本长寿家族企业的比较

就中日家族企业治理而言，日本三菱公司，曾经实行"终生雇佣制"，在经济衰退的年代，三菱新一代领导人岩崎弥太郎提出"与国家

[①] 参见胡羽《"收购大王"荣智健》，《税收与社会》1999年第4期。
[②] 参见金辰、陈敏《荣氏家族捐赠495万元，无锡地标之一龙光塔正式修缮竣工》，《现代快报》2019年5月21日。

共命运"，取代原来的"所期奉公、处世光明、立业贸易"，且不轻易裁员，使得员工凝聚力空前团结，所谓忠于三菱即忠于国家。将之对比于荣德生的"优容之道、宽宏相安"的管理方法，及其所抱负的救中国经济于"沦溺绝境"和"夺外利以润吾民"之志，不得不说两者不少地方有异曲同工之处。

从中日家族企业与本土文化关系来看，从明治维新开始，日本"从过去的中华文化圈疏离而转向欧洲'文明'"，奉行"文明开化"发展工商，渐而形成了日本的现代文化与制度。同时，这些制度、文化也深刻影响了以机器工业为主的日本现代企业的价值观，烙上了"和魂洋才"的印记。日本的"西化之路"，主要是：①在技术、社交的层面，引进和吸收现代思想和制度……②适应本土传统文化和制度，以发挥其潜能……①反观无锡的家族企业，"西化"与"本土精神"的融合，荣氏企业也同样有表现。甚至很时髦地学美国，设立"劳工自治区"。然而舶来品"自治区"的外壳之中，除了工人晨校、业余夜校、职工食堂这些内容，还有体现"本土精神"的尊贤堂、英雄祠等文化空间。

简而言之，中日两国企业的不同之处，是文化基因的不同，中国重视"血统"纯正，日本尊崇"家业"神圣。"血统"的容量有限，可扩张性弱，且内部容易分裂；而以"家业"凝聚资本，可扩张性较强，便于吸纳适合事业的人才，这就是中日两国家族企业的本质不同。

当然，时代在进步，中国的家族企业在以"血统"来传承企业的传统之外，也在借助现代的制度设计，如"家族委员会""家族信托基金""现代法治"等来弥补血统制度的弱点，希望未来有更光明的前途。

下面就无锡荣氏企业的历史和特点，从创业动力、家族传承、文化内涵等六个方面，与笔者所管窥到的日本一般家族企业之特点略作对比。

---

① 参见李新春《日本百年老店：传统与创新》，社会科学文献出版社，2020，第3页；〔美〕马里乌斯·B. 詹森（Marius B. Jansen）：《剑桥日本史（第5卷）：19世纪》，浙江大学出版社，2014，第406页。

表 8-1　近现代中日一般家族企业特点的初步对比

对比内容	一般的日本家族企业之特点	中国（无锡）家族企业之特点
创业动力	①创新和发展祖业，更好地完成神、祖辈赋予的使命 ②造福社区	①治家立身，有余顾族及乡 ②发展地方经济，求强求富，培植根本，抵抗外国经济侵略
文化内涵	事业共同体 ①企业本源是共同体，神将企业交给了企业的老板和员工，老板不轻易开除员工 ②企业是员工的共同财富，非个人私有 ③员工忠诚于共同的企业事业，而非绝对忠诚于家族业主和董事长	乡土家族主义 ①一家之余，顾一族一乡，推而一县一府 ②以忠实之心尽力社会，救国家于经济沦溺绝境。受儒家影响，认同家族企业是家乡、国家的组成部分 ③怀经世致用之理想，充实企业家的内在精神，努力服务于企业
血缘、地域与家族企业	①各地的万物之神会对企业共同体进行保护 ②同一地域的企业家信仰同一批神，大家轮流主持祭祀或活动，进而形成团结的共同体 ③与血缘没有关系	①以家族血缘关系为基础，发展到地方亲戚关系，进而同乡、同县、同省的关系 ②越靠近血缘关系，越容易得到家族企业的信任
家族传承	传承给最合适的人，可以是自己的子女或养子，也可以是有能力的员工	得到家族企业传承的先后顺序是：儿子孙子、女儿女婿、亲戚和本地人。企业财产传承的依据是先血缘，再乡缘
管理思想	①老板与员工从地缘转向职缘，合作共赢，不轻易开除员工 ②企业家认为企业不是单纯个人和家族的财产，是神或事业开创者交给我管理的，思想上不是私有制 ③重视工匠精神，形成长久的传承 ④喜欢专心一业，融合传统执着改良与创新，形成老铺企业的长久活力	①财产并非完全个人所有，而是家族所有，优先任用兄弟、子女、亲戚来做管理人员 ②注重培养、吸收外来有能力的人才，尤其是本地乡土人才 ③重视吸收外来技术和管理方法，结合本土情况进行创新 ④愿意发展更多企业，增加就业，积极培训和帮助员工安居乐业，提高企业效率

续表

对比内容	一般的日本家族企业之特点	中国(无锡)家族企业之特点
行业竞争	①行业(家族)间有好的互助,尤其在开拓海外市场时能团结一致 ②各自有保密性技术,良性竞争	①同行企业(不同家族)的产品尽量差异化,在商会协同下有序竞争 ②对于新技术企业,大家族愿意合作投资和开发

注：此表的制作，得到香港大学香港人文社会研究所副教授官文娜的指导。

资料来源：1. 荣毅仁等著《在向劳动者过渡的道理中》，上海人民出版社，1957，第 13～15 页。2. 李新春：《日本百年老店：传统与创新》，社会科学文献出版社，2020，第 3、140、143 页。3. 古田茂美：《株式会社ツムラ～企業存続と「地域」資本及び企業創新と「伝統」資本の関係考察・ツムラの場合～》，2020 年 8 月未刊稿。4. 官文娜：《日本住友家业的源头与家业继承——日本人的"家"与"家业"理念的历史考察》，《世界历史》2010 年第 5 期，第 47～52 页。5.〔日〕山本七平：《日本资本主义精神》，莽景石译，生活・读书・新知三联书店，1995，第 25～26、201 页。6. 周孜正：《乱世浮沉：百年家国困境下的家族与企业——以江南杨宗濂、杨翰西家族为中心(1847～1950)》，郑宏泰、周文港主编《大浪淘沙：家族企业的优胜劣败》，(香港)中华书局，2017。7. 周孜正：《何去何从：无锡乡土大资本家 1949 年留锡原因及经过》，《党史研究与教学》2016 年第 4 期。8. 周孜正：《疾风暴雨的年代——1949 年前后中共对无锡大资本家的统合》，华东师范大学博士学位论文，2014。9.《荣德生文集》，上海古籍出版社，2002，第 9、478 页。

总　结

中国史学家班固在《白虎通・宗族》中说到，"古者所以必有宗，何也？所以长和睦也。"在宗族内部，则具体表现为"大宗能率小宗、小宗能率群弟，通其有无，所以纪理族人者也"。显然，同宗内大小互相扶助，是家族兴旺的基础。

荣德生未曾让父亲失望，他从事业稍有起色开始，就将父亲的"一家之余，顾一族一乡"的思想加以实践和落实。荣氏三代企业家心目中的家族、乡土和国家的兴旺，并非建筑在沙地之上。其繁荣家族、家乡的路径是：通过开办学校、培养人才、兴建更多工厂、创造更多就业、建设乡村图书馆、修筑马路公园等措施来逐步实现的。正如悬挂在荣氏梅园的对联

"发上等愿,结中等缘,享下等福"。① 1948 年,荣德生曾谦虚的自勉,"余以一介平民,何敢谋国,只能就家乡做起,逐步推广耳。"②

通过办企业,创造"一家之余",到建设"一族一乡,一县一府",进而推动整个国家的现代化,是荣氏三代人源源不绝的企业家精神的基本所在。纵观荣氏家族百年来的所想所为和创业发展,不论是荣德生兄弟创办面粉厂、纺织厂,还是荣毅仁受国家委托创办中信集团,以及荣智健从电子业转战收购各种企业,他们不竭的创业、创新动力,都是源于"有余顾族及乡"这个朴素的家族哲学思想,这亦是荣氏家族企业在不同时代能有众多创新、能够长寿百年的最基础原因。

当然,近代以来,东亚的中、日两国都受到西方现代工业文明的挑战,分别以"洋务运动""明治维新"等来应对,中日家族企业也裹挟在这历史潮流之中,但是,中日两国的文化基础不同,中国以儒家文化为主(尤其明清以来儒学的新发展),日本以神道教、佛教为盛,所以表现并不一样。

明朝王阳明提出了"知行合一"思想,反对盲从封建的伦理道德,强调要重视个人的能动性,其"经世致用"之精神,成为 19 世纪后期中国人开展"洋务运动",创办现代机器工厂的重要指导思想。而 20 世纪初无锡荣氏提出的"只能就家乡做起,逐步推广耳"正是"致用"精神的一种具体体现。

中日家族企业创业与传承的比较研究,在中日学术界才刚刚开始,但是其重要性(尤其对于目前的中国企业)不言而喻。笔者才疏学浅,限于篇幅,只能抛砖引玉、略有论述。希望更多学界同人,能放眼过去的 200 年和未来的 100 年,进一步深入研究和思考这个新的比较研究。

---

① 荣德生:《乐农自订行年纪事》,第 155 页;无锡第一棉纺织厂调查,胡寿松执笔《荣氏桥文化的追溯——无锡第一棉纺织厂对荣氏桥调查记》,2012 年 4 月电子版,第 2 页。
② 荣德生:《乐农自订行年纪事》,第 208 页。

终章
总结与展望

王效平

本调研项目从启动到现在转眼已经过去3年,双方课题组多次互访,召开多次联合研讨会,通过对研究成果进行分析归纳,原先抱有的疑问、提出的课题和假设也都在反复的走访调查和讨论中得到验证,取得有意义的研究成果。

一 合作研究成果总结

本研究旨在通过对中日长寿企业进行调查和分析,提炼出长寿企业基于传统和历史文化的特点,特别是对传统的继承、创新和发展。课题组在调研过程中一直坚信,在强调变革和创造性破坏的时代浪潮中,只有重新审视传统和文化道德价值、探索传统与创新的融合,才能帮助企业走上长远、健全的发展之路。我们希望通过对中日长寿企业进行比较研究,挖掘出基于儒家文化传统的东亚商务发展特点和独特体系,并对比分析受西方文化及价值观支配的商务模式特点与课题,为国际比较经营领域注入新风,同时为企业的经营实践提供参考。

(一)解析长寿企业存续要因

本报告重点对日本长寿企业实施调查分析,由前后两部分组成,前半部分以问卷内容为主进行定量分析，后半部分通过具体案例研究做定性分析。定量分析包括两个方面，一是长寿企业的治理结构分析，主要确认家族式经营、事业继承方式、与地域利益相关方的关系等情况；二是企业长寿基因的分析，重点关注"传统"和"创新"对企业存续的影响。定性分析从访谈（分半结构性访谈和全视角调研两部分）的20家长寿企业中，抽取由日方课题组负责撰写报告的6家企业，加上1家由中国本土实业家创业的企业，依据实地调研结果和史料解读实施分析。以下做简要归纳。

1. 日本长寿企业存续要因

①再次确认日本长寿企业绝大多数为家族式经营。家族式经营的企业，创始人及历代经营者的经营理念和价值观容易得到传承，企业能够从长远发展视角制定战略方针、实施管理和迅速决策。经营者能够担责、权责关系明确是其前提条件。

②从历史上看，日本是一个岛国，本土没有经历过外来侵略和破坏性战争，这是日本企业能够长存的一个重要条件。从明治时代到二战战败后，宪法规定长子有权利和义务监督"家族"，召开"家族会议"，制定每个家族的会议规则和"家训"，企业史研究和历史研究都表明，"家训"在家族式经营的企业中对业务执行发挥着重要作用。

③继承和发扬传统是长寿企业存续和发展的关键，他们通过一套独特的方法和机制向下一代传承。大多数日本的长寿企业会将所有权和经营权传给自己的子女，但并不过于强调血缘关系或血统，传给女婿、养子或老员工的情况也并不少见，这种任用机制有利于保证事业的可持续发展。我们还发现，日本长寿企业更愿意让子女到别的公司（外部）经受历练。

④历代经营者和接班人普遍重视地域关系（地域导向），有强烈的社会责任意识，这在本书后半部分的案例分析中已经得到具体验证。家族企业与去家族化的上市公司在企业继承的态度上存在一定差异，但他们在重视地域和社会责任意识方面表现一致。

⑤对专业化、坚守主业和不断深耕的坚持。本书所有案例调查对象均为

制造商，可以看出他们对提高产品质量的强烈意愿。创新方面，强调为顾客提供优质的产品和服务，将顾客价值作为重要目标。

⑥与时俱进是长寿企业能够存续的关键。坚持"不易流行"体现了长寿企业具备灵活性和创新性的一面。长寿企业在战略选择上有鲜明的特点：比起做大做强，更加注重对企业的控制权；比起多元化更加偏向专业化；比起大量开发新产品，更看重保证产品和服务质量；比起短期利益，更倾向长远发展（投入资源开展研发活动和人力培训）。

安川电机以煤矿用电动马达起家，为保持其客户八幡炼钢厂的稳定持续运转，发明了自动控制技术，在此基础上又创造了机器人；泡泡玉不断改良传统制法，反复试验研制出亲肤环保的无添加肥皂，解决了因环境污染和化学制剂导致的肌肤过敏问题，后来又开发出新型皂基灭火剂。两家公司都曾经连续17年亏损，在巨大的业绩压力下始终坚持"利润不是目的，应该优先公共利益"，本着"以顾客为导向，不许妥协"的信念，实现了突破性创新。香兰社在陶瓷器产业整体不景气的情况下，不仅依靠技艺娴熟的工匠维持着传统工艺，还借助先进设备和电脑绘图技术，创造出更适合大众消费的工艺美术品，同时不断改良工业通信用绝缘碍子生产技术，成为通信设备用液晶反射体制造技术的独家开发商。龙角散留存传统汉方，在争取原材料稳定供应的同时，成功实现了从经验医学到循证医学的创新。龟甲万将起源于中国的"酱"发展为闻名世界的国际品牌，不仅享誉日本国内，也受到中华地区乃至全球用户的喜爱。这些企业都是在专业化、坚守主业和不断深耕道路上获得成功的典型案例。

2. 中国企业案例启示

（1）家族血脉延续上的"长寿"

此次中山大学选取中国长寿企业荣氏集团作为研究比较对象，该集团于1902年由江苏无锡出身的实业家荣德生创办，初期主要生产面粉，后来发展为集面粉、纺织、机械等于一体的大型民族资本集团，在无锡、上海、武汉、宝鸡、香港等地设有几十家子公司。第二代荣毅仁在新中国成立后进入政坛，1979年改革开放之初，他作为红色资本家成立中国国际信托投资公司（CITIC），在招商引资方面发挥了重要作用。20世纪90年代初第三代荣智健在回归前的香港设立法人，到2000年初通过一系列并购将业务发展到基础建设、金融、航空等各行各业，曾在中国民营企业家排行榜上位居前列，虽然2008年由于投资失误被迫离开了中信，但荣智健对中信泰富及其家族事业的发展做出了巨大贡献。

（2）"重视地域" = "乡土情"

荣氏集团原本就是由民族资本家一手创办的，创始人家族对家乡和传统文化充满热爱，荣德生自称为民族实业家，倡导"最好的企业建在故乡"并热衷于在故乡投资建厂，荣家的第二代、第三代在继承父辈事业的基础上又再创自身辉煌，百余年来荣氏家族建设故乡的各种事迹及其"乡土情怀"一直为媒体津津乐道。但是，无锡的"乡土气质"并非地域主义或排斥外来者，也不是要建立小团体，而是要在保留地域传统的同时，以开放、热情的姿态吸收外来文化与人才，进而自强不息，经世致用。

儒家思想将"修身齐家治国平天下"视为个人的成功，重名轻利，乡土实业家荣氏一族的实践对此做了最好的诠释。伴随财富的积累，荣氏一族对家族和故乡的爱通过资本具象化，为了故乡无锡的发展，他们投入巨额资金，造桥、铺路、投资办学，通过这些具体举措去释放和寄托乡土情怀。

（3）继承传统价值观和引进现代管理方法中的创新

创始人秉持"耕读为业，潜德勿曜，不走仕途"的祖训，投身实业和公司经营，一方面学习和积极引进西方现代管理方法（要求"厂房设备标准高、工资薪酬比较高、职员文化水平高"），另一方面则在管理上结合儒家的"仁爱"和"德治"思想，在组织结构上奉行家族主义，从事管理业务的多为兄弟、子女、女婿或出身无锡的同乡。

与中山大学课题组一同对长寿企业实地调研时，我们曾提出传统继承和引进现代管理方法、传统与创新的关系等问项，京都长寿企业的一位经营者回答，"这是从古代中国流传过来，敝公司代代传承的理念"。中方课题组成员对此深受触动，震撼于这些理念本源地中国社会反而出现一些传统文化与价值观缺失的现象，笔者对此也留下了深刻的印象。

（二）长寿企业所面临课题

以上主要对日本长寿企业的优势和积极层面做了总结梳理。研究分析过程中，笔者还留意到一些长寿企业所面临的课题与挑战，整理如下。

①在技术创新步伐加快、国内外竞争加剧、市场环境日新月异的情况下，日本长寿企业相对缺乏创造性技术创新的热情。

②由于时代变迁和价值观的改变，日本长寿企业传统文化、传统工艺和工匠精神恐难以延续，年轻人继承传统产业的意愿不强。对中小企业及家族企业的部分调查结果也显示，经营者普遍年龄偏大、企业缺乏接班人[①]。

③日本长寿企业的经营与国家制度、地域文化和历史密切相关，坚守这些传统和文化是其生存的关键。但换个角度来看，日本长寿企业对全面国际化、全球化没有强烈意愿，给人一种极力回避跨文化环境的感觉。日本式的长寿企业文化和组织管理很难复制到日本以外的地区，不由得让人担心对他们来说拓展海外市场是否过于困难。已经进军海外的企业，也一直存在本土化挑战，对日本企业推进多元经营的紧迫性方面的争论从另一个侧面反映了上述问题。

④本次课题为日本与中国长寿企业的比较研究，中方课题组负责对中资企业做调查分析，本书第2章基于问卷调查的"传统与创新"比较分析，第8章"荣氏集团"案例研究，反映了中方的部分调研成果。中方课题组针对中资企业调查对象实施问卷调查，回收分析有效问卷并与日方召开数次联合研讨会，在此根据这些背景内容做出如下补充。

第一，新中国成立后实施所有制改革，中国大陆的长寿企业大多在这时候由家族经营的私企转变为公私合营，并进一步为国家或集体所有，创始家族退出历史舞台，家族式经营的长寿企业几乎不复存在。现在继承流传下来

---

① 东京商工调查"2019年『後継者不在率調査』"（2019年11月）、日本政策金融公庫「中小企業の事業承継に関するインターネット調査」（2016年2月）、瑞穗信息综研「中小企業・小規模事業者の次世代への承継および経営者の引退に関する調査」（2018年12月）颇具参考价值。

的只是长寿企业的品牌、制造工艺和技能,以及一小部分价值文化。本书案例荣氏集团是创立于20世纪初期的著名企业,在新中国成立后业务曾一度中断,虽然家族成员新创立的企业与曾经的集团企业不同,但其家族的企业家精神却有传承。

第二,中国长寿企业在改革开放后的几十年里,经历了高速发展和激烈的市场竞争,经营管理方针倾向于追求短期利润,有必要突破和超越这种倾向,转而追求持久、长远的经营,只有这样,才能够真正结合传统与创新,实现进一步飞跃。在这种意义上,日本长寿企业为自身的长远发展所付出的努力值得中国企业借鉴。

第三,本次合作研究过程中,深感中方欠缺像TDB及东京商工调查机构这种具有历史传统和经验积累,且十分专业的征信机构协助调查,而日本征信机构对于资料与信息的共享亦相当保守,推进类似主题的国际合作研究计划实非易事。

二 研究成果的意义与启示

(一)对中日家族式经营研究的意义

结合前文论述,笔者相信本次合作研究至少会成为亚洲地区家族企业对比研究的一个良好起点。

日本尽管与中国和韩国同属儒家和汉字文化圈,却比中韩两国更成功地实现了"家族经营企业"(家业)的传承,成就了数以万计的长寿企业,数量之多堪称全球之最。日本长寿企业不仅数量让人惊叹,而且企业的平均寿命也高于其他国家,这在各种公开资料和一些初步调查中可以得到证实。家族性(Familiness)作为一种企业延续中所积累的经营资源,既是企业的资产,也是宝贵的社会公物,明确长寿企业存续原因具有重要意义。日本中小企业厅、政策金融公库、部分征信机构实施的调查显示,包括家族企业在内的大部分中小企业的下一任总经理接班人尚无着落,经营者的平均年龄在近

20 年呈明显增高趋势，考虑关门歇业的企业比例也越来越大，颇值得关注。

在东亚社会，日本如何做到在明治维新后先人一步迅速引入并吸收西方工业技术和法制体系，同时完好地保留了东方儒家"家"文化的传统？明确这一点对今后的经营学发展具有十分重要的意义。20 世纪 90 年代初日本泡沫经济破灭以前，大型上市公司及关联企业一直奉行终身雇佣、年功序列、集体式决策和劳资关系和谐等独特"日本式经营"，但在全球化浪潮影响下，经济社会环境发生剧烈变化，日本企业不得不改弦易辙，重新调整企业治理结构，现在仍处于动荡期。有趣的是日本本土数量如此庞大的长寿企业虽然吸引了海外的关注，日本国内学术界对此反倒并不十分热衷，笔者认为今后迫切需要对此进行更广泛和系统的调研，特别是国际比较研究。

家族式经营和家族企业研究是一个相对比较新的课题，尤其是在经营管理学领域，近 20~30 年才开始引起关注。Rose（1993）从战略视角出发，认为对于英国成熟的家族企业来说，要实现可持续发展需要推行有效的企业继承方案，建议根据能力从家族内选拔接班人，或起用外部职业经理人，同时指出立足长远发展的开创性继承计划、继承体系的制度化极为重要。她主张，长寿企业的事业继承不应该局限于资产和商誉（暖帘）的继承，还应考虑把领导力、企业文化作为一种经营策略去继承。

在海外华商企业中，包括儒家文化根深蒂固的韩国、中国台湾和香港等地的企业，基本上都属于父系家族制度，保留并传承着同代男性兄弟之间"平分财产"的继承文化。除了代际更替时家族资产的平分，（核心）家业本身如何继承也成为一大课题。家族地位和祭祀传给长子，家业往往传给有能力有干劲的血缘兄弟，随着世代相传，家族体系会变得越来越松散和脆弱。

日本的家长制的特征是长子既继承家主之位，又继承家业和家名，相对来说更容易维持企业的长存。在大中华地区和东南亚，成功实现多代传承的华商企业也大多采用这种以长子为主的家族式管理制度，而且大多从早期便致力于对接班人的培养教育，对家族企业的长存和发展表现出强烈意愿。作为相关实证成果，末广昭（2000、2006）、王效平（2001）的观点值得参考。

历史上的中国社会，"富不过三代"一直是商业家族的生存和发展警句，他们一般认为，培养接班人的失败、兄弟或代际纠纷是导致家业衰败的主要原因，所以经营者对于如何避免这些问题有很强的自主意识，失败事例往往被当作血的教训口口相传。在私有制资本主义社会，对于传统上强调血缘关系、维持家族经营的华商企业来说，家业继承和接班人培养显得极为重要。

（二）与东亚华商企业做进一步比较研究的意义

长期以来，本书主编王效平一直在对中国大陆以外的华侨华人企业家实施走访调查，试图了解华商企业的经营管理模式，并以此为延伸，致力于中日韩企业的经营管理比较研究[①]。此次长寿企业比较调研项目使笔者认识到并且确信，将中国大陆以外华人长寿企业纳入比较研究对象具有重要的现实意义，这些华商企业在二战前后基本上一直处于资本主义制度之下，无一例外维系着家族式经营，创业年数与代数远多于大陆地区民营企业，许多企业还与日本企业保持着长期的业务往来，作为国际比较研究对象可以说相对容易切入。

（1）从公司治理角度

在公司治理层面，基本上都由特定家族或亲属成员集中统一控制企业的所有权和经营权，经营形态和组织结构上倾向于将业务成果保留在家族或亲属成员内部。作为这种形式的延伸，还有由多个家族及同乡、同行、校友等社会关系网络共同集资，根据出资额来分配成果的合伙型企业。由于华人移民出身文化背景不同，应该如何融入移居地社会？如何才能被当地主流社会认可和接受？如何有效利用地域资源？如何在纳入地域文化资本的同时获得

---

① 参照王效平（2005）等。

企业的持续发展？这些都是无法回避、值得探讨的问题。华商祖籍地自古便流传着以血缘（宗亲）与地缘为纽带的传统关系网，明末资本主义萌芽后诞生的"徽商""晋商""浙商""粤商"等地缘色彩浓厚的民间财团促进了工商业发展；移民海外的华人依赖"三缘""五缘"等社会关系网络资本相互扶助，在逐渐融入当地社会过程中，传统的"落叶归根"价值观明显向"落地生根"观念转化。笔者发现相当一部分华人企业的经营姿态越来越类似于"三方皆利"，经过几代人的不懈努力，成功传承家业的企业不在少数，作为调研对象有广阔的考察空间。

华商企业区域分布较分散，各地华人移居和发展历史迥异，华人所处政治、经济和社会环境也各不相同，在行业分布、企业规模和经营多元程度上呈现多样性，企业治理结构也有各自特点，随着时代发展，在股份制日益成形的社会环境下，华商企业的创始家族（亲属）持股比例高、所有权和经营权未分离（或者说所有权和经营权集中）、家族治理色彩浓厚的事例依然比比可见。有一定规模、经营多元的企业，创始家族除经由控股公司间接持股和直接持股以外，还会垄断董事会，维持强大的控制权。然而，在现代资本主义发展潮流中，伴随股份公司制度的深化和证券交易市场的成熟，所有权分散化、所有权和经营权分离的现象在资本主义国家越来越普遍，且被定义为一种理想状态。从这个维度来看，华商企业浓厚的家族式治理色彩是否显得过时和异样？

图终-1显示了资本主义发展过程中家族企业的演变模式。如图所示，随着企业规模的扩大和行业领域的多元化，封闭的家族企业并不总是会发展成为所有权和经营权分离的现代化企业形态[①]。即使仅在必要情况下在部分环节雇佣职业经理人，家族对企业的支配权或管理控制是否终将到达无法维持的临界点？这一疑问不容忽视。最新调查显示，欧美国家也存在大量家族经营的上市公司、大型企业和知名品牌，日本维持家族经营的也不仅限于中

[①] 艾尔弗雷德·D. 钱德勒（1977）认为"家族企业的创始人经营者是职业经理人出现之前的过渡性存在，今后是职业经理人的时代"。

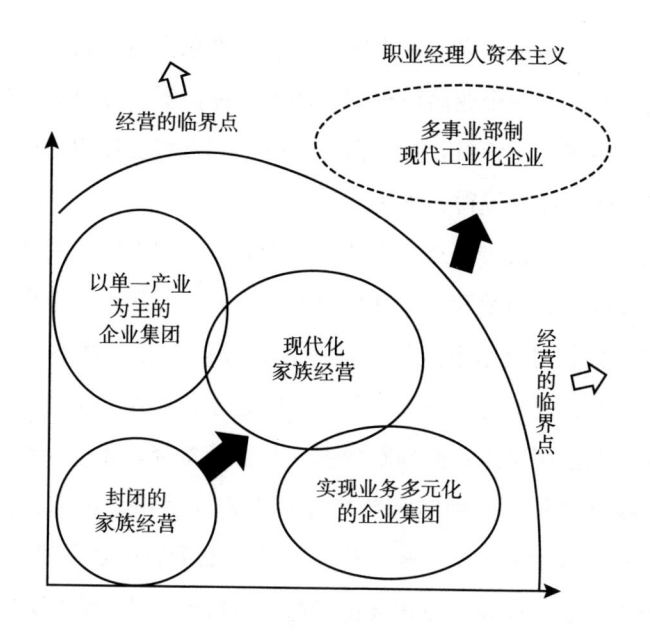

图终-1　家族经营演变模式

资料来源：参照末广昭（2006）第87页图3-1整理。

小企业和长寿企业，上市公司也是如此。

近年来，越来越多的华商企业在东南亚各国、中国台湾和香港等地的证券交易所挂牌上市。然而，即使公开募股后，创始家族仍无一例外对企业持有充分的所有权，足以维持对经营权的控制。这种控股公司分为两类：一类纯粹以投资为目的；另一类是结合具体业务的商业控股公司。其中，已经发展为大型集团的财阀（企业集团），多会由每个业务部门或在地区单独设立控股公司，与作为总部的纯控股公司共同发展不同领域的业务或国际业务，东南亚各国的华商企业就经常在中国香港及新加坡等地设立控股公司作为国际业务总部，通过总部发展海外投资。总而言之，除了中小型资本外，已经发展为企业集团的大型财阀类资本也在所有权集中的前提下，由实质上享有经营支配权的业主经营者直接运营。

这种根深蒂固的家族经营取向，可以用儒家强调秩序、血缘和中庸的价值观来解释。历史上，海外华侨远离故土，背井离乡移民到新的社会环境，在不稳定的社会局势下,只能依靠团结家族来维系生活和发展事业,形成了一套独特的家庭管理和企业治理机制,能够具体情况具体应对。虽然华商企业拥有共同的中华文化背景元素,但在顺应外部环境变化的过程中,其经营特点也已发生改变或者说得到进化。

笔者到目前为止采访了众多海外华商企业家,他们的共同特点是重视对下一代的培养教育,为帮助子女继承事业不惜大量投资。交接事业时宣言要"选贤任能",能力是继承事业的前提条件,最佳人选当然不排除公认能力最强的直系子女;为了将下一代培养为有能之才,创始人家族代表会使出浑身解数传授企业治理之道;而判断候选人是否具备经营才干、甄别最佳人选的最终决策权(选任权)则牢牢掌控在代表本人手中,可知股份公司的现有选任机制隐藏着华商企业家族经营能够长久维系的重要线索①。创始家族新一代接班人不仅通过高等教育或留学海外掌握专业的经营管理知识,而且亲身体验艰苦的生活,在集团内外积累了丰富的业务经验,能够承担起企业核心的经营管理职能,可以将他们看作一种职业经理人,很多成功的华商企业都采用这种继承方式。

(2)经营战略制定·决策风格的异同——内部特性

综上所述,笔者认为用同样的研究框架与日本长寿企业做比较分析具有高度可行性。笔者多年来以华商为主,跟踪采访儒家文化圈的财阀类企业与企业家群体,就与日本企业管理模式的异同,从经营战略制定、决策手法与态度等内部特性层层剖析切入,得出的结论引人深思(见图终-2)。

基于儒教文化的华商企业,战略决策时往往更强调事后合理性而非事前合理性,决策风格带有浓厚的自上而下色彩。家族关系以"家长制"为核心,家族经营的根本是基于所有权的管理支配和对董事会人事权的管控,经营权限集中于公司顶层,决策特点是:即使事前已实施周密细致的信息搜集与分析,最终却依然由顶层领导根据过去的经验和直觉当机立断,决定今后

---

① 笔者多年来对海外华人企业家族式管理的实地考察曾留意聚焦于此点。参照王效平(2001、2003、2015、2017)。

业务的发展方向和战略目标,并由中高层管理人员落实为具体可执行的方案,依靠高度的管控力和果断的执行力拿出成果。

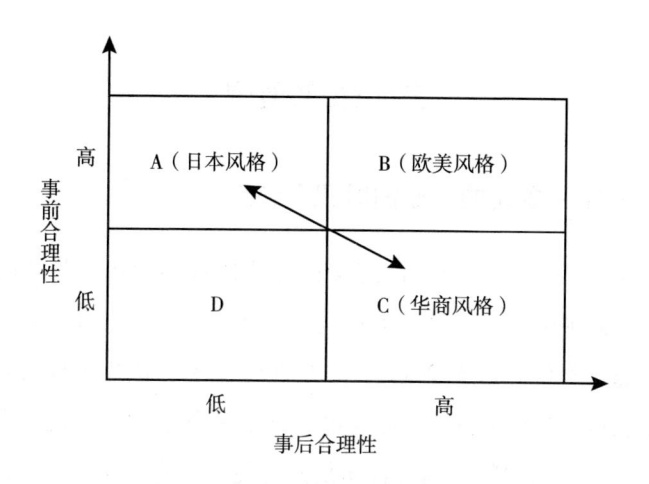

```
        ↑
      高│  A（日本风格）  │  B（欧美风格）
事前    │        ↖       │
合理    │          ↘     │
性      │─────────────────┼─────────────────
      低│     D          │  C（华商风格）
        └─────────────────┴─────────────────→
              低                高
                   事后合理性
```

图终-2　经营战略决策风格比较

资料来源:根据王、尹、米山(2005)第 70 页第 3 章图表 3-18 整理制作。

日本的风格是由职业经理人负责经营管理,注重事前分析的欧美风格是重视事前分析和事后控制的平衡(合理性),华商的风格则别具特色,与这两种风格都不一样。数十年来不少华商企业持续拿出漂亮的业绩,其支撑下的东亚区域经济也在迅猛发展,这种种趋势值得我们去关注。创始人家族处于绝对主导地位的韩国企业的管理模式也基本属于该类型。当然,受封闭性的限制或是判断失误的时候,自上而下的决策导致失败的事例也时有出现。

为了保证投融资和维护业务关系,华商企业相对比较重视人脉和人际往来,一般认为其在财务上偏向于保守,事实上也是如此。利用人际网络这种社会关系资本有利于保证商务信誉,提升业务的机动灵活性和可扩展性,降低交易成本。笔者感觉,华商企业与同样带有浓厚家族色彩的日本长寿企业在经营内部特性上具有颇高的相似性。

部分现有研究已利用经营管理学、经济学、社会学和心理学等方法论和框架剖析华商企业，结合本次合作研究经验，笔者正在着手制定第二阶段的比较研究方案，将东亚华商企业纳入主要调研对象。

三　未来展望

（一）多样·多元的"亚洲时代"到来

儒教伦理（或思想）作为传统文化与价值观的源头，是20世纪70年代以后促进东亚地区经济持续增长的主要动力，政经界、学界对这一点的认知越来越强烈。不仅有众多 NIES、日本政治家及学者持这种观点，部分西方知名学者也持同样的看法[1]。这些论点以儒家资本主义学说的形式发展起来，对马克思·韦伯的新教伦理提出反对意见，否定韦伯提出的现代资本主义由基督新教派的超凡信仰和禁欲精神创造的观点，认为基于儒家价值观的中央集权专制、家庭集体主义和共同体主义精神、重视家庭成员等级·血缘关系的秩序原则和伦理道德支撑了企业的成长和社会经济的稳定发展。

过去20年来，针对上述将东亚经济成就归结于东亚文化的论调，欧美主要国家认为这是对西方的挑战，是对近现代国际秩序制定者欧美单一文明的否定，将文明的多样性看作"全球文化冲突"，实质上对儒家资本主义学说开始持戒备态度。塞缪尔·亨廷顿（1996）一针见血地指出了这种变化，"20世纪初的中国知识分子独立地得出了与韦伯类似的结论，把儒教看作是中国落后的根源。20世纪末中国的政治领袖像西方的社会学家一样，赞美儒教是中国进步的根源。（省略）尽管明治维新时的日本人采取了'脱亚入欧'的政策，20世纪末传统文化复兴时的日本人却赞成'脱欧入亚'的政策。（省略）日本通过重申自己的文化认同，强调了其独特性及与西方文化和其他

---

[1] NIES 的主要学者包括杜维明、金日坤、黄光国、金辉基；日本学者包括中岛岭雄、饭田经夫、山本七平；西方有代表性的学者有傅高义、罗纳德·多尔、高登·雷丁、李瑞智 & 黎华伦。亚洲政治家如新加坡李光耀、马来西亚马哈迪·莫哈末的论点尤其受到关注。

亚洲文化的差异"①。

相对于西方的戒备和保守论调，笔者更关注将亚洲的发展和变化看作一种多元化和多极化趋势的积极论调。新加坡国立大学李光耀公共政策研究院教授、新加坡前驻联合国大使马凯硕（2008）认为，西方各国尤其是美国，需要理解非西方国家在文化、价值观和理念上的不同，要意识到这并不是文明或文化的冲突，而是文化多元性的表现，只有清楚认识到这一点，才能把握一些国家的政策方向和地域整体的经济贸易，对亚洲的了解应该从这里开始②。

最近，出身印度、曾担任美国国家情报委员会顾问的新锐学者帕拉格·康纳也提出了同样的论点③。"我们生活的年代不再是一国崛起伴随一国衰落，而是第一次出现了美欧亚三足鼎立，实现了真正多极化、多元文明的世界秩序。（省略）与历史上的大部分时期相同，亚洲是一个多极化的地区，拥有无数独立于西方但又能和谐共生的优秀文明。（省略）亚洲的崛起是结构性的而非周期性的。（省略）亚洲国家一边吸取别国成功的经验教训，一边利用不断积累的财富和自信扩大在全世界的影响力。"康纳经过周密的实地考察和大量资料佐证，预言了以多样性和互联互通为优势的"亚洲世纪"的到来④。

---

① 塞缪尔·亨廷顿（1996），从四个方面解释了这种趋势。第一，亚洲人相信东亚将保持经济的快速增长，并很快将在经济产值上超过西方，因此与西方相比它在世界事务中将越来越强有力。第二，亚洲人相信这种经济成功在很大程度上是亚洲文化的产物，亚洲文化优越于文化上和社会上颓废的西方文化。第三，尽管东亚人意识到亚洲各社会和文明之间的差异，但他们仍认为存在重要的共性。其核心是"儒教的价值体系、历史使它增光，该地区的大多数国家都接受它"。第四，东亚认为，亚洲的发展和亚洲价值观是其他非西方社会在努力赶超西方时应效仿的模式，西方也应采用它以自我更新。中译本参考周琪、刘绯、张立平、王圆译《文明的冲突》。
② 参照 Kishore Mahbubani（2008），第 20~31 页。
③ Parag Khanna（2019），尼丁千津子 译『アジアの世紀 接続性の未来 上、下』第 26 页、第 36~43 页。中译本参考丁喜慧、高嘉旋译《亚洲世纪：世界即将亚洲化》。
④ 他认为亚洲化顺应历史潮流，"亚洲的亚洲化只是世界的亚洲化的第一步"，并引经据典论及，"西方的语言也流传到东方，波斯语是丝绸之路上的通用语。唐朝设立了波斯语学校，以促进与西方商人的贸易往来。东亚社会也愿意接纳经丝绸之路传播而来的文化思想，尤其是佛教思想。贸易和冲突也有助于人口迁徙和异族通婚，促进民族和血统的融合。中国、日本和朝鲜都是多种族的社会……亚洲也渐渐融合。宗教的多样性也是亚洲文明保持稳定的重要因素。……中国有这样的说法：'释为日，道为月，儒为星'。"同第 98~99 页。

（二）经营管理学重点研究领域与方向

经营管理学作为一门学科的历史尚浅，日本经营管理学界将重心放在吸收西方，尤其是美国经营管理学的理论。比较经营研究则聚焦于能够获得公开财务数据的上市公司（基本上都是大企业）的国际比较，特别是日美比较，这一点毋庸置疑。

长期以来受日本经营管理学界重点关注的欧美经营管理学界却从未低估过家族企业群体的重要性，在 MBA 课程设计中，"家族企业"也总是占据着极为重要的位置，而长寿企业又至少可以和家族企业在同一平台上开展研究，对于日本学者来说极为有利。大中华地区学者对长寿企业的关注显然触发了日本学者对自身优势的肯定，推动了日方对该领域的研究热情。

目前还没有关于世界各国长寿企业（老铺）国际比较研究的成果，而日本作为长寿企业最多的国家，有关调研也只是作为家族企业研究的一个环节，刚刚开始触及。本次中日比较调研可以说属于探究东亚经济发展奥秘的扩展性研究，笔者相信此次研究有利于挖掘和倡导亚洲式经营管理，具有重要意义。当前的研究主流是以案例调查为主的定性分析，今后持续积累案例样本，在案例基础上结合聚焦企业经营内部特性的问卷调查去实施分析，继续推进这种方式的比较研究具有极高价值。

（三）引入经营管理专业教育

通过与中山大学李新春教授的共同研究交流，笔者确信存在东方式经营管理模式，中日双方学者一致提出需要突出传统东方式经营管理思想，树立"多元经营管理论"，并在经营管理专业教育中有意识地引进传授回避"股东利益至上主义"、重视利益相关者共同谋利的东方式经营管理方法和理论。

回想起来，笔者曾长期协助合作研究者古田茂美举办 CMMS（Chinese Management and Marketing School，中华经营塾）商务讲座，并在北九州市立大学工商管理研究生院开办"中华商务实践讲座"，将"中华商务"发展为本校 MBA 课程的一大体系［以"中华圈的经营思想""亚洲式管理""中华商务""（中华圈）海外访学"等 6～7 门主课组成的"中华商务模组"］，并就此推进相关课题国际合作研究，为本次长寿企业合作研究提供了契机和思路。笔者期待此次合作研究能够促进中日研究交流，使双方实现互惠、双赢，并期盼能够帮助日本和大中华地区学者消除因文化、政治和经营制度差异造成的障碍，充分发挥双方的比较优势，将研究成果应用到专业商务人才培训体系。今后考虑邀请长寿企业经营者亲自登上 MBA 教育讲台为学员们现身说法，提供生动且与时俱进的实际教材。

（四）应用于全球在地化·亚洲地区内交流

起源于西方的全球主义崇尚弱肉强食，胜者为王，为争夺地球资源不惜展开恶性竞争。这种发展模式如今日渐式微（当然也有部分保守主义者依然试图改变既有竞争规则，采取唯利是图·唯我独尊的政策主张与行动），现在需要一种可持续的、所有参与者共同受益的共生型全球在地化发展模式。日本长寿企业潜藏着重视"持续""共生""多样性"的基因，而这些基因又可以从传统东亚文化中追根溯源，笔者深切期待日本长寿企业能够成为东亚地区重新建立"和谐多元经营体系"的标杆。

长寿企业将地域资源、地域文化资本纳入经营管理，将传统与创新有效结合，实现了可持续发展。笔者希望他们今后积极拓展与亚洲地区的国际商务交流，作为地区交流的桥梁发挥主体作用；希望现任在职经营者和接班人能够密切联系，共同致力于传授和分享企业经营管理经验与智慧，在持续增长潜力巨大的亚洲市场广结商业伙伴，谋求共同发展；也希望本次合作研究成果能为此提供契机。

新冠肺炎疫情仍在肆虐，衷心希望社会能够早日恢复常态，笔者将持续关注日本长寿企业如何发挥其历经千锤百炼得来的智慧经验，战胜疫情带来的危机，再创辉煌。最后，迫切期待在此次调研成果的基础上，能尽快启动第二期合作研究计划。

主要参考文献（以日文 50 音符为序）

［1］浅羽茂（2015）「ファミリービジネス その強さとリスク」『一橋ビジネスレビュー』第 63 巻第 2 号，20～30 ページ。
［2］王平（2003）《宗法宗族思想观念与中国私营企业管理》中国评论文化有限公司。
［3］王効平（2001）『華人系資本の企業経営』日本経済評論社。
［4］王効平、尹大栄、米山茂美（2005）『日中韓企業の経営比較』税務経理協会。
［5］王効平（2017）「華僑華人の企業形態」『華僑華人の辞典』丸善出版株式会社。
［6］王効平（2003）「変遷を遂げるか、華人系資本の企業経営」『遊仲勲先生古稀記念論文集・日本における華僑・華人研究』風響社，第 57－87 ページ。
［7］王効平（2015）「華人系企業の経営構造に関する一考察」『東アジアの視点』アジア成長研究所。
［8］末廣昭（2007）『ファミリービジネス論－後発工業化の担い手－』名古屋大学出版会。
［9］末廣昭（2000）『キャッチアップ型工業化論』名古屋大学出版会。
［10］塩見哲（2018）『京都老舗経営に学ぶ企業継続の秘訣』清文社。
［11］徐治文（1994）「コーポレートガバナンスにおける社会法の役割」『九大法学』第 68 号。
［12］曽根秀一（2019）『老舗企業の存続メカニズム』中央経済社。
［13］武井一喜（2014）『同族経営はなぜ 3 代で潰れるのか？』クロスメディア・パブリッシング。
［14］デビッド・ツェ，古田茂美（2009）『中国人との「関係」の作り方』ディスカバー 21。
［15］デニス・ケニョン・ルヴィネ＋ジョン・L・ウォード編著（2007）『ファミリービジネス永続の戦略』ダイヤモンド社。
［16］東京商工リサーチ（2019）「2019 年『後継者不在率調査』」。
［17］中嶋嶺雄（1992）『東アジア比較研究』日本学術振興会。
［18］日経（2019）『100 年企業強さの秘密』日本経済新聞出版社。
［19］日本政策金融公庫（2016）「中小企業の事業承継に関するインターネット調査」。
［20］パラグ・カンナ著、尼丁千律子訳（2019）『アジアの世紀　接続性の未来』

（上、下）原書房。

［21］ファミリービジネス白書企画編集委員会編，後藤俊夫監修（2018）『ファミリービジネス白書 2018 年版』白桃書房。

［22］ファミリービジネス白書企画編集委員会編，後藤俊夫監修（2016）『ファミリービジネス白書 2015 年版』同友館。

［23］ファミリービジネス学会編，奥村昭博・加護野忠男（2016）『日本のファミリービジネスその永続性を探る』中央経済社。

［24］みずほ情報総研（2018）「中小企業・小規模事業者の次世代への承継および経営者の引退に関する調査」。

［25］山田幸三編著（2020）『ファミリーアントレプレナーシップ—地域創生の持続的な牽引力』中央経済社。

［26］尹大栄（2014）『地域産業の永続性』中央経済社。

［27］横澤利昌（2013）『老舗企業の研究』生産性出版。

［28］レジ？ リトル ウ？ ーレン？ リード著，池田俊一訳（2020）『儒教ルネッサンスーアジア経済発展の源泉』たちばな出版。

［29］Andrew Gordon, A Modern History of Japan, From Tokugawa to the Present（アンドルー・ゴードン著，森谷文昭訳（2018）『日本の 200 年徳川時代から現代まで』（新版 上、下）みすず書房、2018 年）。

［30］Chandler, A. D. Jr.（1977）*The Visible Hand*: *the Manageable Revolution in American Business*, Cambridge: Harvard University Press（チャンドラー著，鳥羽 & 小林訳『経営者の時代』東洋経済新報社，1979 年）。

［31］Kishore Mahbubani（2008），*The New Asian Hemisphere*, *the Irresistible Shift of Global Power to the East*. Common Wealth Magazine Co., LTD（马凯硕著，罗耀宗译《亚半球大国崛起－亚洲强权再起的冲击与挑战》天下杂志出版）。

［32］Miller, D. and Le Breton－Miller, I.（2005），*Managing for the long run*: *Lessons in competitive advantage from great family business*, Boston, MA: Harvard Business School Press.（ダニー・ミラー＆イザベル・ル・ブレトン＝ミラー著，斉藤裕一訳（2005）『同族経営はなぜ強いのか』，ランダムハウス講談社。

［33］Rose, Mary B.（1993）"Beyond Budddenbrooks: the Family Firm and the Management of Succession in Nineteenth century Britain," in Brown and Rose eds.

［34］Samuel P. Huntington（1996），*The Clash of Civilization and the Remaking of World Order*.（鈴木主税訳「文明の衝突」集英社 2001 年）。

［35］Theodore de Bary,（1988）*East Asian Civilization*, Cambridge: Harvard University Press。

译者后记

彭立君

此次有幸能够参与北九州市立大学王效平教授主编《中日长寿企业经营比较》的中文版本翻译感到非常荣幸，也感谢中山大学管理学院及王教授带头的中华商务研究中心给予的宝贵机会。

译者在求学期间曾研习日本文化和文学，对日本长寿企业，或者说"老铺企业"已有一些耳闻，在研读这部作品后又增添了许多新的发现和收获。日本长寿企业数量多达3万余家，是不折不扣的长寿企业大国，其长寿经验对于谋求长远发展的中国当代企业来说，具备一定的借鉴和参考价值。

日本老铺企业遍及各行各业，既有普通消费者熟悉的领域，如酱油老铺龟甲万（又名万字酱油）、最近火爆中国的润喉糖龙角散、无添加肥皂品牌泡泡玉、与中国景德镇瓷器有许多渊源的香兰社，也有像安川电机这样的日常生活不多见的高端工业类企业，它们的发展历程纷繁多样，也有异曲同工之妙趣，本书可以带领我们深入洞察其长寿奥秘。

译者曾经就职于正兴电机制作所股份公司，这是一家成立于1921年的日本中坚企业，2021年刚好迎来其百年华诞。正兴电机创业早期代理日立制作所等公司的产品，后来发展为专业的电气机械类厂商，活跃在电气、能源及信息服务等广泛领域，2018年在东京证券交易所一部挂牌上市，可以说是脚踏实地稳步发展至今的典型日本企业。借用本书对长寿企业的分类，我的老东家应该属于坚守传统与转型并举的混合型企业，除了对主业的坚持,公司也在不断尝试其他领域,并将目光投向海外,尤其是近邻中国。我所在的海外营业部门便主要负责推进正兴公司在中国的业务,重点协助大连和北京的子公司拓展市场。通过为相对老旧的工厂提供电气设备的免费查勘业务,减少其火灾风险,为有意向的客户更换或升级设备,我工作期间便已为成百上千家企业提供服务,虽然这是一项高投入而回报却相对缓慢的业务,但公司领导发自肺腑的一句"不用心急,至少我们是在做一件好事情"让我深受震动,"先义后利"抉择背后承担的压力不难想象,却是让企业免于急功近利、迷失方向,进而延年益寿的法宝。

在本书的翻译过程中,无论是定性分析还是定量分析,总是有一些细节让我如醍醐灌顶,老东家不也是这样做的吗?比如与地域的紧密联系,正兴电机现任董事长土屋直知不仅拨冗兼任福冈贸易会会长和福冈大连未来委员会会长等公职,而且积极派遣员工参加地域企业交流和地域事业,译者本人就曾经代表公司参加福冈县的扶轮青年服务团,与其他青年成员交流分享职业经验并组织各种公益活动。公司对员工健康和个人发展也极为重视,提出健康经营宣言,实施改善员工生活习惯的举措,召开包括午间体操、步行竞赛等各种健康活动,甚至会支持离职后成为画家或个体户的员工,帮助他们实现梦想。在崇尚优胜劣汰、良禽择木的功利性思潮中,颇受诟病的终身雇佣制也有其闪光的一面,公司和员工不是互相利用,而是一种共生共存关系,这极有利于员工坚守岗位,从长远来看提高了企业的经营效益与竞争力。

中日两国互相学习的历史源远流长,贸易往来也甚为频繁。日本贸易振兴机构(JETRO)2020 年度统计数据显示,中国连续 14 年都是日本第一大进出口贸易对象,年度贸易总额超过 3000 亿美元,远高于美国的 1800 多亿美元。中日之间的经济往来如此密不可分,日本企业进入中国也已经有几十年历史,但在中日商务一线工作多年的译者却深刻感受到日本企业在实际业务中的保守性格,他们即使身在海外,也更倾向于与当地的日本企业打交道,今后如果能够打破隔阂,比如加强与中国本土企业的往来,未必不是一个打破陈规、突破局限的切入口。

日本社会上下等级关系分明，是有名的"纵向"社会。这种社会结构在公司内部也有鲜明地体现，容易使视野和思维受限，日本人常常自嘲的"岛国根性"可以说是同一文化属性。日本公司的新人培训中必有的一条是"汇报、联系、商量"，这对于加强上下级交流发挥了很多积极作用，但有时候多层级的汇报也是造成决策缓慢错失良机的一大因素。与此相对，我所知道的中国企业，比如华为，就曾有在这里从职的朋友告诉我一线员工便可直接决策，效率非常之高。任正非在2009年1月华为销服体系奋斗颁奖大会上所言及"要让听得见炮声的人来决策"传递了他的管理理念。无法否认，两种方式各有利弊，但两相比较可以帮助我们去粗取精、去伪存真，长寿企业比较研究的意义何尝又不是如此，非常期待这一领域今后的成果！

[执笔者简介]

译者简介

彭立君 湘潭大学日语系本科，北京语言大学硕士，曾赴东京外国语大学留学交流。曾任职福冈大连未来委员会事务局等。现任 SVIC Consulting 代表，北九州市立大学工商管理研究生院"商务中文"讲师与该校中华商务研究中心特聘研究员，参与比较企业文化、比较管理学课题研究和 MBA 海外培训课堂的运营。

中文版作者简历 按执笔顺序

主编介绍

王效平 （前言、序章、第1章、第2章、第3章、第4章、终章）
北九州市立大学工商管理研究生院教授，中华商务研究中心主任。"中日老字号企业比较研究项目"日方课题组代表。

1990年九州大学研究生院经济学博士课程毕业，获取经济学博士学位。曾任财团法人国际东亚研究中心专职研究员，北九州市立大学经济学院教授，自2007年起参与创设工商管理研究生院，2011～2017年任该院院长。2014年参与创设中华商务研究中心并担任主任至今。1995～1996年任美国加州大学伯克利分校客座研究员，2009年起任中国人民大学中国民营企业研究中心客座教授。

曾任福冈市综合规划审议会委员、财团法人国际金融信息中心"企业经营研究会"代表、日本东亚学会理事、日本大学基准协会工商管理领域评审委员会委员、澳门大学管理学院顾问董事会委员等职。

专业领域：国际经营学、比较经营学。

主要学术成果：

专著『华人系资本の企业经营』日本经济评论社，2001年。

合著『日中韩企业の经营比较』税务会计协会（日本），2005年。

主编《新世纪的东亚经济合作》中国评论学术出版社（香港），2007年。

各撰稿人介绍

古田茂美（序章、第2章、第6章、第7章）

原香港贸易发展局日本首席代表、原北九州市立大学工商管理研究生院特聘教授、原澳门大学管理学院客座副教授、中山大学管理学院访问学者。立命馆大学国际关系研究生院国际关系学博士，国际基督教大学行政研究生院行政学硕士，神户大学工商管理研究生院管理学硕士。

专业领域：国际关系学、亚洲经营论。

主要学术成果：

合著『中国人との関係の作り方』ディスカヴァー・トゥエンティワン，2012年7月。

专著『兵法がわかれば中国人がわかる』ディスカヴァー・トゥエンティワン，2011年3月。

合著『グワンシ』ディスカヴァー・トゥエンティワン，2011年3月。

李涛（第1章）

北九州日本文化学院企划课长、北九州市立大学中华商务研究中心特聘研究员、NPO法人多文化共生支援协会理事。国立宫崎大学研究生院农工学综合研究科农工学博士。

专业领域：物质信息工学、统计分析。

主要学术成果：

合著 Tao Li, Kikuhito Kawasue, "Thermo-sensing System Using a 3D Measurement Sensor (Kinect sensor)", *International Journal of Applied Mechanics and Materials*, Vol. 241 – 244, 2012。

合著 Tao Li, Kikuhito Kawasue, "Handheld Three-dimensional Thermo-sensing System", *International Journal of Applied Mechanics and Materials*, Vol. 303 – 306, 2013。

专利（日本特许申请号：2015 – 168806，注册号 6523875，注册日 2019/5/10）：

サーモンセンシングシステムに関する研究（国立宫崎大学）。

李新春（第 2 章）

中山大学管理学院教授，学术委员会主任委员，原院长。中山大学中国家族企业研究中心主任，教育部长江学者（经济学），享受国务院特殊津贴专家，复旦管理学特殊贡献奖获奖者。"中日老字号企业比较研究项目"中方课题组代表。德国柏林洪堡大学研究生院毕业，经济学博士。

专业领域：企业战略管理、家族企业管理和创业管理。

主要学术成果：

专著《日本百年老店：传统与创新》社会科学文献出版社，2020 年。

专著《企业联盟与网络》广东人民出版社，2000 年。

合著《战略创业与家族企业创业精神的传承——基于百年老字号李锦记的案例研究》，《管理世界》2008 年第 10 期。

邹立凯（第 2 章）

中山大学中国家族企业研究中心助理研究员，中山大学管理学院博士研究生，汕头大学商学院管理学硕士。

专业领域：家族企业管理、企业创新研究。

主要学术成果：

合著《基于权威转换视角的家族企业二代子女继任方式研究》，《管理学报》2019 年第 12 期。

合著《知识视角的传统继承与跨代创新——基于日本长寿家族企业的多案例研究》第 13 届创业与家族企业成长国际研讨会（广州）论文集，2017 年 11 月。

朱沆（第 2 章、第 8 章）

中山大学管理学院教授、博士生导师，中国家族企业研究中心研究员。《管理学季刊》编辑部主任、中国民营经济研究会家族企业委员会顾问、广州市越秀区总商会专业委员会学术组特邀委员。

专业领域：创业、战略与家族企业。

主要学术成果：

合著《从人治到法治：粤商家族企业的治理》社会科学文献出版社，2013 年。

合著《家族创业》机械工业出版社，2010 年。

合著《制度改善速度与机会型创业的关系研究》，《管理世界》2020 年第 10 期。

前田知（第 5 章）

大忠贸易有限公司代表。北九州市立大学工商管理研究生院前特聘教授，中华商务研究中心前特聘研究员。北九州市立大学工商管理研究生院 MBA。

专业领域：环境商务、贸易实务。

主要学术成果：

专著《森林认证制度对木材商务的影响》北九大 MBA 课题研究成果集，2008 年。

翟月（第 6 章、第 7 章）

Seson 信息系统公司前任职员。现旅居美国。筑波大学研究生院教育学专业毕业，语言教育学硕士。

专业领域：语言学。

周孜正（第 9 章）

华南师范大学历史文化学院讲师，中山大学中国家族企业研究中心兼职研究员。南京大学历史系中国近现代史硕士，华东师范大学历史系中国近现代史博士。无锡民营经济和民间组织研究所副研究员，香港中文大学人间佛教研究中心兼职研究员。

专业领域：华人家族企业历史与现状、近现代商会与行业协会的历史与治理等。

主要学术成果：

专著《无锡商会的百年基因——民国无锡商会会长钱孙卿"商民保姆之精神"》，《中国民商》2016 年第 2 期。

专著《何去何从：无锡乡土大资本家 1949 年留锡原因及经过》，《党史研究与教学》2016 年第 4 期。

图书在版编目(CIP)数据

中日长寿企业经营比较 / 王效平主编;彭立君译. -- 北京:社会科学文献出版社,2022.4
ISBN 978-7-5201-9216-3

Ⅰ.①中… Ⅱ.①王… ②彭… Ⅲ.①企业经营管理 - 对比研究 - 中国、日本 Ⅳ.①F279.23②F279.313.3

中国版本图书馆 CIP 数据核字(2021)第 210938 号

中日长寿企业经营比较

主　　编 / 王效平
译　　者 / 彭立君
顾　　问 / 李新春

出 版 人 / 王利民
组稿编辑 / 吴　敏
责任编辑 / 张　嫒　王　展
责任印制 / 王京美

出　　版 / 社会科学文献出版社·皮书出版分社 (010) 59367127
　　　　　 地址:北京市北三环中路甲 29 号院华龙大厦　邮编:100029
　　　　　 网址:www.ssap.com.cn

发　　行 / 社会科学文献出版社 (010) 59367028
印　　装 / 三河市龙林印务有限公司

规　　格 / 开　本:787mm × 1092mm　1/16
　　　　　 印　张:19.25　字　数:289 千字
版　　次 / 2022 年 4 月第 1 版　2022 年 4 月第 1 次印刷
书　　号 / ISBN 978-7-5201-9216-3
著作权合同
登 记 号　/ 图字 01-2021-4798 号
定　　价 / 89.00 元

读者服务电话:4008918866

▲ 版权所有 翻印必究